역사저널

그날

1

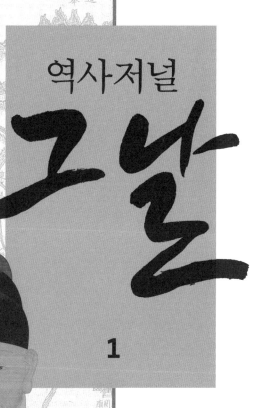

역사저널

그날

1

태조에서 세종까지

KBS 역사저널 그날 제작팀

민음사

　　우리 역사 속에서 '역사를 바꾼 결정적 그날'로 언제를 꼽을 수 있을까? 왕건이 궁예를 몰아낸 날, 이성계가 위화도회군을 한 날, 세종이 훈민정음을 창제하고 반포한 날, 이순신 장군이 명량해전에서 승리를 거둔 날, 안중근 의사가 이토 히로부미를 사살한 날 등 많은 날들을 떠올릴 수 있을 것이다. 그리고 이처럼 역사적인 그날이 있기까지 많은 정치적, 사회적 모순과 그것을 극복하려는 인간의 대응이 있었다.

　　「역사저널 그날」은 다양한 패널이 우리 역사를 바꾼 그날로 들어가서 당시 상황을 소개하고 자신의 소회를 피력하는 독특한 형식의 프로그램으로 출발했다. 그동안 KBS에서는 「TV 조선왕조실록」, 「역사스페셜」, 「한국사傳」 등 많은 역사 프로그램을 제작해 왔지만 토크 형식으로 역사를 이야기하는 시도는 처음이었다. 다행히 '역사와 이야기의 만남'은 역사를 보는 새로운 관점을 제시하였고, 「역사저널 그날」은 역사 교양 대표 프로그램으로 자리 잡아 가고 있다. 이 책은 '그날'의 배경을 먼저 서술하여 독자의 이해를 도운 후 방송의 내용을 체계적으로 정리하는 방식을 취한다. 주요 내용을 압축한 소제목을 제시하여 사건의 흐름을 파악하기 쉽게 했고, 필요에 따라 관련 사료와 도판을 삽입하여 방송에서 다룬 영상을 보다 구체적으로 전달하고자 했다.

　　이번 책에서 다루고 있는 내용은 다음과 같다. 1383년 가을 함주 막사에서 정도전이 이성계를 만난 날은 역사의 수레바퀴를 바꾸는 시발점이 된 날이었고, 1392년 7월 17일은 500년 조선왕조의 서막이 열린 날이었다. 1398년 7월의 왕자의 난은 왕권과 신권의 갈등에서 왕권이 승리한 날이었고, 1418년 양녕의 폐위는 세종이라는 위대한 성군을 탄생시키는 디딤

돌로 작용했다. 조선이 왜구와의 전쟁을 선포한 대마도 정벌의 역사는 햇볕 정책과 강경 정책이 교차하는 오늘의 외교 현실을 떠올리게도 한다. 세종이 집현전을 열던 날을 통해서는 세종 시대 전성기를 연출한 가장 큰 기반은 합리적인 인재 등용이었음을 파악하게 한다. 1430년 역사상 첫 국민 투표를 했던 세종의 모습에서는 알면 알수록 빠져드는 세종의 매력을 더욱 생생하게 접할 수 있다. 특별 기획 창덕궁 가는 날에서는 창덕궁을 현장에서 직접 만나는 색다른 경험을 제공하고자 했다.

이 책이 탄생할 수 있었던 데에는 역사학자들의 논문이나 저서를 두루 섭렵하고 엉킨 매세노 역사를 쉽게 진필하기 위해 노력한 역사저널 그날 제작팀의 열정과 노력이 무엇보다 크다. 특히 방송의 시작부터 지금까지 대중의 눈높이에 맞춰 쉬운 언어로 대본을 써 준 김세연, 최지희, 홍은영, 김나경, 김서경 작가들의 노고가 없었다면 이 책은 탄생하기 힘들었을 것이다. 또한 현재까지 함께 진행을 하고 있는 최원정 아나운서와 류근 시인을 비롯하여, 「역사저널 그날」에 출연하여 많은 지식과 정보를 제공해 주셨던 전무가 선생님들에노 감사의 말씀을 드리고 싶다.

필자는 「역사저널 그날」의 기획 단계에서부터 참여하여 지금까지 출연하고 있는 인연 때문인지 이 책에 대한 애정이 누구보다 크다. 이 책을 통해 역사를 바꾼 결정적인 '그날'의 역사로 들어가 당시 인물과 사건을 만나고 이야기하면서 현재의 역사를 통찰해 보기를 권한다.

건국대학교 사학과 교수

신병주

일러두기

- 이 책의 본문은 KBS 「역사저널 그날」의 방송 영상과 대본, 방송 준비용 각종 자료 등을 바탕으로 하되, 책의 형태에 맞도록 대폭 수정하고 사료나 주석, 그림을 보충하여 구성했다.

- 각 장의 도입부에 있는 '그날을 만나면서'는 김범(국사편찬위원회)이 집필했다.

- 본 방송에서는 전문가 외 패널이 여러 명 등장하나, 가독성을 고려해 대부분 '그날'로 묶고 꼭 필요한 경우에만 이름을 살렸다.

- 본문에서 인용한 사료는 「국역 조선왕조실록」 등을 바탕으로 하되, 본문의 맥락에 맞게 일부 축약·수정하였다. 원본 사료는 국사편찬위원회의 '조선왕조실록' 홈페이지(sillok.history.go.kr)나 한국고전번역원의 '한국 고전 종합 DB'(db.itkc.or.kr) 등을 통해 확인할 수 있다.

- 실록 등 사료에 표시된 날짜는 해당 문헌에 쓰인 날짜이다. 예를 들어 실록의 날짜는 양력이 아니라 음력의 날짜다.

1

정도전,
이성계를
만난 날

삶을 결정하는 핵심 변수 가운데 하나는 '만남'이다. "사람은 사회적 동물"이라는 명제를 떠올리면, '만남'은 다른 모든 조건을 종속시키는 일차적 변수다. 사람과 사람이 만나 이루는 것이 사회고, 인간의 의미 있는 행동은 대부분 거기서 이뤄지기 때문이다. '지음(知音)'이라는 성어가 보여 주듯 서로를 알아주는 만남은 크나큰 행복이자 행운이다. 그러나 "님이 나를 알아주지 않아도 서운해하지 않으면, 군자라고 할 만하다"라는 공자의 말은 그런 만남의 행복과 행운이 드물고 어렵다는 사실을 일깨워 준다.

한 시대를 대표하는 사람끼리의 만남은 역사의 흐름을 결정하기도 한다. 한국사에도 그런 만남은 여럿 있었다. 이를테면 삼국 통일을 이끈 김춘추와 김유신의 만남이나 고려의 발전 방향을 결정한 성종과 최승로의 만남, 조선 왕위 계승의 물줄기를 바꾼 세조와 한명회의 만남 등이다.

지금은 정권 교체 정도로 축소되었지만 전근대 역사에서 가장 중요하고 거대한 변화는 왕조 교체일 것이다. 500년 넘게 유지된 한국사의 마지막 왕조를 개창했다는 측면에서 조선 태조 이성계와 정도전의 만남은 특별한 역사적 무게를 지녔다. 물론 그 무대 뒤에는 수많은 조연이 활동했지만, 태조와 정도전은 두 주연(또는 주연과 감독)으로 거대한 역사의 드라마를 이끌었다.

두 사람이 만난 때와 장소는 1383년 가을 함주(함흥)에 주둔하고 있던 이성계의 군막이었다. 그때 이성계는 49세의 동북면 도지휘사였고, 정도전은 42세의 전직 관원이었다. 만남은 정도전이 이성계를 찾아가 이뤄졌다. 600여 년 전 함주까지 가는 것은 교통이나 기후 등을 생각하면 쉽지 않았을 것이다. 40대 초반의 전직 관원이 그 길을 헤치고 40대 후반의 군사 지휘관을 찾아갔다는 것은 왕조 교체로 이어진 거대한 변화의 욕망과 구상이 그때 누구에게 더 꿈틀댔고 확고했는가를 상징적으로 알려 준다.

정도전이 이성계를 찾아갔을 때 두 사람의 처지는 사뭇 달랐다. 이성계는 그동안 눈부신 전공을 세워 고려를 대표하는 무장으로 자리를 굳힌 상태였다. 그러나 정도전은 반대였다. 그 또한 뛰어난 능력을 갖춘 젊은 관원으로 중앙 정치에서 두각을 나타냈지만, 1375년 이인임 등이 이끈 친원배명(親元排明) 정책에 반대하다가 전라도 나주로 유배되었다. 3년 만에 풀려났지만, 그는 관직으로 돌아오지 못한 채 이리저리 떠돌고 있었다. 그러니까 정도전은 9년이라는 짧지 않은 낙탁(落魄)의 시간을 보낸 뒤 이성계를 찾아간 것이다.

두 사람의 만남은 10년 만에 조선 건국을 이뤄 냈다. 수많은 정쟁과 모험과 위기가 교차한 고려 말의 급박한 국면에서 정도전은 자신의 이상을 구현할 새 왕조를 수립하는 데 앞장섰고, 마침내 성공했다. 조선이 건국된 뒤 정도전은 자신의 능력을 더욱 화려하게 꽃피웠다. 그는 조선의 주요 제도를 대부분 입안했다. 거기에는 나라의 심장인 도성과 궁궐의 구조와 이름도 포함되었다. 그의 업적은 '왕조의 설계자'라는 표현에 합당했다.

그러나 정도전의 최후는 행복하지 않았다. 그의 죽음은 토사구팽(兎死狗烹)이라는 유명한 성어의 또 다른 사례가 되었다. 널리 알듯 그를 살해한 사람은 그 뒤 조선의 세 번째 국왕에 오른 태종 이방원이다. 이방원의 그런 결행이나 결과가 나타나기까지 정도전의 정치적 행보에 대해서는 여러 의견이 있을 것이다. 그러나 "한(漢) 고조가 장자방을 쓴 것이 아니라 장자방이 한 고조를 쓴 것"이라는 정도전의 자부는 조금 위험해 보이는 것이 사실이다.

『역사저널 그날』의 첫 무대는 이 두 거인의 만남으로 막을 연다. 함주 군막에는 벌써 차가운 겨울이 닥쳤겠지만 정도전의 마음은 춥지 않았을 것이다.

정도전,
이성계를 만난 날

1383년(고려 우왕 9) 가을,
정치 낭인으로 떠돌던 정도전은
멀리 북쪽에 있는 함주(함흥)로 향했다.

함주에 주둔하고 있던 군막을 찾은 정도전.
그가 만난 사람은
당시 '고려의 영웅'이라 불리던 장군, 이성계였다.

그의 군대를 둘러본 정도전은 의미심장한 한마디를 던진다.
"이만한 군대로 무슨 일인들 못 하겠습니까?"
"거 무슨 말이소?"
무슨 뜻이냐는 이성계의 물음에 말을 돌리는 정도전.
"……이 정도면 왜구를 격퇴할 수 있겠다는 말이지요."

그들은 서로 어떤 뜻이 통했을까?
함경도 변방에서 사상과 무력이 손을 맞잡은 그날.
이들의 만남은 새로운 역사를 예고하는
운명적인 장면이었다.

정도전과 이성계, 무슨 대화를 나눴을까

그날   조선의 탄생을 이야기하면서 우리는 이분들을 떠올리지 않을 수가 없겠죠. 정도전과 이성계, 이 두 사람이 만난 날은 정말 우리 역사에서 아주 결정적인 하루임이 분명합니다. 근데 두 사람이 만나서 무슨 얘기들을 나눴을까요?

일단 생각해 보면 "언제까지 이렇게 전쟁터에서 싸움만 하다가 소모될 것입니까. 세상의 중심에 서서 편한 세상을 만들어 잘살아 보지 않겠소. 제가 그것을 도와 드리겠습니다" 뭐 이런 화끈한 제안을 하지 않았을까 싶기도 합니다

그런데 마침 정도전이 그때 이성계를 만나고 난 후 그 소회를 시로 써서 소나무에 새겼다고 합니다. 시구는 이렇습니다.

> 아득한 세월 한 그루 소나무,   蒼茫歲月一株松
> 푸른 산 몇만 겹 속에 자랐구나.   生長靑山幾萬重
> 잘 있으시오, 훗날 서로 만날 수 있으리까.   好在他年相見否
> 인간 세상이란 잠깐 사이에 묵은 자취인 것을.   人間俯仰便陳蹤

이게 「용비어천가」에 소개된 시라고 하는데요, 아무래도 여기 소나무는 누가 봐도 이성계를 상징하는 거 같아요. 어쨌든 이렇게 만나자마자 이런 시를 남긴 걸 보면 뭔가 뜻이 통한 것만큼은 분명하지 않을까, 이런 느낌이 드는데요. 선생님, 이날을 두 사람이 혁명을 모의한 날로 볼 수 있을까요?

정말 혁명을 모의했나

이익주   글쎄요, 혁명이라는 것을 어떻게 보느냐에 따라서 달라질 것 같습니다. 조선 건국을 이때 모의했느냐 하면 그건 아닌 거 같고요. 어

쩌면 그 사람들이 떠올렸던 건 그로부터 200년 전의 무신란[1], 즉 정중부가 일으켰던 무신란 같은 게 아니었을까 싶어요. 아마 정도 전은 '이성계의 군사력으로 정변을 일으키자. 그래서 권력을 장악 한 다음 이 부패한 정치를 정화시키자' 하는 정도까지는 생각했을 테지만, 새로운 왕조를 개창하겠다는 데까지는 아직 떠올리기가 어려웠을 때가 아닐까 싶습니다.

정도전의 상황

그날   그럼 당시 정도전은 어떤 상태, 어떤 상황에서 이성계를 찾아간 건가요?

신병주   원래 정도전은 고려 말 공민왕 때 신흥 사대부이자 신흥 관료로 중앙에 진출했던 사람입니다. 그러다가 공민왕이 시해되고 우왕 이 즉위하면서 이른바 보수 반동 정치가 시작되는데요, 특히 대 외 정책에서 친원(親元) 정책, 그러니까 원나라와 가깝게 지내려 는 정책을 다시 쓰게 됩니다. 그런데 정도전 같은 신흥 사대부들 은 당시 신흥 강국으로 떠오르던 명나라와 외교 관계를 긴밀하 게 맺어야 한다는 입장이었단 말이죠. 그래서 당시 고려 정부의 정책에 반대 입장을 표명하다가 결국 유배를 가요. 3년 뒤에 풀 려나지만 계속 중앙에 진출하지 못하고 지방을 전전하면서 뭔가 새로운 길을 도모하던 그런 시절이었습니다.

그날   야인 시절이었네요.

이익주   네, 야인 시절이었죠.

왜 이성계를 택했나

그날   근데 생각해 보면 당시에 그런 식의 혁명 혹은 새로운 세상에 관 한 이야기를 하는 게 아주 조심스러웠을 거 아닙니까? 그러니까

정도전 동상

사람 만날 때마다 말하진 않았을 거고, 정도전 입장에서는 이성
계를 만났을 때 딱 한 번, 정말 모아 두었다가 딱 한 번 설득을 위
해 꺼내 든 카드였을 거란 말이죠. 그런데 그런 중요한 카드를
왜 하필 이성계에게 썼을까요?

이익주　이성계가 아주 막강한 군사력을 갖고 있었기 때문입니다. 당시
는 왜구나 홍건적 같은 문제들 때문에 무장(武將)들이 출세하던

시대입니다. 그런 무장들이 다수 활동을 하고 있었지만 그중에서도 최영과 이성계, 이 두 사람이 군사력도 가장 강하고 여러 사람들로부터 신망도 얻고 있었어요. 정도전이 이성계를 만나던 그때 정도전의 나이가 마흔두 살, 그리고 이성계는 마흔아홉 살이었습니다. 이미 최영은 예순여덟이었고요. 사십 대의 젊은 정도전이 '누구와 손을 잡을 것인가' 생각했을 때, 역시 최영보다는 이성계 쪽이 좀 더 가능성이 높았겠죠.

그날   아, 최영 장군은 저처럼 역사를 잘 모르는 사람도 너무나 잘 알고 있는 그 밀씀을 하시 붙이잖아요. "黃金 보기를 돌같이 하라" 이거요. 그만큼 워낙 유명하신 분이고, 당시에도 이성계보다 훨씬 위에 있던 권력자였던 걸로 아는데 정도전이 최영 장군을 설득했더라면 훨씬 더 쉽게 목적을 이룰 수 있지 않았을까요?

이익주   네, 최영 장군은 참 훌륭한 분입니다. 그 집안의 가훈이 "황금 보기를 돌같이 하라"였던 것이 당시 사람들 사이에서두 회자됐을 징누 서는요. 근세는 낭시의 정치적인 혼란 그러니까 권력자들이 권력을 함부로 휘두르고 비리가 발생하고 그런 것이 이인임과 몇몇 무장들의 합작품이라고 볼 수 있는데 최영 장군이 바로 그 이인임[2] 정권을 지탱해 주고 있었다는 사실입니다. 그러니까 뭐랄까 개인적으로는 청렴한데 자신이 맡고 있던 역할의 사회적 의미는 좀 달랐던 거죠.

그날   개인적인 측면과 사회적 역할, 그러니까 시대정신이 다를 수 있다는 말씀이군요.

신병주   결과적으로 보면 최영 장군은 고려 후기 당시 이제 타도되어야 할 대상인 권문세족하고 일정한 연결 고리를 가지고 있었던 인물이었고요, 반면 이성계는 그때까지는 함경도 시골 출신 장군으로서 기득권 세력하고 연결되어 있지 않았던 거죠. 그리고 이

18

것도 정도전이 이성계를 선택하게 된 이유 중 하나였을 겁니다.

국민 영웅 이성계

그날   당시에 이성계가 인기가 많았던 게 왜구를 잘 무찔러서라고 하잖아요. 그런데 그때 왜구들이 어떤 짓들을 많이 했길래 사람들의 원한이 그렇게 높았나요?

이익주   보통 왜구라고 하면 우리는 흔히 일본인 도적이나 해적 정도로 생각을 하는데요, 사실은 대략 1350년 이후의 왜구는 거의 군대에 가깝습니다.(5장 참조) 그 규모가 엄청나고요, 침략하는 지역도 해변이나 섬 같은 데에 그치는 것이 아니에요. 뒤에 나오겠지만 이성계가 운봉 전투에서 왜구를 무찔렀다는 기록이 나오는데, 이 운봉이 지리산 아주 깊숙이 위치한 곳이거든요.

그날   아, 내륙까지 깊이 들어간 거군요. 그런 왜구를 토벌했으니까 국민적 영웅이 됐던 거겠네요. 오늘날의 대단한 스타 같은.

이성계와의 인터뷰

그날   변혁을 꿈꾼 정도전, 그가 파트너로 선택했던 이성계. 여러 가지로 만나 뵙고 싶은 분인데요. 그래서 저희가 요즘 유행하는 타임 슬립을 한번 준비해 봤습니다. 자, 이성계 장군님, 안녕하세요?

이성계   반갑소. 나는 동북면 도지휘사 이성계라 하오.

그날   네, 장군님 하면 굉장하신 전쟁 영웅이고 전투 업적이 아주 눈부시다고 들었어요.

이성계   나는 이십 대부터 아버지 이자춘 장군을 도와 전쟁에 나가 싸웠소. 수도 개경에 침입한 홍건적을 물리쳤고(1361) 이듬해에는 원나라 장수 나하추를, 또 지리산 황산까지 쳐들어와 약탈을 일삼던 왜구를 섬멸했소이다.

태조 이성계 어진

그날   나하추[3]와 싸울 정도면 굉장한 것 아닙니까? 나하추가 데리고
         온 병사만 수만 명이라고 알고 있는데요.

신병주 사실은 나하추와의 전투에서 승리한 거 외에도 황산대첩에서
         왜구의 소년 장수 아기발도[4]라고 있었어요. 나이가 열다섯 살밖
         에 되지 않지만 고려를 완전히 유린했던 소년 장수인데, 이 아기
         발도를 황산대첩에서 이성계가 죽임으로써 요즘 표현으로 하면
         '전국구 스타'로 부상하게 되죠.[†]

그날   장군님도 굉장히 용맹했지만 장군님 휘하의 군대가 굉장했다면
         서요, 어ㄴ 정도였나요?

이성계 나를 따르는 군대는 충성심이 강하고 복무 기간이 끝나면 고향
         으로 내려가는 공병[5]들과 달리 우리 가문에 예속되어 있다 보니
         아무래도 내가 신경을 많이 쓰는 편이오. 월급도 공병처럼 주고
         있고 힘든 점은 없는지 보살피려고 하오. 그런 점 때문에 서로
         간에 끈끈한 연대감을 갖는 것 같소. 뿐만 아니라 나와 함께 많
         은 전투에 참전했기 때문에 전투 경험도 풍무하오.

그날   사실상의 사병(私兵) 제도인 건가요?

이익주 그렇죠. 이성계를 따라다닌 군대, 이걸 휘하친병(麾下親兵)이라
         고 표현하는데 기록에는 이들이 2000이나 1500명, 이런 단위로
         많이 나옵니다. 이 사람들은 철저히 이성계의 사병입니다. 당시
         무장들이 사병처럼 이끌고 다니던 군대는 사실은 공병이어서 국
         가에서 급여를 받았죠. 그런데 이성계의 휘하친병만큼은 다른
         사람에게 옮겨 가지 않고 처음부터 끝까지 이성계에게만 충성을
         바치는 진짜 사병이었죠.

그날   장군님, 따르는 부하들이 굉장히 많았다면서요?

이성계 하하하, 그러나 최영 장군만 하겠소이까? 왜적을 물리치며 나라
         에 혁혁한 공을 세웠으나 변방 출신이라는 꼬리표 때문에 고려

조정에서 나는 늘 뒷전이라오.

그날 아무튼 당시 정도전이 왜 이 장군님을 찾아가 뵈었는지 조금은 이해가 될 거 같습니다. 네, 오늘 귀한 걸음 해 주셔서 대단히 감사합니다.

† 나이 겨우 15, 16세가량 되어 보이는 한 적장은, 얼굴이 단정하고 고우며 빠르고 날래기가 비할 데 없었다. 백마를 타고 창을 휘두르며 달려와서 충돌하니, 향하는 곳마다 쫓기고 쓰러져 감히 당할 자가 없었다. 우리 군사들이 아기발도(阿只拔都)라고 부르며 다투어 피하였다. 태조(이성계)가 그 용맹하고 날쌤을 애석하게 여겨 두란(나중의 이지란)에게 생포하라고 명령하였다. 두란이 여쭈어 말하기를, "만일 생포하려면 반드시 사람을 상할 것입니다" 하였다.
그 사람이 얼굴까지 갑옷을 입어서 쏠 만한 틈이 없었다. 태조가 말하기를, "내가 투구의 꼭지를 쏠 테니, 투구가 떨어지거든 네가 곧 쏘아라" 하고, 드디어 말을 달려 나가며 쏘니, 바로 투구 꼭지를 맞혔다. 투구 끈이 끊어지지 기울어지자, 그 사람이 급히 바로 썼다. 태조가 곧 쏘아서 또 꼭지를 맞히니, 투구가 드디어 떨어졌다. 두란이 곧 쏘아 죽이니, 그제야 적의 기운이 꺾였다.
— 『고려사절요』 권 31, 경신 2, 신우(辛禑) 6년

칼을 만난 붓

그날 어떻게 보면 정도전과 이성계 둘 다 그것이 이었기에이떠끼 씨니있을까 합니다. 그러던 이 둘이 만나서, 즉 붓과 칼, 사상과 무력이 만났기 때문에 이런 대업을 이룰 수 있었는데요.

저는 여기서 정도전이란 사람이 똑똑하다고 여겨지는 게, 자신이 갖고 있는 것과 잘하는 것(사상)을 알고 있는 것보다 자신이 못하는 것, 가지고 있지 않은 것(무력)을 잘 알고 있었다는 점이 아닐까 싶어요. 이런 게 정도전의 천재성 같거든요. 자기가 갖고 있지 않은 걸 누가 갖고 있는지 알아내서 그 사람과 힘을 합쳤다, 이게 굉장히 인상적인 부분이었습니다.

그러면 두 사람이 만나고 난 그 후, 어떤 일이 벌어졌을까요?

이성계와 정도전,
그리고 정몽주

함주 막사에서 이성계를 만나고 돌아가는 정도전,
그는 이곳에서 반가운 얼굴을 만난다.
훗날 '고려의 충신'이라 불리게 되는
포은 정몽주였다.

정도전과 정몽주.
그들은 동문수학한 사이로,
정몽주는 정도전에겐 가장 가까운 선배이자 친구였다.

그러나 머지않아 두 사람은
이성계를 사이에 두고
역사를 뒤흔든 비극적 운명을
맞이하게 된다.

정몽주 초상

정도전과 정몽주의 우정

그날   아, 새로운 사실을 알았네요. 두 사람의 다리를 놓아 준 게 정몽주였어요?

신병주   그렇죠. 기록에 그렇게 나오죠.

이익주   그런데 마침 정몽주는 정도전과 달리 이성계와 몇 번 만난 적이 있었습니다. 그래서 아마도 정몽주가 이성계에게 자기의 아주 친한 친구인 정도전을, 당시 관직에 오르지 못하고 불우한 처지에 있던 친구를 소개해 준 게 아닌가, 이렇게 해석하는 거죠.

그날   와, 재밌네요.

이익주   정도전과 정몽주, 이 두 사람은 다섯 살 차이가 납니다. 정몽주가 다섯 살 위인데요, 성리학 공부를 같이 합니다. 이색에게서 성리학을 배웠기 때문에 동문수학한 사이라고 할 수가 있는데, 그 제자들 중에서도 이 두 정 씨가 각별한 우정을 나눕니다. 어느 정도냐면, 이십 대에 정도전이 정몽주에게 시를 하나 써 주는데 이런 내용입니다. '요즘 내가 들어 보니 자네가 『능엄경』이라는 불경을 읽는다고 사람들이 수군대더군. 우리는 성리학자니까 그러지 말고 자중자애합시다.' 이건 아주 개인적인 충고잖습니까. 이런 얘기를 스스럼없이 할 정도로 아주 친한 사이였습니다. 그런데 재미있는 것은, 나중에 정도전이 조선 개국을 결심하는 데 중요한 역할을 하는 역성혁명 사상이 『맹자』에 나오는데[6], 바로 이 『맹자』라는 책을 정도전에게 한번 읽어 보라고 권한 사람이 바로 정몽주였다는 겁니다.

그날   네? 정말요?

이익주   물론 그 책을 주면서 그게 나중에 자기를 겨누는 칼이 될 거라고는 생각하지 못했겠죠. 이십 대의 일입니다.

신진 사대부의 등장

그날   그러면 여기서 이런 뛰어난 제자들을 키워 낸 스승 이야기를 안 할
수 없겠는데요. 목은(牧隱) 이색이죠? 이분과 정도전, 정몽주 같은
제자들로 구성된 그 집단을 이색 학당이라고 말할 수 있겠네요?

이익주   그렇습니다. 이색 학당이라고까지 부를 수 있을 정도였죠. 이색
은 당시 원나라에 유학을 가서 정통 성리학을 배우고 온 사람입
니다. 그러니까 수많은 젊은이들이 이색에게 개인적으로 성리학
을 배우게 되는데요. 그때 정몽주·정도전뿐 아니라 권근·윤소
종·이숭인 등 고려 말·조선 초에 맹활약을 하게 되는 수많은
학자와 정치인들이 십 대를 이색 문하에서 지냈습니다.

그날   아주 명문 학당이었던 거 같아요. 그때 그분들이 이른바 신진 사
대부가 되는 거죠?

신병주   학계 용어로는 신진 사대부 또는 신흥 사대부라고 하는데요. 고려
말에 기존의 기득권 세력인 권문세족에 대항해서 새로운 사회·정
치 세력으로 성장하는 집단입니다. 사상적으로는 고려 말 원나라
로부터 수입된 성리학 이념을 수용하고, 경제적으로는 대체로 중
소 지주적 기반을 가집니다. 이들이 결국 이성계로 대표되는 신흥
무인 세력과 연합해서 조선 건국의 주역이 되는 거죠.

그날   당시 상황이 어땠길래 사대부들이 같이 개혁을 꿈꿨던 걸까요?

이익주   고려 후기의 지배 세력을 흔히 권문세족이라고 합니다. 그런데 고
려 말에는 이 권문세족들이 모든 것을 독점해 버리게 됩니다. 관직
도 독점하고, 토지도 독점하고, 자기들끼리만 혼인하는 통혼을 통
해서 사회적인 지위까지 독점합니다.

그런데 다른 한쪽에서는 농업이 발달하면서 지방에서 성장하고
있던 중소 지주들이 있었습니다. 이 사람들이 서울에 와서는 자기
자리를 못 찾게 되자 '자, 이제 우리도 힘을 합쳐서 권문세족과 대

결해 보자' 이런 생각을 할 수 있었을 거란 말예요.

이때 이들을 이념적으로 묶어 줄 뭔가가 필요했는데, 이게 바로 원나라에서 들어온 신유학(新儒學), 즉 성리학이었습니다. 이 성리학은 백성들에 대한 책임 의식을 강조하는데요. 일례로 북송 대의 범중엄[7]이라고 하는 학자는 "나는 천하의 근심에 앞서서 근심하고 천하가 모두 즐거워한 뒤에 즐거워하겠다"라는 아주 훌륭한 말을 합니다. 이게 신진 사대부들이 공유하던 성리학 정신인 거죠. 그러니까 '권문세족들이 독점하고 있는 틈바구니를 뚫고 들어가서 우리 몫을 챙기자' 하는 데서 그치는 것이 아니고, '이런 상황에서 고통받고 있는 저 백성들을 위해 우리가 어떤 일을 할 것인가' 같은 생각들이 진행되고 있었던 것이죠.

그날　당시 백성들은 어떤 식으로 고통을 받은 건가요?

이익주　한마디로, 농사를 지어도 그걸 전부 자기 걸로 못 하는 거죠. 여기저기에 너무 많이 뺏기니까요. 원래는 자기 토지를 경작해서 나온 수확량의 10분의 1만 세금으로 내도록 되어 있어요. 그런데 실제로는 이 세금을 여러 번 내게 되는 겁니다. 왜냐하면 이 세금을 국가에서 직접 거두는 게 아니라 대행하는 관리가 받아 가는데, 이 사람도 10분의 1을 받아 가고 저 사람도 10분의 1을 받아 가고, 좀 과장된 표현으로는 '한 땅에서 여덟아홉 명이 10분의 1씩 받아 간다' 그러거든요. 그러니 어떻게 되겠어요?[†]

그날　여덟아홉 명이요? 그럼 부가가치세가 90퍼센트 붙는 셈이네요?

이익주　그러다가 더 몰락하면 이제 권세가의 노비, 천민이 되는 거죠.

---

† 권세가들이 남의 땅을 조상으로부터 물려받은 땅이라고 우기면서 주인을 내쫓고 땅을 빼앗아, 한 땅의 주인이 대여섯 명이 넘기도 하여 전호(佃戶, 소작인)들은 세금으로 소출의 8~9할을 내야 한다.
— 『고려사』 「식화지」

정도전의 민본 사상

그날   그런데 정도전은 백성들의 그런 삶을 어떻게 알았고, 어떤 경험을 통해 혁명의 의지나 계획을 세웠을까요? 유배 다니던 시절에 백성들을 관찰하고 느낀 것일까요? 유배 기간이 꽤 길었잖아요.

이익주   3년이었죠.[8] 권문세족의 대외 정책을 비판하다가 3년 동안 유배를 가게 되는데, 이때 정도전이 굉장히 중요한 변화를 보입니다. 정도전이 유배지에 처음 갔을 때 쓴 시를 보면, 백성들을 가르치려고 해요. 그러다 시간이 좀 지나고 나선 부끄럽다는 이야기를 해요. '내가 지금까지 정치를 한다면서 과거가 돼서 뭔가를 했는데, 사실 백성들의 처지를 너무 몰랐다' 이거죠. 그러고 나서 조금 더 시간이 가면 고맙다는 이야기가 나와요.

그날   득도를 하는 거네요. 떠돌아다니면서.

이익주   민(民)의 발견이라고 하는 건데요. 고려 말의 여러 정치인들 가운데 아주 드물게도, 고려의 밑바닥 생활을 보면서 자기 생각을 바꿔 나간 아주 드문 경우입니다.

그날   저는 정도전 삶에서 이 부분이 굉장히 감동적이었거든요. 역시 역사를 공부하면 과거를 통해서 지금의 나를 다시 돌아보고 뭔가 깨닫게 되는 것 같아요.

이성계,
역사의 전환점에 서다

한때는 세계 제국을 이룩할 만큼 강성했던 몽골족의 원나라,
이제 명나라에 의해 북쪽으로 쫓겨나는 신세가 된다.
그리고 중원을 차지한 명나라는
고려에 철령 이북의 땅을 요구한다.

명의 요구에 고려 조정은 심각한 내분에 휩싸인다.
고려 최고의 장수 최영은 요동 정벌을 주장하고,
이성계는 반대한다.

"작은 나라가 큰 나라를 치는 것은 옳지 못하며
여름에 군사를 일으키는 것 또한 옳지 못합니다.
더욱이 왜구들의 공격에 대비할 수 없으며,
장마철이라 활의 아교가 늘어날 수 있고
전염병이 돌 수 있습니다."(사불가론)

이성계의 반대에도 요동 정벌은 강행된다.
계속되는 장마와 전염병으로 위화도에서 머물던
이성계의 군대는 결국 회군을 결정하는데……

왕명을 어기고 정변을 일으킨 이성계.
우왕과 최영을 몰아내고
마침내 고려 조정의 실권을 잡는다.

위화도 회군의 이유

그날   자, 위화도 회군, 그 유명한 사건을 이성계가 강행하기에 이르렀
는데요. 일단 회군 전의 상황부터 볼까요. 최영 장군과 우왕은
왜 요동 정벌을 주장하고 나섰던 거죠?

신병주   이때 중요한 배경이 되는 게 명나라가 철령위(鐵嶺衛)를 설치하겠
다고 선언한 사실이에요. 원래 고려 땅이던 철령 북쪽에 원나라가
쌍성총관부를 설치해서 한때 지배한 적이 있었어요. 그런데 고려
공민왕이 수복 운동을 벌여서 이 지역을 다시 차지합니다.
그랬던 것인데, 이게 명나라가 힘을 길러서 '옛날에 인니라 때 지
지했던 지역이니까 이걸 우리가 다시 접수하겠다' 이렇게 선언한
거예요. 고려 조정 입장에서 보면 '우리가 이제 겨우 수복한 영토
인데 이걸 다시 뺏겠다고?' 이렇게 되는 거죠. 고려 조정에선 당연
히 분노했고, 특히 최영의 입장을 대변하던 우왕과 최영 자신은
'그렇다면 차라리 요동 정벌에 나서겠다. 명나라와의 전쟁도 불사
하겠다' 이런 식으로 가게 된 거죠.

이익주   그러니까 요동 출병을 안 하면 땅을 뺏기는 거고, 요동을 공격하
면 대단히 어려운 전쟁이 시작되는 상황인 거죠. 왜냐하면 당시
명의 군사력은, 원과의 전쟁을 승리로 이끌었을 정도로 아주 절
정에 달해 있던 때였으니까요. 사뭇 판단하기 어려운 상황에서
서로 다른 판단을 했던 겁니다

그날   그런데 어찌 됐든 최영은 당대 일인자였는데 5만이라는 군사를 이
성계한테 딸려 보냈을 뿐 자기가 선봉에 서지 않고 그냥 왕 옆에 있
었잖아요. 결론적으로 봤을 때는 이런 것들이 정치적인 판단 실수
가 아니었을까 하는 생각이 드는데요. 일설에 의하면 심약한 우왕이
"가지 마세요, 장군" 하고 잡았다고도 하고요. 왜 그랬던 건가요?

이익주   당시 우왕이 굉장히 불안해했습니다. 왕이 최영을 보고, "어딜

가시오? 나를 지켜 주시오"그랬다는 거죠. 그리고 또 이성계가 사불가론에서 주장했듯이, 우리가 북쪽으로 군대를 보냈을 때 왜구가 침략해 올 가능성이 있었는데요. 당시에 이게 현실화되고 있었거든요. 그러니 왕이 최영을 붙잡았던 거죠.

근데 이성계 입장에서는 또 이런 생각을 했을 겁니다. '이건 이길 수 없는 전쟁이다. 이길 수 없는 전쟁인데 나에게 군대를 딸려 보낸다는 건 뭘 의미하는 걸까. 결국 내가 다 책임지라는 게 아닐까.' 그러니까 이성계가 어떤 야망 때문에 회군했다기보다는 어쩔 수 없는 절박한 이유 때문이었을 수도 있죠.

신병주 만약 이성계가 요동 정벌에 성공하더라도 결국 그 공은 지휘권자인 최영에게 갈 것이고요, 실패를 한다면 거의 모든 책임은 자기가 져야 하죠. 그런 갈등 속에서 결국 회군의 길을 선택한 거죠.

위화도 회군, 옳은 판단이었나?

그날 흔히들 역사엔 가정이 없다고 하지만, 그때 위화도에서 회군하지 않고 요동을 정벌했더라면 우리나라 영토가 좀 더 넓어지지 않았을까, 과연 위화도 회군이 시기적절했는가를 두고 많은 얘기들이 있잖아요. 이 주제에 대해 류근 시인과 이해영 영화감독은 어떻게 생각하세요?

이해영 이성계 장군이 제시했던 이 사불가론, 얼마나 논리적입니까? 아주 현실적이고 완벽한 논리죠. 그러니까 당연히 위화도에서 회군하는 게 맞았다고 봅니다.

류근 말이 됩니까? 군인은 원래 옳고 그른 것을 스스로 판단하는 존재가 아닙니다. 통수권자가 명령하면 무조건 복종하는 것이 군인이에요.

이해영 큰 걸 못 보시는 건데, 이성계 장군 정도의 위치에 있는 군인이라면 스스로 판단을 해야죠. 왜냐하면 그 정도 되면 단순한 군인이 아니라 사령관적인 존재이기 때문입니다.

류근 아니, 사령관이 적진에 군대를 끌고 나가서 발 한 번 담그지 않고 회군한다는 게 말이 됩니까. 그건 장군도 아니죠. 실제로 해 보지도 않고 사불가론 같은 걸 내세우는 건 말이 안 돼요.

이해영 아니, 자기 병사들을 다 죽일 게 뻔히 보이는 그런 전쟁에 군사들을 몰고 나가서 죽는 것보다야 철수를 해서 군인들을 살리는 게 합리적이죠.

류근 그런 근거가 있습니까? 나가면 다 죽는다는 근거가 있나요?

이해영 어? 사불가론에 다 나오잖아요. 소국은 대국을 칠 수 없다, 농번기라 곤란하다, 자칫하면 왜구가 쳐들어온다, 활을 못 쓸 수 있고 전염병도 위험하다. 그리고 실제로 위화도에서 전염병이 돌아서 군사들 발이 묶이지 않습니까? 이성계 장군은 내다본 거예요.

류근 사불가론을 읽어 보면 군인답지 않은 비겁한 변명밖에 안 돼요. 아니, 왜 작은 나라는 큰 나라를 공격하면 안 됩니까?

이해영 당시에 사대주의를 따랐잖아요.

류근 원래 고려라는 나라는 고구려의 정통성을 계승한, 즉 북진을 국시로 삼은 나라예요. 이런 나라에서 사대주의를 거론한다는 것 자체가 어불성설인 거예요.

이해영 물론 그런 점도 있지만, 더 냉철하게 판단하면 그 북진이라는 것도 국가에 힘이 있을 때에나 의미가 있는 거잖아요. 당시 고려는 이미 국력이 쇠할 대로 쇠한 상태인데, 그럴 때 섣불리 큰 나라를 친다고 나섰다가 결과적으로 명나라가 밀고 들어와서 전면전이 발생하면 어떡합니까.

류근 그건 당시 정세를 잘못 보시는 겁니다. 당시 요동은 원나라와의 전쟁 때문에 거의 비어 있다시피 했어요. 무주공산이었단 말이죠. 얼마든지 공략할 수 있었고, 최영 장군도 그 점을 알고서 내

보낸 겁니다.

이해영 아, 그렇다면 지금 '고려왕조가 더 지속되어야 했다' 이렇게 말씀
       하시는 건가요?

류근   아니, 그건 아닙니다.

그날   자자, 여기서 저희가 두 분을 좀 진정시킬 필요가 있을 것 같습
       니다. 교수님들도 다 들으셨을 텐데요. 이성계의 위화도 회군,
       두 교수님은 어떻게 생각하시나요?

신병주 물론 당시에 이 회군이라는 것 자체가 가지는 문제점은 분명히 있
       었죠. 이유야 어떻게 됐든 군인이 명령을 어기고 자기 지휘관을 공
       격했다는 점에서야 문제가 있었지만, 결과적으로 위화도 회군이
       라는 게 조선 건국의 가장 중요한 터닝 포인트가 되었다는 점에서
       는 우리가 어느 정도 그 의미를 인정해야 하지 않을까 생각합니다.

이익주 아무래도 저는 외교 문제에서 현실론을 말씀하신 이해영 감독님
       편을 들고 싶은데요. 그러면서도 고구려의 기개를 말씀하신 류
       근 시인 님의 의견을 또 버리기도 아까운.

류근   글쎄요. 저는 사실 위화도 회군을 생각하면 지금도 기분이 썩 좋
       진 않습니다, 솔직히.

신병주 만약 그때 치고 올라갔다면 지금 조선 시대사 전공하는 학자들
       다 없어졌을 거예요.

위화도 회군과 정도전

그날   자, 그럼 정도전 얘기로 다시 돌아가 볼게요. 이성계가 위화도에
       서 말 머리를 돌릴 그 무렵, 정도전은 뭘 하고 있었나요?

신병주 정도전은 그때 남양부사로 지방 관직에 있었어요. 그래서 위화
       도 회군에 적극적으로 참여했다든가 하는 기록은 없는데요. 그
       래도 기본적으로 정도전과 뜻을 같이했던 남은[9] 같은 사람들이

이성계를 설득해서 회군을 성사시킨 일이나, 회군 후에 정도전이 이성계의 확실한 참모가 되는 걸 보면 어느 정도 교감은 분명히 있었다고 볼 수 있습니다.

그날 　이후에 정도전의 입지가 확 달라진 건가요?

이익주 　많이 달라집니다. 위화도 회군이 성공한 다음에 이성계가 아주 중요한 두 건의 인사를 단행합니다. 하나는 정도전을 성균관 대사성에 임명한 거고, 또 하나는 조준[10]이라는 사람을 사헌부 대사헌을 시킨 겁니다. 성균관은 성리학자들의 중심이라는 상징적인 의미가 있었는데, 여기에 정도전을 앉힌 겁니다. 또 사헌부는 사법기관이니까 권문세족들의 여러 불법 행위 같은 걸 처벌할 수 있는 권한을 조준이 갖게 된 거고요. 이 두 사람이 태조 이성계의 양팔이 되는데, 정도전의 지위가 거기까지 올라가게 된 거죠.

그날 　이 위화도 회군 이후의 정세가 고려왕조에도 어떤 변화를 가져오나요?

신병주 　위화도 회군 이후에 다시 고려의 왕이었던 우왕과 창왕[11]을 폐위하는 조처가 있게 되는데요. 당시 이성계를 비롯한 새로운 세력들은 이 우왕과 창왕이 신돈[12]의 혈통이라는 입장을 가지고 있었어요. 그래서 이른바 폐가입진(廢假立眞), 즉 가짜를 폐하고 진짜를 세워야 한다는 논리를 내세워 공양왕을 옹립하게 되지요.

그날 　그러면 정몽주는 우왕과 창왕을 몰아낼 때 입장이 어땠나요?

이익주 　9공신이라는 사람들이 있습니다. 창왕을 폐위하고 공양왕을 세울 때 아홉 사람이 흥국사라는 절에 모여서 모의를 하고 폐가입진을 실행합니다. 그래서 나중에 공신으로 책봉이 되죠. 그 아홉 명 가운데 첫 번째는 이성계입니다만, 그중에는 정몽주도 이름을 올리고 있습니다. 그러니까 놀랍게도 이때까지는 정몽주가 정도전이나 이성계와 같은 정치적인 행보를 보이고 있었던 것이죠.

그날   아, 정몽주 하면 충신의 아이콘인데 이건 정말 충격적이네요.

정도전의 개혁 정책

그날   네, 이제 정도전과 이성계가 정권을 장악했어요. 그러면 개혁을
      추진해야 하는데 도대체 어떤 게 가장 심각한 문제였나요?

신병주 '입추(立錐)의 여지가 없다'라는 말이 있죠? 송곳 꽂을 자리조차
      없다는 뜻인데요. 이게 당시 서민들의 상황에서 나온 말입니다. 권
      문세족한테 다 빼앗겨서 자기 땅이 하나도 없었어요. 정도전이 권
      력을 잡고 난 다음 경제 개혁에 착수하게 되는데 국가가 일단 토
      지를 몰수해서 계민수전(計民授田), 즉 백성의 수를 헤아려서 토지
      를 나누어 주는 방식을 시도합니다.

이익주 굉장히 획기적인 겁니다. 정말로 땅을 다 공전(公田)[13]으로 만든 다
      음 경자유전(耕者有田)[14]의 원칙에 따라서 농민들에게 토지를 나
      누어 준다는 것인데, 이것이 실현되지는 못했습니다.

그날   기능권승의 반발 때문에 그런 거군요.

이익주 한 가지 절충안으로 나온 것이 조준의 사전(私田) 폐지입니다.
      이게 뭐냐면, 원래는 관리가 관직에서 물러나면 수조권[15]을 국가
      에 반납해야 하는데, 그러지 않고 이걸 계속 가지고 있으면서 불
      법으로 농민에게서 소출의 10분의 1씩을 걷어 가고 있었거든요.
      이걸 전부 혁파한다, 이게 사전 폐지입니다. 이 나쁜 관행을 전
      부 없애서, 농민이 수조권을 가진 한 사람에게 10분의 1만 주고
      나머지 10분의 9를 가지고 먹고살게 한다는 이 안이 채택됩니
      다. 정도전의 계민수전 방식은 너무 이상적인 안이라서 당시로
      선 채택하기 어려웠던 거죠.

그날   그런 것들 말고도 당시 고려의 대표적인 폐단이 불교 관련 폐단
      이라고 알고 있어요. 어느 정도였나요?

신병주   당시 불교의 문제는 종교적인 교리의 문제 같은 건 아니었어요. 불교 사원들이 면세·면역의 특권을 가지면서 생긴 문제들이었죠. 요즘도 그렇지만 세금 같은 게 안 걷히고 그러면 국가 재정이 상당히 힘들어 지잖아요. 그런데 오히려 불교 사원들은 면세·면역의 특권을 기반으로 상당히 비대해지고 권력화되고 있었는데 정도전은 바로 그 부분을 경계한 것이죠.

이익주   불교에 대한 정도전의 생각은 조금 남다른 면이 있습니다. 불교를 배척한 건데요. 제가 볼 때 당시 토지제도 개혁에 성공을 거두면서 많은 신진 사대부들이 개혁의 성과에 만족하고 있을 때, 정몽주처럼 고려왕조를 중심으로 국가 질서를 회복하려고 생각하는 사람들도 있었을 거예요. 그때 정도전이 성리학자로서의 자세를 내세우면서 불교를 배척한 겁니다. '성리학이 지배하는 새로운 사회를 만들자. 이제부터 조선왕조다' 아마 그런 생각을 했겠죠.

갈림길에 선
정몽주와 정도전, 이성계

위화도 회군 이후
고려 조정은 이성계를 중심으로
정도전과 정몽주가 이끌었다.

그들은 한뜻으로
고려 사회를 변화시키기 시작했다.

그러던 어느 날,
갑자기 정도전이 귀양 길에 오르게 된다.

정도전을 귀양 보낸 것은 다름 아닌 정몽주였다.

그는 고려를 멸하고 새로운 왕조를 꿈꾸는
정도전과 더 이상 뜻을 같이할 수 없었던 것.

고려를 지키려는 필사적인 노력에도
정몽주는 이성계의 아들, 방원에 의해
최후를 맞게 된다.

그의 죽음과 함께 고려는 명운을 다하고,
오랜 벗이자 동료였던 두 사람의 운명은
결국 피로써 끝을 맺게 되었다.

정도전과 정몽주의 대립

그날 자, 이렇게 정몽주의 죽음이 결국 고려왕조의 최후를 가져오게 됩니다. 권력 앞에서는 영원한 동지도 없고 적도 없다는 말이 떠오르는데요. 그렇게 막역했던 사이였는데 두 사람이 왜 갑자기 정적이 되는 건가요?

이익주 정몽주는 고려왕조라는 틀 안에서 자기들이 세운 국왕을 중심으로 국가의 질서를 얼마든지 회복할 수 있다는 생각, 그리고 국왕에 대한 충성이라는 것이 대단히 중요한 가치라는 신념을 갖고 있었을 겁니다. 반면에 정도전은 자기가 생각하는 민본 정치를 어떻게 실행할 것이냐를 생각했을 테고요. 정몽주가 그렇게 국왕에 대한 충성을 강조할 때 '과연 무엇을 위한 충성이냐'를 먼저 생각했을 법합니다. 그래서 이십 대까지만 해도 그렇게 절친했던 두 사람이 이렇게 대립하게 된 것은 단순한 권력 싸움 때문이라기보다는 자기의 이상을 실현해 나가는 과정에서 견해 차이로 대립한 거이라고 본 수 있습니다.

그날 이데올로기의 문제라는 거네요.

이익주 네, 공양왕을 옹립한 다음에 이성계파와 정몽주파 사이에 아주 엎치락뒤치락하는 싸움이 4년 정도 계속됩니다. 한번은 이성계가 해주에서 낙마를 해서 위독하다는 소문이 들리자 정몽주가 그 말을 듣고 기뻐했다고도 하고요.

그날 『실록』의 기록이겠죠, 역시?

이익주 네, 『태조실록』에 그렇게 쓰여 있습니다. 아마 실제로도 기뻐했을 겁니다.[†]

그날 이성계의 낙마 사건이 사실 온건 개혁파들한테는 기회였을 텐데요.

이익주 그렇죠. 이때 정몽주는 자기가 부릴 수 있는 대간[16]들을 시켜서 이성계 쪽 사람들을 탄핵합니다. 그래서 조준·정도전·남재·

38

남은 같은 사람들이 일시에 유배를 가는 일이 벌어지죠. 이성계 쪽에서는 이런 상황을 상당히 불안하게, 위기로 느꼈을 겁니다. 그리고 이때 정몽주가 문병을 갔다가 죽임을 당하게 됩니다.

신병주 행동 대장이었던 이방원이 나선 거죠.

그날 그렇군요. 여기서 그 유명한 일화가 나오는 거죠? 문병 온 정몽주에게 이방원이 「하여가」[17]를 읊죠. "이런들 어떠하리, 저런들 어떠하리. 만수산 드렁칡이 얽혀진들 어떠하리. 우리도 이같이 얽혀서 백 년까지 누리리라." 그러자 정몽주가 답가로 「단심가」를 부르고요. "이 몸이 주고 주어 일백 번 고쳐 죽어, 백골이 진토 되어 넋이라도 있고 없고. 임 향한 일편단심이야 가실 줄이 있으랴."

신병주 네, 이 시조들을 외다 보니 예전에 국어 시험에 나오던 게 기억이 나네요. 항상 '임'에 밑줄 쫙 치고, '여기서 임은 누구를 가리키는가?' 하고 묻는 문제가 나왔죠.

그날 고려!

신병주 그렇죠.

† 태조가 활을 쏘아 사냥하면서 새를 쫓다가, 말이 진창에 빠져 넘어졌으므로 드디어 떨어져 몸을 다쳐, 가마를 타고 돌아왔다. 공양왕이 내시를 연달아 보내어 문병하였다. 처음에 정몽주가 태조의 위엄과 덕망이 날로 성하여 조정과 민간이 진심으로 붙좇음을 꺼려하였는데, 태조가 말에서 떨어졌다는 말을 듣고는 기뻐하는 기색이 있으면서 기회를 타서 태조를 제거하고자 하였다.
— 『태조실록』 1권 「총서(總序)」

1392년 7월,
드디어 이성계가 왕위에 오른다.

약 500년간 이어 왔던
고려의 사직이 무너지고,
새로운 왕조가 탄생한 순간이있다!

이성계는 말했다.

"내가 조선을 건국했다."

여기에 대한 정도전의 생각은 어떤 것이었을까?

"내가 이성계로 하여금 조선을 세우게 했다."

정도전, 조선을 설계하다

그날 　"내가 이성계로 하여금 조선을 세우게 했다." 실제로 정도전이 이런 얘기를 했나요?

이익주 　『태조실록』에 「정도전 졸기(卒記)」라는 것이 있습니다. 정도전이 죽은 다음에 그에 대한 기록을 남긴 것인데 그걸 보면 취중에 비슷한 뜻의 말을 돌려서 했다는 기록이 나옵니다. "한 고조가 장자방을 쓴 것이 아니라 장자방이 한 고조를 쓴 것이다"라는 말을 했다고요.[18] 이 말을 취중에만 해야 하는 건, 이건 듣기에 따라선 마치 역모처럼 비칠 수 있기 때문입니다. 이 말에는 '내가 이성계를 시켜서 조선을 건국하게 했다' 이런 뜻이 분명히 내포돼 있는 것이죠.

그날 　그런데 어째서 처음부터 자기가 왕이 될 생각을 하지 않았을까요? 그 정도 능력을 갖고 있는데요?

이익주 　훌륭한 참모가 돼서 새로운 왕조를 건설하는 것을 기획할 수는 있지만, 백성들의 신망과 지지와 동의를 얻어 가면서, 500년 된 왕조를 새 왕조로 바꾸는 큰일을 하기에는 스스로가 부족하다고 생각했겠죠.

신병주 　아마 정도전이 생각하기에 왕으로 내세워야 할 인물은 바로 이성계이고, 본인은 최고의 참모가 되는 것으로 일단 만족했을 거예요. 대신 그 조선이 지향하는 국가의 형태를 만드는 일에는 자기 같은 재상이 큰 역할을 해야 한다는 그런 믿음만은 분명히 있었던 거죠.

그날 　신권주의(臣權主義).

이익주 　이건 신권이라고 표현하기보다는 재상 중심의 정치라고 말할 수 있을 것 같아요. 재상도 여러 명이 아니라 딱 한 사람, 즉 총재 중심의 정치인데요. 정도전은 국왕에게 모든 권력이 가는 게 아니라, 총재가 국왕으로부터 권력을 위임받아서 그것을 행사하는 정치가 가장 이상적이라고 생각했고, 실제로 그런 정치를 계획합니다. 그리고 정도전이 죽은 다음에도 정도전의 그런 생각은 『경국대전』[19]에 상당 부분 반영이 되니까 그 기획이 완전히 수포로 돌아간 것은 아니라고 할 수 있습니다.

백성 입장에서 본 고려와 조선의 차이

그날　그런데 이게 사실 권력자들한테는 중요한 일일 수 있지만, 백성 입장에서 보면 이제의 고려나 내일의 조선이나 큰 차이가 없을 수도 있잖아요. 왕조가 바뀌어도 백성의 삶은 거의 똑같을 거 같은데 조선 건국이 그렇게 큰 의미가 있는 건가요?

이익주　글쎄요. 그게 의미가 없으면 역사학자들이 할 일이 없어집니다. 의미를 찾는 것이 역사학자들의 일이니까요. 이런 중요한 사건의 역사적인 의미는 무엇일까 생각해 보면, 틀림없이 고려와 조선은 다를 거라기는 겁니다. 고려는 극소수의 귀족들에게 사회·경제적인 특권이 모두 집중되어 있는 사회라면, 조선은 그보다는 더 넓은 계층의 사대부가 중심이 되는 사회입니다. 둘 다 지주라고 하더라도 고려 귀족이 대지주였다면, 조선의 사대부는 중소 지주라는 차이가 있는 것이죠. 그리고 어느 쪽이 보통 사람들, 즉 백성들과 더 친화적일 것이냐, 귀족일 것이냐 사대부일 것이냐, 생각해 볼 수 있죠. 이걸 생각하면서 고려와 조선을 비교한다면 조선 건국의 역사적인 의미가 잘 드러날 것으로 생각됩니다.

그날　조금 더 열린 사회였다고 이해하면 되겠군요.

신병주　좀 더 개방적이고 관료 시스템이 잘 작동하는 사회였다고 볼 수 있겠죠. 확실히 발전적인 지표들은 여러 군데서 찾을 수 있죠.

그날　결국 '이성계에게 정도전이 없었다면 조선은 없었을 것이다' 이렇게 볼 수 있나요?

이익주 두 사람이 만났기 때문에 조선 건국이 가능했던 것이니까요. 둘 중 한 사람이 없었으면 조선 건국은 아마 어려웠을 것입니다.

정도전과 이성계에 대한 한 줄 평

그날 우리 이번 주인공들의 인물평을 한 줄로 정리해 보면 어떨까요?

이해영 정도전과 이성계 이 두 사람은 이런 문장으로 표현할 수 있지 않을까 하는 생각이 듭니다. '야망이 두 다리로 땅을 딛는 법.'

신병주 이성계의 무(武)와 정도전의 문(文)의 이 탁월한 결합을 요즘 말로 하면 '화학적 결합'이라고도 할 수 있겠죠. '이 둘의 화학적 결합이 결국 조선이라는 나라를 탄생시켰다' 이렇게 정리하고 싶습니다. 특히 저처럼 조선 시대를 전공하는 사람 입장에서 이 두 사람은 정말 은인이라고도 할 수 있겠고요.

이익주 네, 저는 이 조선 건국의 주역은 역시 두 사람이지만 조선이 조선답게 만들어진 것, 그냥 예사 왕조가 아니고 그 후 500년을 버티는 좋은 나라로 설계된 것은 정도전의 생각 때문이었다고 봅니다. 그런 의미에서 저는 이런 문장으로 정리해 보고 싶네요. '최초의 조선인.' 즉 정도전은 고려에서 태어났지만 그의 생각은 고려의 틀을 벗어나 다음 왕조에 가 있었던 거죠. 그래서 가장 먼저 조선 사람처럼 생각하고 행동한 사람. 이런 의미에서 '최초의 조선인' 이런 표현을 하고 싶습니다.

그날 그런 의미에서 보면 정몽주는 '최후의 고려인'인 셈이네요.

이익주 그렇게 되겠죠.

그날 네. 자, 새로운 나라를 연 정도전. 그가 꿈꿨던 세상을 백지 위에 어떻게 펼쳐 나갈지 다음 장에서 함께 얘기 나눠 보도록 하겠습니다.

2

이성계,
500년 왕조의
서막을 열던 날

"시작이 반"이라는 속담은 시작의 중요함과 어려움을 명쾌하게 보여 준다. 이 속담에 고개를 끄덕인다면, 조선 역사에서 태조 이성계가 차지하는 위상을 짐작할 수 있을 것이다. 그런 지위를 가장 잘 반영하는 지표 하나는 '태조'라는 묘호(廟號)일 것이다. 그것은 왕조 개창이라는 위업을 이룬 국왕 (또는 황제)에게만 허용되는 독보적 이름이다.

왕조 교체기는 대부분 격동의 시간이다. 세상을 바꾸려는 야심 찬 인재들 간에 죽고 죽이는 모략과 암투가 펼쳐진다. 한족과 이민족이 교차하면서 25개 왕조가 명멸한 중국사와 견주면, 한국사의 왕조 교체는 상당히 드물고 평온했다. 그럼에도 고려가 무너지고 조선이 세워진 14세기 후반 한반도의 역사는 뜨겁게 전개되었다. 태조 이성계는 그 거대한 무대의 중심에서 결말을 이끌었다.

조선을 개창했을 때 이성계는 58세였다. 그는 역사상의 '태조'들이 가진 미덕을 고루 갖췄다고 생각된다. 우선 그는 왜구와 홍건적의 침입을 크게 물리치면서 나라를 대표하는 명장으로 떠올랐다. 덕망과 인품도 훌륭해 자신을 찾아온 명민한 인재들을 너른 포용력으로 감쌌다. 정치적 야망이 없지는 않았겠지만, 이성계는 점진적 방법을 선호했던 것 같다. 정몽주 암살을 포함한 고려 말의 치열한 권력투쟁에서 그는 먼저 움직이지 않았다. 그때 정치적 야망이 가장 꿈틀댄 인물은 정도전과 이방원일 것이다.

이성계는 1392년 7월 17일 신하들의 추대로 새 왕조의 첫 주인이 되었다. 1398년 정종에게 양위하고 상왕으로 물러나기까지 7년 동안 태조로 재위한 기간은, 대부분의 왕조가 그렇듯, 평화와 안정보다는 충돌과 갈등의 시간이었다. 명과의 외교적 마찰이나 제도 정비를 둘러싼 실험도 있었지만, 가장 큰 갈등은 역시 왕위 계승을 둘러싸고 일어났다. 그는 자기 자식들끼리 죽고 죽이는 처참한 모습과 자신에게 새 왕조를 안겨 준 최고의 공신이 살해되는 슬픈 장면을 지켜봐야 했다. 산이 높을수록 골짜기도 깊은 이치는 인간의 삶에도 적용되는 것 같다.

태조는 왕조를 개창한 뒤 새로운 도성을 만들었다. 도성은 신중한 논의 끝에 위치가 결정되어 1393년 9월부터 1396년 9월까지 4년 동안 종묘·사직·궁궐과 사대문 등의 주요 건물이 세워졌다. 조선의 새 수도는 600년의 시간을 뛰어넘어 지금까지 수도로 기능하고 있다.

수많은 어려움을 이겨내고 지존의 자리에 올랐지만, 아들 방원이 일으킨 두 번의 왕자의 난을 지켜보면서 그는 권력의 냉혹함과 무상함을 실감했을 것이다. 그런 스산한 마음과 분노는 태종이 왕위에 오른 뒤 행동으로 표출되었다. 태조는 머나먼 고향 함주(함흥)로 갔고, 돌아오시라는 태종의 간청을 번번이 묵살했다. 그 과정에서 일어난 이런저런 사건은 '함흥차사'라는 성어를 만들었다.

태조는 만년에 불교에 깊이 기대다가 1408년 5월 24일 창덕궁에서 승하했다. 그가 모셔진 건원릉은 규모도 특별하지만 분묘에 억새가 무성한 것이 인상적이다. 함주의 흙과 억새로 분묘를 조성했기 때문이라고 한다.

그 뒤 조선이 멸망하기까지 수많은 역모와 반란이 일어났지만 한 번도 성공하지 못한 사실을 보면서 한 왕조를 무너뜨린다는 일이 얼마나 어려운가를 생각한 적이 있다. 그런 일을 이루는 것은 운명이라는 표현에 합당할 것이다. 태조는 자신을 넘어 조선이라는 나라의 운명을 창조한 인물이었다.

이성계,
500년 왕조의 서막을 열던 날

고려의 공양왕이 폐위된 1392년 7월 16일,
백관들이 이성계의 집을 찾는다.
이들이 가져온 것은 고려 왕의 옥새.

"신왕 전하, 속히 나오시어 어보를 받드시옵소서."

하지만 이성계는 옥새 받기를 거부한다.

"이보시오. 배 대감. 이게 무슨 짓이오!"

몇 번의 사양 끝에 이성계는
결국 옥새를 받고 왕위에 오른다.

고려 창건 이후 최초로
왕씨 성이 아닌 임금이 즉위한 것이다.

왕위에 오른 이성계는
국호를 그대로 고려라 하며
의장과 법제도 고려를 따를 것을 명한다.

500년을 이어갈
새로운 왕조가 탄생한 것이다.

옥새를 사양한 이성계

그날   이번에 살펴볼 그날은 '이성계, 500년 왕조의 서막을 열던 날'입니다.

앞서 봤듯이, 고려왕조의 신하들이 이성계에게 고려의 옥새를 바치는데요. 이걸 이성계가 한사코 거절합니다. 사극 같은 데서 보면 정말 불같이 막 화를 내기도 하는데, 실제로 대문을 닫아걸어서 백관들이 문을 부수고 들어가 옥새를 전해 줬다고도 하거든요. 물론 한 번에 넙죽 받기에는 좀 민망하니까 그런 것 같기도 하고요. 선생님, 진심이었을까요?

이익주   백성들에게 그런 모습을 보여 줄 필요가 있었을 겁니다. 이성계는 원래는 왕의 자격이 없는 사람이죠. 왕자가 아니었으니까요. 이런 사람이 왕이 될 때 가장 좋은 방법은 양위를 받아서, 혹은 추대를 받아서 왕이 되는 거죠. '나는 싫은데 남들이 시켜서 어쩔 수 없었다' 이런 식으로요. 또 그러면 이걸 천명이라고 얘기하기도 좋고요.

신병주   그래서 기록에도, '내가 두세 번 사양했는데 하도 나보고 하라 그래서 어쩔 수 없었다. 백성들의 마음이 담겨 있고 하늘의 뜻이어서 할 수 없이 왕위에 오르는 거다. 내가 몸만 건강했더라면 말을 타고 피했을 텐데 몸도 안 좋고 그래서 어쩔 수 없었다'는 식의 이야기까지 하죠.†

그날   아니, 뭐 아픈 분이 아니시잖아요. 당대 최고의 무장이셨는데. 그리고 더 재미있는 게, 당시에 최고 유력가였던 분 댁의 대문을 부순다는 건 사실은 굉장히 불경한 일이잖아요. 저는 강제로 왕위를 찬탈했다는 얘기는 들어 봤어도 이렇게 왕위를 뒤집어씌웠다는 경우는 처음 봤어요.

신병주   네, 그래서 실제로 정상적인 상황이었다면 그 문을 밀고 들어온 사람들은 주거침입죄로 걸려 들어가야 되는데, 나중에 그 사람들이 오히려 다 공신이 되죠. 여기서 분위기 못 맞추고 "아, 싫으시답니다" 하면 딱 역적이 되는 거죠.

† 이날(7월 16일) 태조는 문을 닫고 들어오지 못하게 했는데, 해 질 무렵에 이르러 배극렴 등이 문을 밀치고 바로 내정(內庭)으로 들어와서 국새(國璽)를 청사(廳事) 위에 놓으니, 태조가 두려워하여 말과 행동을 잃었다. 이천우를 붙잡고 겨우 침문(寢門) 밖으로 나오니 백관이 늘어서서 절하고 북을 치면서 만세를 불렀다. 태조가 매우 두려워하면서 스스로 용납할 곳이 없는 듯하니, 극렴 등이 뜻을 합쳐 상소를 올리며 왕위에 오르기를 권고하였다. (준략) 태조는 굳이 거절하면서 말하기를, "예루부터 제왕의 일어남은 천명이 있지 않으면 안 된다. 나는 실로 덕이 없는 사람인데 어찌 감히 이를 감당하겠는가?" 하면서 (중략) "내가 수상(首相)이 되어서도 오히려 두려워하는 생각을 가지며, 항상 직책을 다하지 못할까 두려워하였는데, 어찌 오늘날 이 일을 볼 것이니 생각했겠는가? 내가 만약 몸만 건강하다면 필마를 타고도 적봉(賊鋒)을 피할 수 있지만, 마침 지금은 병에 걸려 손발을 제대로 쓸 수 없는데 이 지경에 이르렀으니, 경들은 마땅히 각자가 마음과 힘을 합하여 덕이 적은 사람을 보좌하라" 하였다.
—『태조실록』 1년 7월 17일

여론을 의식한 정치적 퍼포먼스?

그날　　그런데 아무리 민심을 의식한 퍼포먼스가 있었다고 하더라도, 백성들 입장에서 보면 어느 날 갑자기 왕씨가 아니라 이씨가 왕이 된 꼴이라서 거부감 같은 게 들 수도 있을 거 같아요.

신병주　그럴 수 있죠. 고려왕조도 475년간 존속한 왕조거든요. 그래서 이런 역성혁명(易姓革命)에 대해서 상당한 부담을 느꼈기 때문에 이런 소동을 벌이고 그러는 거죠. 실제로 당시에 옥새를 들고 온 배극렴¹이라는 사람만 해도 고려 때 문하시중까지 역임했던 상당한 원로대신이에요. 이런 사람들을 일등 공신에 책봉함으로써, 요즘 표현으로 하면 얼굴 마담으로 활용하는 거죠.

그날　　아니, 옥새를 전한 것만으로 일등 공신이 됐다고요?

신병주 물론 다른 공들도 있죠. 아무튼 배극렴이라든가 김사형처럼 실제 혁명에 아주 주도적으로 참여하지는 않았던 고려의 원로들까지 껴 안음으로써 '우리는 구세력들도 안고 간다' 이런 걸 표방한 거죠.

그날 그러고 보니 신병주 교수님의 책에서 봤는데 그 '이밥'이라는거 있잖아요? '이밥에 고깃국' 할 때의 이밥요. 그게 여기에서 나온 말이라는 설이 있다면서요. 이씨가 내려 준 밥, 이성계가 내려 준 밥이라는 말로요. 앞의 사건들이나 이밥 얘기를 보면, 이성계 가 민심을 이런 식으로 조작한 것이 아닌가 하는 생각도 드네요.

신병주 조작이라는 측면도 있겠지만, 당시 건국 세력 측이 토지제도를 개혁 함으로써 백성들 입장에서는 세금 부담이 적어지면서 좀 더 잘살게 된 측면은 분명히 있었죠. 이밥, 함경도 사투리로는 '이팝'이라고도 하는데, 그런 말이 널리 퍼진 데에는 그런 배경이 있습니다.

조선의 건국일은 언제인가

그날 그러다 갑자기 '국호를 바꾸자' 그래서 국호를 조선으로 바꾸게 되는데요. 왜 갑자기 이런 결정을 하게 된 걸까요?

이익주 당시 건국 세력은 이것이 새로운 왕조라는 생각을 분명히 가지고 있었습니다. '이것은 혁명을 통해 만든 새로운 왕조고, 그렇다면 국 호를 바꾸는 것은 당연하다' 이랬는데, 문제는 백성들이 충격을 받 지 않고 이걸 받아들일 수 있는 시간이 필요했던 것뿐이죠.

그날 아, 그러면 조선의 건국 연도는 언제로 봐야 하는 건가요? 아직 고려라는 이름을 쓰지만 옥새를 받았을 때부터인가요, 아니면 국호를 조선으로 바꿨을 때부터인가요?

이익주 사실상 이성계가 왕이 되는 1392년 7월 17일, 아직 고려의 것이 지만 왕의 옥새를 받은 이날을 조선의 건국일로 봐야죠.

신병주 당시 정식 국호는 물론 고려였지만, 그 고려를 멸망시키고 조선을 건국한 주체 세력은 처음부터 새 국호를 염두에 두었던 것 같아요. 그래서 정도전 같은 사람들은 역사적인 전례 같은 것도 연구하고 그랬어요.

왜 '조선'이라고 했나

그날 그런데 우리가 보통 '고조선'이라고 부르는 것도 사실은 국호가 조선이란 말이에요. 이성계의 조선과 구별하기 위해서 '고(古)' 자를 붙여 부르는 거잖아요. 이렇게 이미 한 번 사용됐던 국호인데 왜 다시 쓴 걸까요? 그대로 새 나라를 만들었는데 새로운 이름을 만들고 싶지 않았을까요?

이익주 국호를 정할 때 새로운 이름보다는 옛날에 있었던 나라의 이름을 씀으로써 역사적인 정통성을 찾으려고 한 것이죠. 우리는 우리 역사가 고조선에서부터 시작됐다고 알고 있지만 고려 전기까지만 해도 고조선의 존재는 사람들의 머릿속에 그렇게 강하게 남아 있지 않았습니다. 앞에서 봤듯이, 부여나 신라나 가야의 건국 설화를 보면 시조 왕들이 전부 하늘에서 내려오거든요. 이 나라들은 고조선을 계승한다는 의식이 없었던 겁니다.

그날 아, 그렇군요.

이익주 그러다가 13세기에 몽골과 전쟁을 하고 원의 정치적인 간섭을 받게 되면서부터 고려 사람들 머릿속에 '삼국에 앞서는 원래의 우리 국가가 있었다, 단군으로부터 시작되는 오랜 역사가 있었다'라는 생각이 차차 자리 잡게 되죠.

신병주 그리고 그런 흐름이 어느 정도 강해지면서 조선이라는 국호를 정할 때 바로 이 단군조선의 자부심, '우리는 하늘의 자손'이라는 생각이 반영되게 된 거죠. 그런데 사실 정도전의 『조선경국전』에는 기자조선[2]에 대한 내용이 훨씬 많이 나와요. 왜냐하면 옛날 주나라 무왕에 의해 제후로 책봉된 기자라는 인물을 강조함으로써 '우리도 중국 못지않은 유교적 문화, 도덕 문화를 가졌다'라는 걸 강조하고자 한 거죠. 그래서 크게 본다면 조선이라는 국호에는 단군조선에서 보이는 혈통적인 독자성(하늘의 자손)에 대한 인식도 일부 반영됐고, 기자조선으로 상징되는 유교 문화와 도덕 문화에 대한 자부심도 함께 담겨 있다고 볼 수 있습니다.†

---

† 해동(海東)은 그 국호가 일정하지 않았다. 조선이라고 일컬은 이가 셋이 있었으니, 단군·기자·위만이 바로 그들이다. 박씨·석씨·김씨가 서로 이어 신라라고 일컬었으며, 온조는 앞서 백제라고 일컫고, 견훤은 뒤에 후백제라고 일컬었다. 또 고주몽은 고구려라고 일컫고, 궁예는 후고구려라고 일컬었으며, 왕씨는 궁예를 대신하여 고려라는 국호를 그대로 사용하였다.

이들은 모두 한 지역을 몰래 차지하여 중국의 명령을 받지 않고서 스스로 명호를 세우고 서로를 침탈하였으니 비록 호칭한 것이 있다손 치더라도 무슨 취할 게 있겠는가? 단 기자만은 주(周) 무왕(武王)의 명령을 받아 조선후(朝鮮侯)에 봉해졌다.

지금 천자(명 태조를 가리킴)가, "조선이란 칭호가 아름다울 뿐 아니라, 그 유래가 오래되었다. 이 이름을 그대로 사용하고 하늘을 체받아 백성을 다스리면, 후손이 길이 창성하리라"라고 명하였는데, 아마 주 무왕이 기자에게 명하던 것을 전하에게 명한 것이리니, 이름이 이미 바르고 말이 이미 순조롭게 된 것이다.

기사는 무왕에게 홍범(洪範)을 설명하고 홍범의 뜻을 부연하여 8조(條)인 교(敎)를 지어서 나라 안에 실시하니, 정치와 교화가 성하고 풍속이 지극히 아름다웠다. 그러므로 조선이란 이름이 천하 후세에 이처럼 알려지게 된 것이다.

이제 조선이라는 아름다운 국호를 그대로 사용하게 되었으니, 기자의 선정(善政) 또한 당연히 강구해야 할 것이다. 아! 명 천자의 덕은 주 무왕에게 부끄러울 게 없거니와, 전하의 덕 또한 어찌 기자에게 부끄러울 게 있겠는가? 장차 홍범의 학(學)과 8조의 교(敎)가 오늘날 다시 시행되는 것을 보게 되리라.
— 『삼봉집』 13권 『조선경국전』 「국호(國號)」

한양 천도

즉위 2년 후,
태조 이성계는 한양을 찾는다.
개성을 떠나 도읍을 옮기기 위해서였다.

하지만 정도전을 비롯한 신하들은
도읍을 옮기는 일에 소극적이었다.

개국한 지 얼마 되지 않아
도읍을 옮기기엔 적절한 때가 아니라는 이유였다.[3]

평소 정도전의 의견을 적극 따랐던 이성계였지만
천도 문제에서만큼은 뜻을 굽히지 않았다.

그리고 1394년 8월,
마침내 새 도읍지가 결정된다.

이성계가 천도를 고집한 이유

그날 즉위하고 불과 2년 만에 도읍을 한양으로 옮긴 건데요. 정말 도 저히 안되겠다 싶었나 봐요?

신병주 아무래도 개경(현재의 개성, 고려의 수도)이라는 곳이 자신의 집안 하고 상당히 맞지 않았죠. 함흥 출신 무관이었던 이성계를 개경 귀족들이 쉽게 인정하지 않는 정서가 있었던 것 같아요. 그래서 요즘 말로 하면 '판을 한번 확실하게 바꿔 봐야겠다'라는 생각을 했던 거죠.

그날 그런데 이성계가 원했는데도 정도전이 천도에 반대했다는 건 약 간 의아하기는 해요.

이익주 네, 이 천도 문제는 이성계가 고집을 한 아주 드문 경우입니다. 조 선 건국 이후 추진된 여러 가지 일들이 대개 이성계는 마다하는데 다른 사람들이 주장해서 하는 걸로 나오는데, 천도 문제만큼은 이 성계가 아주 강력하게 주장합니다. 그래서 누구도 반대하기 어려운 상황이었는데 정도전이 나서죠. "이건 급한 일이 아닙니다" 하고요.

한양이냐, 무악이냐?

그날 자, 이렇게 해서 한양(공식 명칭으로는 한성)이 새로운 도읍이 됐 는데 이성계가 처음부터 한양을 염두에 두고 있었던 건가요?

신병주 처음부터 한양을 염두에 둔 건 아니었어요. 풍수에 능한 사람들 을 시켜서 한번 조사해 봤는데, 맨 처음에 도읍지로 물색된 곳이 지금의 계룡산 일대, 절묘하게도 세종신도시가 있는 그 지역이었 습니다. 그러다가 당시 경기도 관찰사였던 하륜이라는 인물이 강 하게 반대해서 무악, 즉 지금의 신촌 일대를 중심으로 도읍을 정 하자는 주장이 제기됐다가 마지막 단계에서는 무학대사와 정도전 같은 인물이 중심이 돼서 마침내 한양이 도읍으로 결정되죠.

지도로 본 무악과 한양의 위치

그날   아니, 무악이나 한양이나 거기서 거기 아닌가요? 걸어서 갈 수도 있는 거리 같은데요. 차이가 정확히 뭔가요?

이익주   지금은 서울이 넓어졌으니까 다 서울에 포함되죠. 그런데 옛날에는 엄연히 다른 지역이었습니다. 지금 우리가 잔망시기고 싶고 있는 곳, 즉 경복궁과 광화문 일대는 북악산을 주산(主山)으로 해서 오른쪽으로는 인왕산이 가고 왼쪽으로는 낙산이 가는, 산이 품는 지역이죠. 그런데 무악은 지금의 연세대학교 뒷산, 즉 안산(鞍山)입니다. 그 안산을 뒷산으로 하고 앞을 바라보는 형국이니까 도읍지가 지금의 신촌·마포 일대가 되는 것이죠. 문제는 무악을 택했을 때엔 남향이 되질 못하고 남서향이 된다는 것이죠.

그날   원래 풍수지리상으로는 '군왕은 남면(南面)한다' 즉 남쪽을 향해 정사를 본다, 이런 원칙이 있죠?

이익주   네. 그렇습니다.

그날   재밌네요. 무악이나 한양이나 지금 다 땅값 비싼 곳들이잖아요. 그때나 지금이나 누가 봐도 좋은 곳은 똑같은가 봐요. 말이 나온

김에 한양 외에 풍수지리학적으로 수도가 들어설 만한 곳을 추천해 주신다면 어디어디가 있을까요?

신병주 조선 시대에 왕들이 몇 번 천도하려고 했죠. 광해군 때에는 교하(지금의 파주)로 한번 천도하려고 했고요,[4] 정조대왕도 화성(지금의 수원) 쪽으로 옮기려고 생각하신 적이 있습니다.[5] 아무래도 조선 시대 왕들이 한 번은 검토를 했던 지역이 그래도 가능성이 있지 않을까요? 그런데 왜요? 땅 사 두시게?

그날 살 돈은 없고요, 알아만 두려고요.

한양이 좋았던 점 3가지

그날 그런데 새로운 도읍이 되기 전까지 한양은 실제로 어떤 곳이었나요?

신병주 지금도 서울을 전체적으로 보면 알 수 있듯이, 북쪽으로는 북악산, 남쪽으로는 목멱산(남산), 동쪽으로는 낙산, 서쪽으로는 인왕산, 이렇게 네 개의 산으로 둘러싸여 있으니까 수도 방어에 유리한 곳입니다.

이익주 한양은 고려 시대에 남경이라는 이름으로 불립니다. 고려의 수도였던 개경에 이어서 전국 2대 도시였는데요. 이 남경은 여러 가지로 입지 조건이 아주 유리한 곳에 있습니다. 일단 교통이 편하죠. 남한강·북한강이 육지와 연결해 주고, 또 바다에서도 가깝지 않습니까. 이런 이점 때문에 남경으로 승격되고 고려 전기 문종 때와 숙종 때엔 천도가 논의되기도 합니다.

신병주 네. 남경, 그러니까 조선 시대의 한양은 한강을 활용할 수 있을 뿐만 아니라 서해안을 통해 호남 지역의 세곡들을 서울로 운반할 수 있는 장점도 있었습니다. 그걸 위해 서울에 두었던 창고가 광흥창·풍저창·용산창이었습니다.

그날 아, 그렇군요.

신병주 그래서 서울 지명 중에 창전동(倉前洞)이라고 있잖아요, 마포에. 그것도 '창고 앞에 있는 동네'라는 뜻에서 지어진 겁니다.

그날 아, 정말 많이 배워 가네요.

이익주 우리 역사상 서울과 관련된 또 한 가지의 의미를 짚어 보면요. 왕실과 무관한 지역이 처음으로 수도가 됐다는 점을 들 수 있습니다. 개경은 왕건의 본거지였죠. 그리고 그 이전 신라·고구려·백제도 전부 왕실 인물들의 출신지가 수도가 됩니다. 오직 조선의 수도인 한양만 처음으로 왕실과 무관하면서 수도가 된 지역입니다. 또 한 가지, 한반도 안에서 고구려·백제·신라 삼국의 문화를 모두 가지고 있는 유일한 수도도 바로 한양입니다. 다른 지역은 셋 중에 하나 또는 두 개가 없죠. 근데 여기는 세 개가 다 있는 의미 있는 지역입니다.

유교적 이상이 구현된 계획도시

그날 그런데 당시엔 교통도 불편했을 텐데 도읍을 옮긴다는 게 상상이 안 가요. 정말 당시로서는 엄청난 계획도시였던 거죠, 한양이?

신병주 네. 그렇죠.

그날 그런데 이 거대한 계획도시를 정도전이 다 설계한 거잖아요. 스포츠로 치면 올라운드 플레이어인 셈인데, 아무튼 대단한 사람인 거 같아요.

이익주 정도전의 한양 설계라는 게 이랬습니다. 도성을 쌓고 그다음에 그 성을 통과할 수 있는 네 개의 대문과 네 개의 소문을 만들고 그 이름을 하나하나 짓는 겁니다. 여기에 유학에서 중요시하는 사단인 '인의예지'를 하나씩 넣었죠. '지(智)' 자는 결국 들어가지 않았지만요.

신병주 네. 사대문의 이름을 보면 인의예지가 다 들어가 있죠. 흥인지문(興仁之門, 동대문)의 '인(仁)', 돈의문(敦義門, 서대문)의 '의(義)', 숭례문(崇禮門, 남대문)의 '예(禮)'까지요. 그리고 마지막으로 '지(智)'가 있어

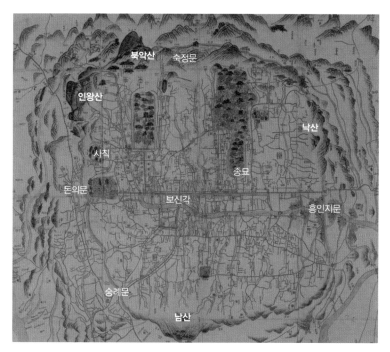

북악산　숙정문

인왕산

낙산

사직

종묘

돈의문

보신각

흥인지문

숭례문

남산

한양을 둘러싼 자연환경과 사대문의 배치

야 하는데 이 숙정문(肅靖門, 북대문)의 '정(靖)' 자에는 '꾀한다'는 뜻
도 있어서 이게 지혜 '지(智)' 자를 대신해서 쓰인 게 아닐까 추정하
는 견해도 있습니다. 그리고 마지막 중앙에 보신각(普信閣, 종각)의
'신(信)' 자까지 들어가서 '인의예지신'이 완성되는 거죠.

그날 　정말 딱딱 들어맞네요. 이 사대문 이름들도 다 정도전이 지은 건가요?

이익주 　사대문 이름을 정도전이 직접 지었다는 기록은 없지만[6] 도성을
쌓는 책임을 정도전이 맡았으니까 그 이름들도 정도전이 지었을
거라고 생각하고 있습니다. 아마 정도전의 일생에서는 이때가
가장 득의의 시절이었을 겁니다. 자기가 이렇게 금을 그으면 거
기에 성이 쌓이고, 이렇게 위치를 잡으면 궁궐이 들어가고 그랬
으니까요. 이런 일을 우리 역사 속에서 누가 해 봤겠습니까?

궁궐에 담은
경복의 꿈

새로운 도읍 한양의 중심 경복궁,
왕들의 거처인 경복궁을 설계한 인물은
바로 정도전이다.

그는 각 전각마다 바른 정치에 대한 간절한 바람을 담았다.
천하의 일은 부지런해야 한다는 뜻의 근정전(勤政殿)[7],
생각하고 정치하라는 의미의 사정전(思政殿)[8],
왕의 몸과 마음이 건강하길 바라는 강녕전(康寧殿)[9].

경복궁에 깃든 정도전의 정신은
600년 세월을 넘어 오늘날에도
바른 정치의 중요성을 일깨우고 있다.

경복궁의 쓰임새와 숨은 뜻

그날 　누구나 경복궁 한 번쯤은 가 봤을 텐데요. 그 구조나 쓰임새에 대해서는 잘 모르는 게 사실이죠. 이참에 심층적으로 알아보도록 하겠습니다.

신병주 　네. 근정전과 사정전은 모두 왕이 정사를 보는 공간인데요. 궁궐의 바깥쪽에 있어요. 그래서 외전(外殿)이라 불렀고요. 강녕전이나 교태전 같은 침전(寢殿, 침실이 있는 전각)들은 궁궐 안쪽에 있다 해서 내전(內殿)이라고 불렀습니다. 또 이 내전 뒤쪽에는 넓은 후원이 있는데요. 특히 왕비의 침전인 교태전은 후원의 앞이자 외전의 뒤, 즉 궁궐의 중심부에 있다 해서 중전(中殿)이라는 표현도 썼죠.

그날 　아, 그래서 왕비를 중전이라고 부르는군요.

신병주 　그리고 경복궁의 가장 중심이 되는 전각이 바로 근정전입니다. 법전(法殿) 또는 정전(正殿)이라고도 하는데 근 자가 한자로 무슨 근 자인지 아세요?

그날 　부지런할 근(勤) 자 아닙니까?

신병주 　맞아요. 항상 근면하라는 뜻인데, 그럼 어디에 부지런해야 하느냐? 아침에는 정사를 듣는 데 부지런하고 점심에는 어진 이를 방문하는 데 부지런하고 저녁에는 법령이 잘 지켜졌는지에 부지런하고 밤에는 몸을 편안히 하는 데 부지런하라, 이런 내용까지 다 나와요.†

그날 　그런데 왕들이 정말 그걸 다 지켰나요? 게으르고 어기고 그런 사람도 있지 않았을까요?

신병주 　그런 왕 중에 대표적인 왕으로 연산군을 꼽을 수 있겠지요. 경연[10] 같은 것도 안 하려고 했으니까요. 그런데 정도전은 또 앞의 말 바로 앞에서 아주 의미심장한 말을 해요. 그냥 부지런하기만 해

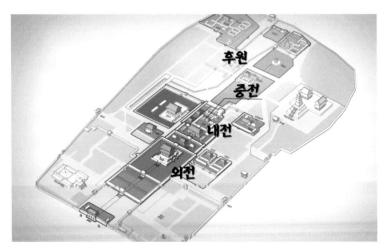

경복궁의 구조

선 안 된다는 얘기를 합니다. 부지런할 바를 알아서 부지런한 것이 정말 중요하다고 이야기하죠.‡

그날   맹목적으로 부지런하지 말라는 건가요?

신병주   네. 쓸데없이 부지런히 위사람 비나내 괴사시 시생사삽아요.
그리고 다시 경복궁 배치로 돌아가 보면, 근정전 바로 뒤에 있는 건물을 편전(便殿, 평상시 거처하는 궁전)이라고도 하는데, 정식 명칭은 사정전입니다. 왕이 가장 집무를 많이 보는 건물인데, 생각하고 또 생각해서 정치를 하라는 뜻이 담겨 있죠.

그날   아, 정말 좋은 뜻입니다. 근정전·사정전의 정신은 오늘날의 국가 지도자들한테도 꼭 필요한 가르침인 거 같아요.

신병주   네. 정도전이 이렇게 자기가 궁궐 이름을 지은 뜻을 구체적으로 밝히고 있다는 게 아주 와 닿는 부분이죠. 자, 그리고 사정전 옆에 있는 건물은 만춘전·천추전이라는 부속 건물입니다.[11] 바로 뒤에 있는 게 강녕전, 즉 침전입니다. 강녕은 몸을 건강하게 하고 마음을 평안하게 하라는 뜻을 갖고 있습니다. 강녕전에 옆에

있는 부속 건물이 연생전·경성전이고요. 그리고 맨 마지막에 있
는 건물이 바로 교태전(交泰殿)입니다.

그날 　교태전. 이름이 확 와 닿아요. '교태를 부리다' 할 때의 그 교태 아
닌가요?

신병주 　왕비의 침전인데 그런 뜻일 리가 있겠습니까. 하늘과 땅의 기운
이 조화롭게 화합하여 만물이 생성한다는 뜻입니다. 왕비의 처
소에 딱 어울리는 명칭이죠. 이런 식으로 우리 궁궐 하나하나에
는 다 뜻이 담겨 있습니다.

† "근정전과 근정문에 대하여 말하오면, 천하의 일은 부지런히면 다스러지고 부지런
하지 못하면 폐하게 됨은 필연한 이치입니다. 작은 일도 그러하온데 하물며 정사와
같은 큰일은 어떻겠습니까? 선유(先儒)들이 말하기를, '아침에는 정사를 듣고, 낮에는
어진 이를 찾아보고, 저녁에는 법령을 닦고, 밤에는 몸을 편안하게 한다'는 것이 임금
의 부지런한 것입니다. 또 말하기를, '어진 이를 구하는 데에 부지런하고 어진 이를 쓰
는 데에 빨리 한다' 했으니, 신은 이로써 이름하기를 청하옵니다."
— 『태조실록』 4년 10월 7일

‡ "그러나 임금의 부지런한 것만 알고 그 부지런할 바를 알지 못한다면, 그 부지런한
것이 너무 복잡하고 너무 세밀한 데에만 흘러서 볼 만한 것이 없을 것입니다."
— 『태조실록』 4년 10월 7일

강녕전엔 왜 용마루가 없을까?

그날 　교수님, 그런데 제가 보니까 강녕전과 교태전에는 용마루[12]가 없
는 것 같은데요.

신병주 　네. 잘 보셨습니다. 강녕전과 교태전은 왕과 왕비의 침전이다 보
니까 항상 왕이 여기에 머물게 되지요. 당시 왕은 용을 상징했으
니까 따로 용마루를 만들 필요가 없다는 논리에서 용마루를 얹
지 않은 겁니다. 눈썰미가 아주 좋으신 것 같아요.

그날 　궁궐에 갔을 때 그걸 유심히 보고 왔거든요. 참 이상하구나 했죠.

때대신화 시룡 교내신(아래)의 지붕에는 의 그림에서 보이는 룡마누가 없나

신병주 궁궐을 그렇게 많이 가 보셨다면, 경복궁 바닥을 보면 돌들이 있죠?

그날 네. 박석[13]요.

신병주 박석을 보면 모양이 규칙적이지 않고 불규칙해요. 왜 이렇게 불
규칙하게 만들었을까요? 규칙적으로 반듯반듯하게 만들면 좋을
때대니요?

그날 자연미 인테리어?

신병주 물론 자연스럽고 멋스럽기도 하죠. 하지만 거기엔 실용적인 목적
이 숨어 있습니다. 조선 시대 관리들은 가죽신 같은 걸 신었거든
요. 그래서 반질반질한 돌 위를 걸으면 미끄러지기 쉽습니다. 그래
서 그걸 막기 위해 울퉁불퉁한 돌로 만든 거예요.
그리고 궁궐 지붕 끄트머리에 붙어 있는 거 혹시 보신 적 있어요?

그날 아, 어처구니요.

신병주 다들 그렇게 알고 계신데, 그게 명확한 기원이 밝혀진 건 아니고
요. 정식 명칭으로는 잡상[14]이라고 합니다.

그날 『서유기』에 등장하는 인물들 아닌가요?

신병주 그렇죠. 공부 많이 하셨네.

경복궁의 잡상들

그날 　궁궐 많이 다녔습니다.

신병주 　네. 맞습니다. 예를 들어 경회루에도 11개의 잡상이 있고요. 이 잡
　　　　상은 건물에 따라 다양하게 나타나는데, 예를 들어 이래요. 대당
　　　　사부(大唐師父, 현장법사), 손행자(孫行者, 손오공), 저팔계(猪八戒),
　　　　사화상(沙和尙, 사오정), 마화상(麻和尙), 삼살보살(三煞菩薩), 이구
　　　　룡(二口龍), 천산갑(穿山甲), 이귀박(二鬼朴), 나토두(羅土頭). 이걸 그
　　　　냥 외우기도 힘들잖아요? 그런데 조선 시대에는 신입 관리가 들어
　　　　오면 신고식 할 때 이걸 숨 쉬지 말고 외우라고 했습니다.

그날 　가혹 행위네요. 가혹 행위.

신병주 　이때에도 신입 관리가 들어오면 신참이라고 하면서 괴롭히는 풍
　　　　습이 있었나 봐요. 요즘도 군대에서 신참에게 암기 사항 외우게
　　　　하잖아요. 그것과 비슷하죠.

경복궁을 작게 지은 뜻

그날　지금 경복궁이 태조 때 지어진 경복궁 모습 그대로는 아니죠? 규모가 엄청 커진 걸로 알고 있는데요.

신병주　태조 때 정도전이 주도해서 처음 경복궁을 완성할 때에는 전각 규모가 그리 크지 않았습니다.『조선왕조실록』에 기록되어 있는데요, 총 750여 칸[16]이었습니다. 우리가 생각했던 것만큼 큰 규모의 궁궐이 아니죠.

그날　칠백몇십 칸, 이러니까 감이 안 오는데요. 현재와 비교하면 몇분의 일쯤 되는 건가요?

신병주　우리가 지금 가서 보는 경복궁은 흥선대원군 때 중건되어서 (1865~1872) 7200여 칸에 이릅니다.

그날　열 배 이상 차이 나는 규모네요.

이익주　정도전이 궁궐에 대한 자기 생각을『조선경국전』에 적어 놓은 게 있습니다. 그걸 보면 이렇게 되어 있습니다. "궁원(宮苑)이 사치스러우면 백성들이 수고해야 된다. 또 재정도 압박이 온다. 검소한 궁궐을 짓겠다."[16] 이런 취지에서, 지금 우리가 보는 경복궁보다도 더 작은 궁궐을 지은 것이죠. 많은 분들이 중국의 자금성을 보고 오면 "왜 우리 궁궐은 이렇게 누추하냐, 작으냐?" 하지만 우리 조상들에게는 그런 깊은 뜻이 있었던 겁니다.

그날　네. 말씀하신 대로 경복궁이나 다른 궁궐에 가 보면 우리나라 사람들이 그런 말들을 많이 하거든요. "외국 나가 보면 대지가 얼마나 크고 궁궐이 얼마나 으리으리한데……" 하는 식으로요. 사실은 저도 그렇게 생각했었고요. 그런데 알고 보니 궁궐은 그저 왕이 놀고먹으면서 편하게 지내라는 공간이 아니었군요. 부지런하게 생각하고 공부해서 백성을 위하라는 뜻, 즉 애민 정신이 담긴 공간이라는 걸 새로 알게 됐습니다.

정도전이 설계한 조선의 정치 시스템

이익주 맞습니다. 정도전의 생각 중 가장 중요한 것은 '백성들을 위한 정치를 한다' 이것 아니었겠습니까. 그러면 백성들을 위한 정치를 하려면 어떻게 해야 하느냐? 모든 것을 왕에게 맡겨 둘 수는 없다. 능력 있고 깨끗한 사람이 권력을 장악해서 백성을 위한 정치를 해야 한다. 이런 대원칙이 서 있었던 것이죠. 그래서 재상 중심의 정치(관료정치)라는 것이 『조선경국전』에 분명하게 제시되었던 것입니다.

그날 왕의 세력을 견제하기 위한 장치들도 많이 마련하죠?

이익주 물론입니다. 만약 왕이 재상 정치를 따르지 않을 경우에 대비해서 보조 장치를 둡니다. 그것이 정도전 특유의 언론 제도, 즉 대간(臺諫) 제도라는 건데요. 사헌부의 대관(臺官, 관리들을 감찰·탄핵)과 사간원의 간관(諫官, 왕의 잘못을 지적), 이 둘을 합쳐서 대간이라고 하는 것이죠. 이 대간은 조선에서 삼사(사헌부·사간원·홍문관)로 제도화됩니다. 여기에 속한 관리들은 비록 지위는 낮지만 왕이 옳다고 해도 그르다고 할 수 있어야 하고 왕이 잘못됐다고 해도 옳다고 할 수 있었습니다. 직언을 보장받은 거죠. 그래서 왕이 재상의 요구를 들어주지 않을 때엔 이 대간들이 벌 떼처럼 일어나서 왕을 압박하는 거죠.

신병주 텔레비전 사극을 볼 때, 조선 시대 신하들이 가장 많이 하는 발언이 뭐 같아요?

그날 통촉하시옵소서?

신병주 아니 되옵니다! 이거죠. 이게 드라마에만 나오는 말이 아니라 실제로도 그런 말을 많이 했습니다. 왕이 전횡을 일삼는다든가 하면 목숨을 걸고 "아니 되옵니다!"라고 비판하는 그것, 그게 바로 대간 제도의 핵심입니다. 이렇게 신하들이 왕의 지나친 권력을 견제하는데도 왕이 신하들의 말을 듣지 않고 제대로 정치를 못하면 심지어 쫓아 버릴 수도 있다는 생각까지도 한 거고요.

그날 아, 그렇군요. 그러고 보면 정도전이 굉장히 선구적이고 진보적인 생각을 한 거네요. 정도전의 이상이 완벽하게 현실화되지는 못했지만, 그래도 그렇게 설계한 이 틀 덕분에 조선왕조가 500년이나 갈 수 있었던 거겠죠. 물론 이런 일종의 권력분립을 믿고 지지해 준 이성계도 참 대단한 사람이고요. 정말 일국의 창업주가 될 만한 자질이 충분한 사람이라는 생각이 듭니다.

표전문 사건

1396년(태조 5) 6월,
한양으로 천도한 후
새로운 국가 건설에 골몰하던 정도전에게
뜻밖의 사건이 발생한다.

조선이 명에 보낸 외교문서가 문제가 된 것이다.

명의 황제 주원장은
이 문서에 "경박하고 모멸하는 문구가 있다"며
책임자인 정도전을 압송할 것을 요구한다.[†]
전에 없던 명 황제의 강압적인 요구.

주원장은 왜 정도전을 주목했던 걸까?

주원장 초상

정도전을 압송하라!

그날 아니, 명이 콕 집어서 정도전을 보내라고 했으면 안 보낼 수도 없고 굉장히 곤란했겠네요, 상황이?

신병주 그런데 정도전이 끝까지 가지 않습니다. 나이도 많고 복통과 각기병이 있어서 가기 어렵다고 하면서 일단 거부하는 거죠.[‡]

그날 아니, 당시에도 각기병이라는 말이 있었나요?

신병주 『태조실록』에 각기병증(脚氣病證)이라고 정확하게 나와 있습니다.

그날 실제로 각기병이 있었던 건가요? 아니면 핑계를 대기 위해서?

신병주 실제 그랬을 수도 있죠. 그리고 부담되고 할 때엔 아무래도 병을 핑계로 대는 게 무난하니까 그랬겠죠.

그날 그렇게 구체적인 병명을 댔다는 게 재미있네요. 그런데 더 재미있는 건, 각기병의 대표적인 증세가 전신 무력증 아닙니까. 하지만 정도전이 했던 일들을 보면 절대로 각기병 환자의 행적이 아닙니다.

[†] "전자에 조선국에서 바친 정조(正朝)의 표문과 전문 속에 경박하고 모멸하는 귀절이 있어 이(李) 아무개에게 글을 지은 사람을 보내게 하였더니, 단지 전문(箋文)을 지은 자만 보내오고, 그 표문(表文)을 지은 정도전·정탁은 여태껏 보내오지 않아서, 지금 다시 상보사승 우우와 내사 양첩목아·송패라·왕예 등 일동과 원래 보냈던 통사 양첨식의 종인(從人) 김장(金長)으로 본국에 가서 표문을 지은 정도전 등과 원래 데리고 오라던 본국 사신 유구 등의 가솔을 데리고 와서 모으도록 하라."
— 『태조실록』 5년 6월 11일

[‡] (태조가 명 황제에게 이르기를) "도평의사사의 장계에 의거하면, 정도전은 나이는 55세이고 판삼사사의 직(職)에 있사온데, 현재 복창(腹脹)과 각기병증(脚氣病證)이 있다 합니다. 도전은 대사성 정탁이 지은바 홍무 29년의 하정표(賀正表)를 기초한 것을 고치거나 교정한 일이 없사온데, 이제 거기에 관련되었다 하여 자세하게 살펴 주기를 빌므로 (중략) 이에 의거하여 그윽이 생각하옵건대, 신이 경사(經史)에 밝지 못하옵고, 글을 지은 자가 모두 해외(海外)의 사람이므로 어음(語音)이 다르고, 학문이 정미하고 해박하지 못해서 표문과 전문의 체제를 알지 못하여 문자가 어긋나고 틀리게 된 것이요, 어찌 감히 고의로 희롱하고 모멸했겠습니까? 삼가 분부하신 내로 표문을 지은 정탁과 교정한 권근이며 교정을 계품한 노인도는 판사역원사 이을수를 시켜서 수도로 압송해 가 폐하의 결재를 청하는 외에, 정도전은 정탁이 지은 표문을 일찍이 지우거나 고치지 않았으므로 일에 관계없으며, 또 본인은 복창과 각기병으로 보낼 수 없습니다."
— 『태조실록』 5년 7월 19일

외교문서의 무엇이 문제였을까

그날   그런데 외교문서에 뭘 어떻게 했기에 이렇게 황제가 노한 거예요?

이익주   명나라 초기에 문자옥(文字獄)이라는 게 있었습니다. 문자 때문에 화를 입는 일을 뜻하는 말인데요. 이게 주원장의 개인적인 콤플렉스 때문에 생긴 일입니다. 주원장이 어려서 도적이 되기도 했고 중이 되기도 했거든요. 그래서 이런 자신의 어두운 과거를 연상시킬 것 같은 글자를 못 쓰게 한 겁니다. 예를 들어서 도둑 적(賊) 자, 이건 당연히 못 쓰게 되겠죠. 도적의 도(盜) 자도 못 쓰게 하는데, 문제는 도둑 도 자뿐 아니라 길 두(道) 자도 못 쓰게 해요. 자기가 중이었던 걸 욕한다고 해서 중 승(僧) 자도 못 쓰게 하고, 심지어 머리 깎은 중을 떠올리게 한다고 해서 빛 광(光) 자도 못 쓰게 합니다. 이런 것 때문에 명나라 초기에 문신들이 화를 많이 입습니다. 왜 그런지도 모르고 당하는 거죠. 그게 조선의 표문(表文, 외교문서의 일종)에까지 연장된 겁니다.

신병주   이게 중국에만 있었던 게 아녜요. 연산군도 귀치비(仇致非)[1]라는 내시를 죽이고는 분노의 표시로 처(處) 자는 절대 쓰지 말라고 금합니다. 그래서 그때엔 24절기 중 하나인 처서(處暑)도 조서(徂暑)라고 씁니다. 일종의 조선판 문자옥이죠.

문제는 요동 정벌?

그날   그런데 주원장이 사춘기 소녀도 아니고, 이렇게 문체 갖고 트집 잡는 데에는 다른 속셈이 있지 않았을까요?

신병주   주원장이 정도전을 콕 찍어서 압송하라고 한 것을 보면 뭔가 정도전이 제거 대상이 된 것 같아요. 왜냐하면 이때 정도전이 요동 정벌 같은 걸 어느 정도 구상하고 있었거든요. 요즘 표현으로 하면 괘씸죄에 걸렸을 수도 있습니다.

그날 정도전이 요동 정벌을 위해서 구체적으로 준비했던 게 있었나요?

신병주 당시 정도전은 진법(陣法) 등의 군사훈련을 시행했는데, 훈련에 불참한 병사들을 처벌하는 등 상당히 철저하게 감독합니다. 또 사병(私兵)을 혁파해서 공병(公兵)으로 전환함으로써 국가의 정규군을 강화하고, 군량미 등을 확보해서 재정적으로도 전쟁에 대비하죠.

그날 요동 정벌 얘기가 또 나오네요. 정도전이 요동 정벌을 목표로 군사훈련까지 했다고 하는데, 정말 요동을 칠 생각이 있었던 걸까요? 류근 시인과 이해영 감독님은 어떻게 생각하세요?

류근 이성계는 요동 정벌을 못 하겠다고 위화도 회군까지 한 사람이 아닙니까? 그런데 파트너였던 정도전이 이제 와서 다시 요동을 친다는 건 앞뒤가 안 맞는 말 같아요.

이해영 위화도 회군을 할 때와 지금은 입장이 달라진 것 아닌가요? 위화도 회군 당시와 달리 지금은 왕이라는 절대 권력자의 파트너이기 때문에 이젠 충분히 계획해 볼 만한 일이죠.

류근 만약 그렇다 해도, 위화도 회군 때는 오히려 그나마 기회가 있었을지 모르겠지만 조선 초기만 돼도 이미 명나라는 체제가 완성된 상태라는 것도 생각해야 해요. 정도전조차 명나라에 사신으로 가면서 '아, 치안이 대단히 훌륭하구나!' 하고 감탄했다잖아요. 그때는 이미 승산이 있을 때가 아니죠.

그날 두 분 얘기 모두 그럴듯해서 쉽게 판단이 안 서는데요. 두 교수님은 어떻게 들으셨어요?

이익주 새로 왕이 된 태조 이성계가 자기를 책봉해 준, 왕권의 근거가 되는 명을 공격한다는 것은 대단히 어려운 일이었을 겁니다. 하지만 또 근거 없는 트집에도 속수무책으로 밀린다면 앞으로도 계속 명의 요구를 받아들여야만 하니까 가만히 있을 수만도 없었을 겁니다.

신병주 17세기에 효종이 북벌을 본격적으로 추진하기 전에 구체적으로 북벌을 시도해 본 사례로는 정도전의 경우가 거의 유일하다고 할 수 있을 겁니다. 그런 면에서는 어느 정도의 동기는 분명히 있었던 것 같고요. 하지만 제 판단엔 정말 요동을 차지하겠다는 생각보다는, 그런 일련의 훈련과 준비를 통해서 어서 부국강병해져서 명이 조선을 호락호락하게 보지 못하도록 하자는 측면이 더 강하지 않았을까 싶습니다.

이성계와 정도전이 세우고자 했던 조선은 어떤 나라였을까

그날 지금까지 고려의 옥새를 이어받은 이성계가 정도전과 함께 조선을 설계하는 과정을 살펴봤는데요, 이 두 사람이 세우고자 했던 조선이란 나라는 과연 어떤 나라였다고 생각하세요?

이해영 저는 이 둘이 조선을 설계하면서 아마도 그 전엔 한 번도 없었던 개념, 즉 '합리'라는 개념을 꿈꾸지 않았나 싶어요. 어떻게 하면 국가를 하리저으로 운영할 수 있을까, 바심에 대해서 쇠초로 고민했던 사람들이라는 점을 높이 사고 싶습니다.

류근 네. 그들이 맨 처음 시행했던 정책들만 봐도 금방 알 수 있을 것 같아요. 그 부패했던 고려왕조를 쓰러뜨린 다음에 제일 먼저 한 게 뭡니까. 땅 나눠 주고 세금 덜어 줘서 먹고살게 해 줬잖아요. 또 이런 기반 위에서 언론을 통해 소통하려고 했고, 왕과 신하가 함께 성리학적 이상 정치를 실현하려고 했던 것 등, 민권 위주의 나라를 만들려고 했던 의지가 돋보이지 않았나 하는 생각이 듭니다. 적어도 그런 의지는 있었던 것이죠.

신병주 저는 조선은 '시작이 반인 나라'였다고 봅니다. 그리고 그 '시작의 반'을 만드는 데 결정적 공헌을 한 인물이 바로 정도전이었다고 할 수 있습니다. 그가 만든 시스템이 처음부터 높은 수준으로 올라와 있었기 때문에 조선이 500년 이상 장수할 수 있었던 게 아닌가 합니다.

이익주   저는 조선은 '당시 세계에서 가장 살기 좋은 나라'였다고 생각합니다.

그날   충격적인 발언인데요.

이익주   15세기 세계 다른 지역의 역사와 비교해 볼 때, 지배층이 위민(爲民)이라는 분명한 목표와 그에 대한 책임 의식을 가지고 있었던 점, 또 그걸 실천할 수 있는 여러 제도적인 장치를 잘 만들었다는 점에서, 저는 당시에 조선 말고는 그런 것들을 성취한 나라가 없었다고 봅니다. 그래서 경제적으로 부유하고 군사적으로 강력한 나라는 아니었지만 정말 백성들이 살기 좋은 나라, 15세기 세계에서 가장 살기 좋은 나라였다고 생각합니다.

신병주   지배층의 도덕성이라든가 책임감 같은 것은 정말 당시 세계 제일이었다고 생각합니다.

그날   네. 요즘 젊은이들이 조선에 대해 부정적인 이미지를 갖는 걸 흔히 볼 수 있는데요. 이게 비단 청소년들뿐만 아니라 우리 국민들의 전반적인 인식이 아닐까 싶습니다. 모쪼록 이번 주제를 통해서 조선이라는 나라는 결코 그렇지 않았다는 걸 새롭게 다지는 계기가 되었으면 합니다.

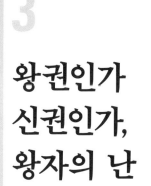

3

왕권인가
신권인가,
왕자의 난

세상의 갈등 중 많은 부분은 '자리'를 둘러싸고 일어난다. 탐스러운 자리일수록 경쟁은 치열하다. 가장 격렬한 대립과 충돌은 최고의 자리인 왕위를 둘러싸고 전개되곤 했다. 아버지와 아들, 형제끼리도 왕위를 놓고 피를 부르는 끔찍한 투쟁을 벌인 사례는 동서양의 역사에서 드물지 않다.

조선도 예외는 아니었다. 첫 사건은 태조의 다섯째 아들 이방원이 개입한 두 번의 '왕자의 난'이었다. 이방원은 그 사건들을 헤쳐 나가며 태종으로 변모했다. 지금도 그 사건은 탐나는 자리를 둘러싼 가족 간의 충돌을 표현하는 수사로 사용된다. 좀 더 큰 무게를 가진 것은 1차 왕자의 난이다. 그 사건에서 이방원은 배다른 동생이자 세자였던 이방석과 정도전을 제거한다. 정도전은 그때 조선에서 가장 중요한 신하였다.

조선이 개창된 뒤 불거질 문제 중 하나는 명과의 외교적 마찰이었다. 명은 조선이 보낸 외교문서인 표전(表箋)에 불경한 표현이 사용되었다는 트집을 잡고 거기에 정도전이 관련되었다면서 그를 명으로 보내라고 요구했다. 정도전의 위상을 생각하면 심각한 위협이었다.

정도전과 조선은 쉽게 물러나지 않았다. 병권을 쥐고 있던 정도전은 (실행 가능성과 의지는 일단 미뤄 두고) 요동 정벌이라는 과감한 승부수를 띄웠다. 그는 군사훈련을 실시하면서 병력을 집중한다는 명분으로 왕실과 종친이 보유한 사병(私兵)을 소집했다. 건국 이후 정도전을 중심으로 한 개국공신의 세력이 팽창하면서 상대적으로 소외되어 온 왕자와 종친이 보기에, 이것은 외교와 국방을 빌미로 자신들의 무력적 기반을 해체하려는 술책이었다.

가장 강력히 반발한 사람은 이방원이었다. 그는 조선 건국에 큰 공로를 세웠지만, 개국공신에 선정되지 못했다. 더 개탄스러운 사실은 세자 책봉에서도 탈락했다는 것이었다. 태조의 총애를 받던 신덕왕후 강씨와 정도전의 영향력에 따라, 조선의 첫 세자는 막내인 여덟째 아들 이방석으로 결정되었다. 가족 관계의 순리나 정치적 영향 등을 고려할 때 이런 선택은 위험하고 부당했다.

권력에서 점차 밀려나는 상황에서 가장 중요한 물리적 기반인 사병까지 빼앗기자 이방원은 선제공격을 결행한다. 1398년 8월에 일어난 이 사건은 조선의 운명을 바꿨다. 역사상의 쿠데타가 흔히 그렇듯, 1차 왕자의 난도 싱겁게 끝났다. 이것은 이방원 측의 공격이 그만큼 과감하고 신속했다는 의미이기도 할 것이다. 이방원 측은 몇십 명의 병력으로 정도전을 먼저 제거했다.

거사가 성공한 뒤 중앙 정치의 지형은 급변했다. 태조는 정종에게 왕위를 물려주고 상왕으로 물러났으며, 이방원은 차기 국왕을 예약한 세자에 책봉되었다. 그러나 그가 목표를 이루기까지는 한 번 더 진통이 필요했다. 이방원은 1400년 1월 넷째 형 이방간과 지중추부사 박포 등이 왕위를 노리고 일으킨 군사행동을 진압했다.

그 뒤 같은 해 11월 이방원은 마침내 왕위에 오른다. 그것은 쟁취라는 표현에 합당한 역정이었다. 태종은 18년 동안 재위하면서 신생국 조선을 튼튼한 기반 위에 올려놓았다. 그의 주요 업적은 왕권 강화와 중앙집권의 확립이다. 사병을 혁파해 병권을 삼군부로 집중하고 육조직계제를 시행해 왕권을 강화했으며, 개경으로 이주했던 수도를 한양으로 다시 옮기고 지방을 8도로 구획한 것은 그런 치적의 굵은 줄기다. 그가 남긴 가장 중요한 업적은 세종에게 왕위를 물려준 것이라는 평가처럼 그의 치세가 끝난 뒤 조선은 눈부시게 발전했다. 비정하거나 냉혹하다고 비판할 수도 있는 그의 야망과 행동은 합당한 보상을 받았다.

왕권인가 신권인가,

왕자의 난

1398년 8월 26일

태조 7년째 되던 해,

조정에 칼바람이 불었다.

칼끝이 향하 이는 조선 개국의 주역이자

당시 조정의 전권을 쥐고 있던 정도전.

왕의 최측근으로 새로운 사상적 기반을 만들고

조선 개국을 이끌어 낸

그에게 씌워진 죄는 역모죄.[1]

그를 노리 이는 대조 이성계의

다섯째 아들 이방원이었다.

하지만 반역을 꾀했다는 정도전은

변란 당일 측근들과

술자리를 갖고 있었을 뿐인데…….

개국공신 정도전을 제거하며 시작된

'왕자의 난'

과연 그 진실은 무엇일까?

'왕자의 난'은 어떤 사건인가

그날   오늘 살펴볼 그날은 태조 7년(1398)에 일어난 '왕자의 난(亂)'이 일어난 날입니다. 여러분은 왕자의 난에 대해서 얼마나 알고 계세요?

이해영   드라마 「용의 눈물」 애청자였다면 다들 아실 거예요. 저도 아주 재미있게 봤습니다. 이방원이 정도전을 죽인 사건 아닌가요?

류근   '왕자의 난'은 요즘도 많이 쓰이는 말이죠. 특히 재벌들의 2세 승계 문제만 나오면 단골로 나오는 것 같아요. 이제 권력 쟁탈전을 상징하는 말이 됐죠.

김경수   네. 정확히는 1398년에 태조의 다섯 번째 아들인 방원이 당시 권력을 장악하고 있었던 정도전과 그 측근들을 제거하고 권력을 잡은 사건을 말합니다. 왕자가 일으켰다고 해서 대개 '왕자의 난'이라고 하고요, 그해가 무인년이었기 때문에 무인정사(戊寅靖社)라고도 합니다.

신병주   주 타깃은 정도전이었지만, 결국은 정도전의 후원하에 세자로 책봉되었던 방석과, 방석의 형인 방번까지 죽이게 됩니다. 이 둘은 이방원의 이복동생들이었는데요. 이렇게 어린 동생들을 죽였던 데서 이방원의 잔인성이 드러난 사건이기도 합니다.

정도전은 정말 반역을 시도했나

그날   기록에 따르면 이방원이 정도전을 죽인 이유가 '정도전이 여러 대신들과 몰래 반역을 도모해 왕자들과 종실을 해치려 했기' 때문에 선수를 쳤다는 건데요. 앞서 봤듯이 조선이란 나라를 만든 주역이 반역을 일으키려 했다니 선뜻 믿어지지 않는데요.

이해영   네. 정말 이상한 것이, 반역을 일으키려 했다는 그날에 정작 정도전은 호위병도 없이 동료들과 술을 마시고 있었다고 기록되어 있는데요. 그렇게 허술한 사람이 아닌데, 뭔가 꾸며진 것 같은 느낌이 듭니다.

신병주　그런데 『태조실록』을 보면 우리가 아는 뛰어난 사상가 정도전과는 전혀 다른 모습으로 기록되어 있습니다.[†] 이방원의 수하들이 들이닥치자 침실에 작은 칼을 갖고 숨어 있다가 엉금엉금 기어 나왔다고 하고요. 또 이방원에게 살려 달라고 목숨을 구걸했다고 합니다. 이런 부분들은 좀 조작되었을 가능성도 있지요.

김경수　그러니까 우리가 역사책을 읽을 때에는 행간의 의미를 잘 새겨서 읽어야 합니다. 예를 들어 정도전이 죽기 전에 읊었다는 「자조(自嘲)」라는 시를 보면 또 다른 모습이거든요.

<blockquote>

조심하고 조심하여 공력을 다하여 살면서　操存省察兩加功

책 속에 담긴 성현의 말씀 거스르지 않았다네.　不負聖賢黃卷中

삼십 년 긴 세월 고난 속에 쌓아 온 일　三十年來勤苦業

송현방 정자 한잔 술에 그만 헛일이 되었구나.　松亭一醉竟成空

</blockquote>

이런 시인데요. 자, 어떻게 느껴지세요?

류근　조선 건국이라는 이상을 꿈꿨던 사람으로서의 허무함이랄까요. 그리고 또 그런 자괴감뿐만 아니라 인생에 대한 관조 같은 게 느껴지네요. 아무튼 『실록』에 나온 그런 모습보다는 이 시에서 비치는 모습이 정도전의 진짜 모습에 가깝지 않을까 싶습니다.

그날　아, 그런데 한 가지 궁금한 게 있는데요. 기록에는 단칼에 죽은 것처럼 나오는데 시 같은 걸 어떻게 남길 수가 있었을까요?

김경수　네. 기록에야 그렇게만 나오지만 아마 어느 정도 말미를 주긴 했을 것 같아요. 사약을 받은 경우에도 임금을 향해서 북향삼배를 하고 죽지 않습니까. 바로 사약을 원샷하는 게 아니고 뭔가 글도 남기고 그랬을 수 있죠.

그날 　사약을 원샷한다고 표현하시니 참 낯서네요.

신병주 　다들 한약 먹어 봐서 아시겠지만, 한약 같은 경우는 너무 써서
　　　　도저히 원샷을 못 하죠.

> † (정도전 등이 있는) 집을 포위하고 그 이웃집 세 곳에 불을 지르게 하니, 정도전 등
> 은 모두 도망하여 숨었으나, 심효생·이근·장지화 등은 모두 살해되었다. 정도전이 도
> 망하여 그 이웃의 전 판사 민부의 집으로 들어가니, 민부가 아뢰었다.
> "배가 불룩한 사람이 내 집에 들어왔습니다."
> 정안군(이방원)은 그 사람이 정도전인 줄을 알고 소근 등 4인을 시켜 잡게 하였더니,
> 도전이 침실 안에 숨어 있는지라 소근 등이 그를 꾸짖어 밖으로 나오게 하니, 도전이
> 자그마한 칼을 가지고 걸음을 걷지 못하고 엉금엉금 기어서 나왔다. 소근 등이 꾸짖
> 어 칼을 버리게 하니, 도전이 칼을 던지고 문밖에 나와서 말하였다.
> "청하건대 죽이지 마시오. 한마디 말하고 죽겠습니다."
> 소근 등이 끌어내어 정안군의 말 앞으로 가니, 도전이 말하였다.
> "예전(태조 즉위년)에 공(公)이 이미 나를 살렸으니 지금도 또한 살려 주소서."
> 정안군이 말하였다.
> "네가 조선의 봉화백(奉化伯)이 되었는데도 도리어 부족하게 여기느냐? 어떻게 악한
> 짓을 한 것이 이 지경에 이를 수 있느냐?"
> 이에 그를 목 베게 하였다.
> 　『태조실록』 7년 8월 26일

이방원과의 인터뷰

그날 　네, 그럼 이쯤에서 왕자의 난을 일으킨 정안군 이방원 님을 모셔
　　　　서 얘기를 나눠 보도록 하겠습니다. 안녕하세요?

이방원 　안녕하시오.

그날 　네. 정안군께서는 왕자의 난을 일으킨 당사자이신데요. 왜 이런
　　　　난을 일으키신 건가요?

이방원 　간신 정도전이 역모를 꾀해 장성한 왕자들을 해치려 했으니 내
　　　　가 살고자 한 일이오.[2]

그날　네. 그런데 그렇게 죽일 필요까지 있었나요?

이방원　이미 개국공신에서 나를 제외시킨 자요. 내가 고려의 실세였던 정몽주를 죽이지 않았다면 조선을 세울 수 있었을 것 같소? 그토록 열심히 도왔건만 그 공을 무시하더이다. 그것까지도 좋소. 그러나 이젠 이복동생 막내 방석이를 세자로 올렸소. 이는 어린 세자를 앞세워 자신이 권력을 쥐겠다는 심산이 아니고 뭐겠소?[3] 결국 정도전이 우리를 걸림돌로 보고 없애려 한 거요.

그날　네. 그럼 정도전만 죽이면 되지, 굳이 이복동생들까지 죽인 건 왜죠?

이방원　그거 어쩔 수 없는 일이었지⋯⋯ 하지만 어찌 그게 나만의 일이 겠소? 명나라 황제 영락제도 친조카였던 건문제와 수많은 이들을 죽이며 옥좌에 올랐소이다!

그날　네. 일단 말씀 잘 알겠습니다. 오늘 나와 주셔서 감사합니다.

태조, 막내를 세자로 삼다

그날　정안군 이방원은 억울함을 강하게 호소하는데요. 정말 왜 개국 공신에도 오르지 못하고 세자 책봉에서도 밀린 거죠?

김경수　이성계 입장에서 볼 때 방원은 정말 똑똑한 아들이었습니다. 형제들 중 유일하게 문과에 급제했기 때문에 이성계 자신의 출신이 변방이었던 것을 커버해 줄 수도 있었죠. 그런데 이성계가 마음속으로 방원을 멀리하게 되는 결정적 계기가 바로 정몽주를 격살한 사건입니다.

원래 이성계는 정몽주를 잘 설득해서 국가를 같이 경영해 나갈 생각이었습니다. 회유 대상 1순위였죠. 그런데 결국 말리는 말도 듣지 않고 아들 이방원이 정몽주를 죽이지 않습니까. 그때 이성계는 '방원이 갖고 있는 저런 비정함이나 포학함이 혹시 나중에 나에게 향할 수도 있지 않을까' 하고 생각했을 수도 있겠죠.

태조의 가계도

그날　그런데 세자 책봉은 다른 문제 아닌가요? 조선은 원래 적장자 계
　　　승이 원칙 아닙니까.

신병주　물론입니다. 조선은 유교 국가라서 적장자가 계승하는 게 원칙
　　　입니다만, 이 경우엔 좀 복잡합니다. 태조 이성계가 신의왕후 한
　　　씨와의 사이에서 낳은 자식이 모두 여섯 명입니다. 그중 방우가
　　　첫째니까 원래대로면 방우가 계승을 해야죠. 그런데 계비였던
　　　신덕왕후 강씨와의 사이에서 낳은 두 명의 아들도 있단 말예요.
　　　이 두 아들 중에서 형인 방번은 기질이 포악하고 자질이 모자라
　　　다고 해서 동생인 방석을 세자로 책봉하게 됩니다. 이게 조선이
　　　건국된 지 한 달 만에 이루어집니다.

그날　그러고 보면 정말 파격적인 인사네요. 8형제 중에서 제일 막내를
　　　세자로 책봉했다는 건데요. 당시 방석은 어린 나이 아니었나요?

신병주　열한 살이었습니다.

그날　그럼 혹시 이게 아버지 이성계가 늦둥이를 편애해서 벌어진 일
　　　인가요?

김경수　세자 책봉에 결정적인 영향을 미친 건 신덕왕후 강씨입니다. 첫 번
　　　째 부인인 신의왕후 한씨는 조선 개국 전에 이미 세상을 떠났기
　　　때문에, 조선 개국 직후에는 신덕왕후가 정비(正妃)가 된 상태입니

다. 그러니까 방석에 대한 태조의 의중과 신덕왕후의 입김, 그리고 정도전의 동의가 합쳐져서 막내가 세자로 책봉된 것이죠.

그날 　신덕왕후가 구체적으로 어떤 식으로 입김을 행사했나요? 증거 같은 게 있습니까?

김경수 　네. 조정에서 주상과 신하들이 세자 책봉을 논의할 때 신덕왕후가 문밖에서 듣고 있다가, 자기 아들이 배제되는 이야기를 듣고 대성통곡을 했다는 기록이 있습니다.†

그날 　역사를 이끄는 건 남자고 남자를 이끄는 건 여자라더니 여기서도 증명이 되네요.

> † 태조가 일찍이 배극렴과 조준 등을 내전에 불러서 세자 세울 것을 의논하니, 극렴 등이 말하기를, "시국이 평온할 때에는 적자를 세우고, 세상이 어지러울 때에는 먼저 공 있는 자를 세워야 합니다" 하였다. 신덕왕후가 몰래 듣고 통곡했는데, 우는 소리가 밖에까지 들렸다. (중략)
> 극렴 등이 물러가서 의논하기를, "강씨(신덕왕후)는 필시 자기 아들을 세우고자 할 텐데, 방번은 광패(狂悖)하니, 막내아들 방석이 조금 낫다" 하고, 드디어 방석을 봉하여 세자로 삼기를 청하였다.
> ─ 「연려실기술」 1권 「태조조 고사본말」

세자 책봉의 배후, 신덕왕후

그날 　결국 신덕왕후 강씨, 그러니까 둘째 부인이 세자 책봉의 배후였네요? 대단한 여인이네요.

신병주 　신의왕후 한씨는, 이성계가 아직 시골의 무장(武將)에 불과할 때 결혼한 향처(鄕妻, 고향 부인)입니다. 그러니까 요즘 말로 하면, 처가 덕 보기가 힘들어요. 반면에 경처(京妻, 개경 부인)인 신덕왕후 강씨는 권문세가 출신이니까 처가의 힘에 기댈 수가 있죠. 게다가 나이도 스물한 살이나 차이가 나니까⋯⋯.

그날 　처가 덕을 못 봐도 괜찮죠. 하하.

신병주 　아무튼 결국 막내를 후계자로 책봉한 게 왕자의 난이 일어나는

씨앗이 되는 거죠. 그래서 나중에 이성계가 "내가 일찍이 나라를 세우고 난 후에 장자를 버리고 어린 방석을 세자로 삼았으니, 그 일은 내가 사랑에 빠져 의리에 밝지 못한 허물이다"라는 말을 해요. 그리고 또 "정도전과 남은 등도 그 책임을 피할 수 없다"라고 단서를 답니다.[4]

정도전은 왜 동의했을까

그날   그럼 이성계도 정도전에게 일정 부분 책임이 있다고 본 건데요. 태조와 신덕왕후는 그렇다 치고, 정도전은 왜 방석을 세자로 밀었던 걸까요?

신병주   정도전은 어린 세자가 왕위에 오르면 신하의 입지가 더 넓어질 거라고 판단한 거죠. 이방원이 조선 개국에 공이 있는 건 분명한 사실이지만, 이방원은 만만치 않은 인물이었거든요. 나중에 왕자의 난에서 보듯이 군사력을 충분히 동원할 수 있는 인물이잖아요. 그런 인물이 왕이 되면 재상 정치의 이상은 멀어지게 되겠죠.

그날   이방원에게는 확실히 미운털이 박혔겠네요. 정말 이방원은 서운함을 크게 느꼈을 것 같습니다. 아버지가 정도전뿐만 아니라 친모가 아닌 둘째어머니만 편애하고 그러니까.

신병주   네. 그런 면이 있어요. 조선 건국 후 이성계가 정도전에게 힘을 실어 주는 과정에서 이방원이 상대적으로 소외된 측면이 있습니다. 결국 그런 것들 때문에 왕자의 난이라는 항명 사태까지 일으키게 된 거죠.

왕자의 난의 결정적 계기,
사병 혁파

명과의 외교 관계가 악화되던 조선 초,
병권을 쥐고 있던 정도전은
요동 정벌을 계획하고
진법 훈련에 돌입한다.

이후 군사력을 집중하기 위해
왕실과 종친들이 각기 보유하고 있던
사병(私兵)들까지 모두 훈련에 동참시킨다.
사실상의 사병 해체였다.

왕실과 종친들은 거세게 반발하고
이에 정도전은 훈련에 불참한 사병들의 훈련관을 처벌하며
두 세력 간의 갈등은 극에 달한다!

그런데 예기치 않은 일이 찾아온다.
태조 이성계가 급작스럽게 병을 얻어
위중한 상태에 빠진 것이다.

조정에서는 승계 문제가 표면 위로 떠오르고,
어린 이복동생에게 세자 자리를 빼앗기고
오랜 세월 절치부심해 온 이방원에겐
또 다른 기회였다!

사건의 도화선, 사병 혁파

그날   그러니까 사병 혁파가 왕자의 난의 결정적인 계기가 됐던 거군요. 그런데 그게 꼭 필요했던 건가요?

김경수   이 시기가 표전 문제가 불거져서 정도전을 압송하라는 등 명나라가 조선을 많이 압박하던 때입니다. 원래는 친명파였던 정도전이지만 그런 일들을 겪으면서 요동 정벌을 구상하게 되죠. 그런데 그러려면 병사들을 모아야 하니까 사병들을 다 혁파해서 휘하에 둬야 하는 거죠.

신병주   당시에는 사실상 국가 병력이 없었기 때문에 왕자나 종친 들의 사병(私兵)을 공병(公兵)으로 전환해야 했습니다. 그렇게 모은 뒤에 진법이라는 군사훈련을 시키는데 잘 협조를 안 하는 거예요. 이방원도 그렇고, 불려 온 사병들도 훈련을 게을리하고 그러죠. 그러자 정도전이 훈련에 불참한 사병들의 훈련관에게 곤장을 치게 하면서 갈등이 폭발합니다.

그날   군대에서도 누가 자기 부하를 혼내면 그건 곧 자기에게 욕을 하는 걸로 받아들이게 되잖아요.

김경수   맞습니다. 이방원은 그 일이 요동 정벌이라는 공동의 대업이라기보다는 자기 수족을 잘라 내려는 계략이라고 느낀 거죠.

그날   실제로 군사력이라는 건 아주 중요한 권력 기반이잖아요.

김경수   이방원 입장에서 보면 조선은 이씨 왕조니까 왕권을 강화해야 하는데, 정도전은 '잘 뽑은 재상 하나, 열 임금 안 부럽다'는 식이니까 방원 입장에선 답답하죠. 이씨가 세운 나라인데, 정씨가 쥐고 흔드는 것 같았을 겁니다.

이성계가 아프면, 이방원이 움직인다?

그날   그런데 여기서 갑자기 드는 의문이 있는데요. 이방원이 정몽주

원경왕후인

를 격살했을 때, 또 정도전을 쳤을 때가 모두 이성계가 병석에
있었을 때였어요. 우연의 일치일까요?

신병주 그거 지금두 마찬가지 아닌가요? 재벌 2세들 부재 같은 거두 오
너가 아프고 그럴 때 벌어지지 않나요?

김경수 제 생각엔, 그것이 상황을 정확하게 판단하는 이방원의 정치력
을 엿볼 수 있는 대목이 아닌가 합니다. 거기에 또 한 가지, 판단
을 한 후엔 과감하게 행동으로 옮기는 실천력도 있었고요. 실제
로 왕자의 난이 있었을 당시에 이방원 휘하의 사병은 그리 많지
않았습니다. 그런데도 사대부 관료들의 구심점이었던 정도전을
먼저 침으로써 이방원이 결정적 승기를 잡게 되지요.[5]

신병주 이 장면에서 또 활약하는 사람이 이방원의 부인, 즉 나중의 원경
왕후 민씨였다고 해요. 그때 정도전의 사병 혁파 조치 때문에 왕
자들이 보유한 병력이 사실상 무장해제되어 있던 상황이었거든
요. 그런데 원경왕후가 무기들을 몰래 숨겨 두죠. 그리고 이성계

가 아프니까 자식들이 모두 궁궐에 가 있었는데, 원경왕후가 배가 아프다는 핑계로 이방원을 불러내서 그 무기들을 줌으로써 거사를 돕습니다.

그날 그러고 보니 수양대군의 부인인 정희왕후도 그러지 않았습니까. 계유정난(2권 참조) 당시 변란을 주저하는 수양대군에게 갑옷을 입혀 주면서 독려하잖아요. 참, 당찬 부인들입니다.

이방원이 곧바로 왕이 되지 않은 이유

그날 자, 이제 이방원이 정도전을 제거하고 자기가 왕위에 오를 수 있는 기반을 닦았는데요. 그런데 곧바로 왕위에 오르지 않습니다. 이건 왜 그런 건가요?

김경수 네. 방과, 즉 둘째 형을 정종으로 세우죠(첫째인 방우는 이미 5년 전 지병으로 사망). 현실적인 정치가였던 방원 입장에서는, 자기가 직접 왕위에 오르는 것은 명분도 없을뿐더러 민심을 얻기에도 어렵다고 판단했을 겁니다. 그래서 살아 있는 형제들 중 장남 역할을 하던 방과를 옹립해서 명분도 살리고 민심을 수습하면서 더 큰 그림을 봅니다. 그게 뭐냐면, '아, 우리 형. 뒤를 이을 아들이 없네.' 즉 적장자가 없었던 겁니다(정종에겐 여러 아들딸이 있었지만 정비인 정안왕후와의 사이에선 자식이 없었다). 그렇게 되면 자기가 나중에 보위를 이을 가능성이 컸던 거죠.

꼭두각시 임금 정종

그날 우리가 조선 왕 계보를 외울 때 보통 "태정태세문단세~"하면서 외우잖아요. 그런데 이걸 "태종태세문단세~"라고 외우는 친구들이 많아요. 다시 말하면, 그만큼 이 정종이라는 왕의 존재감이 없다는 뜻이거든요.

신병주 일례로 조선 건국을 합리화하기 위해서 만든 노래, 세종 때 만든
「용비어천가」의 1장을 보면 "해동육룡이 나르샤 일마다 천복이
시니" 하는 부분이 나와요. 거기서 말하는 육룡(六龍)이 누구죠?

그날 다 외우지는 못하는데요. 이성계의 윗대 할아버지들과 왕들을
합쳐 말하는 거 아닌가요?

신병주 네. 맞아요. 이성계의 4대조인 목조·익조·도조·환조와 태조 이
성계 자신, 그리고 태종이 들어가요. 정종은 빠진단 말예요. 심
지어 정종은 나중까지도 묘호(廟號, 왕이 죽은 후 종묘에 신위를 모
실 때 붙이는 호. 태조, 태종, 세종 등)를 받지도 못했어요, 숙종 때에
가서야 정종(定宗)이라는 묘호를 받습니다.

그날 그럼 그때까지 정종은 제대로 왕으로 인정받지 못한 거네요?

신병주 1400년(정종 2)에 2차 왕자의 난이 일어나고 태종이 왕위에 오르
면서부터 정종은 모든 것을 내려놓습니다. 『실록』 기록에 따르
면 그 후 사냥·기마·격구 등 스포츠를 즐기면서 산 것으로 나오
는데, 그래서인지 63세까지 장수합니다. 그리고 정비인 정안왕
후와의 사이에선 자식이 없었지만 후궁들(9명)하고는 금슬이 좋
아서 17남 8녀를 둔 다산왕이기도 합니다.

그날 오오, 괜찮은데요. 그런 삶? 사실 개인적인 측면에서는 가장 좋
은 삶이 아닐까요? 그렇게 장수할 수 있었던 것도, 권력의 중심
에서 벗어나 있었기 때문이 아닐까도 싶고요.

아버지와 아들:

함흥차사

왕자의 난이 모두 끝나고……
아들 방원이 일으킨 피바람 소식에
태조는 깊은 절망감에 빠진다.

점점 깊어만 가는 부자간의 갈등, 이들의 사이를 두고 생겨난
말이 있다.
함흥차사(咸興差使).

시민들은 이 말의 유래에 대해 얼마나 알고 있을까?

"냉면이 생각나요."
"잠수 탄다?"

나이 지긋한 한 어르신의 답변.
"이성계가 아들이 보낸 차사들을 다 활로 쏴서 죽였지요.
그래서 한번 가면 돌아오지 못한다고 해서 함흥차사예요."
"어르신, 부자 관계를 틀어 놓을 정도로
권력이 매력적인 것인가요?"

"권력이라는 것은…… 끝이 없죠.
죽어야 끝나는 거죠."

"굵은 기둥을 세우십시오"

그날　연세가 있으신 분들은 아시는데, 젊은 분들은 냉면을 떠올리는군요.

김경수　네. 한국사를 제대로 배우신 세대는 역시 아시네요. 왕자의 난 이후에, 아들 이방원이 보기 싫어진 이성계가 함흥으로 자리를 옮깁니다. 반면에 아버지가 와서 계셔야 정권이 안정적인 지지를 받을 수 있다고 생각한 태종은 아버지를 모셔 오려고 신하들을 보냅니다. 그게 바로 차사(差使, 임금이 중요한 임무를 위해 파견하던 임시 벼슬), 함흥차사입니다.

그날　이성계가 마주나? 이방원을 향해 힘을 썼다는 게 사실인가요?

김경수　태상왕(이성계)이 궁으로 돌아오게 돼서 차일(遮日), 즉 텐트 같은 걸 쳐야 하는데 하륜이라는 신하가 이렇게 말하죠. "천막을 세울 기둥을 굵은 걸로 세우시지요." 그랬더니 아니나 다를까 돌아온 태상왕이 태종을 보더니 활을 당겼는데 태종이 재빨리 그 기둥 뒤에 숨습니다.†

그날　와, 살벌하네요. 활을 쏘다니요.

신병주　그런데 이 무렵 태조의 나이가 거의 일흔이거든요. 그러니까 하륜이 굵은 기둥을 쓰지 않아도 어차피 손이 떨려 못 맞혀요. 제 생각엔, 부자간의 화합을 바라는 뜻에서 이런 이야기가 유포된 것이 아닌가 싶어요.

---

† 태조가 함흥으로부터 돌아오니, 태종이 교외에 나가서 친히 맞이하면서 성대히 장막을 설치하였다. 하륜 등이 아뢰기를, "상왕의 노여움이 아직 다 풀어지지 않았으니, 모든 일을 염려하지 않을 수 없습니다. 차일(遮日)에 받치는 높은 기둥은 의당 큰 나무를 써야 할 것입니다" 하니, 열 아름이나 되는 큰 나무로 기둥을 만들었다. 양전(兩殿, 태조와 태종)이 서로 만나자, 태조가 바라보고 노한 얼굴로 동궁(붉은 활)에 백우전(흰 깃털을 단 화살)을 힘껏 당겨서 쏘았다. 태종이 급히 차일 기둥 뒤에 몸을 가려 화살이 기둥에 맞았다.

태조가 웃으면서 노기를 풀고 "하늘이 시키는 것이다" 하고 옥새를 주면서 이르기를, "네가 갖고 싶어 하는 것이 이것이니, 이제 가지고 가라" 하였다. 태종이 눈물을 흘리면서 세 번 사양하다가 받았다. 마침내 잔치를 열고 태종이 잔을 받들어 헌수(獻壽)하려 할 때에 하륜 등이 몰래 아뢰기를, "친히 하지 말고 내시에게 주어 드리시오" 하므로, 태종이 또 그 말대로 하여 내시가 잔을 올렸다. 태조가 다 마시고 웃으면서 소매 속에서 쇠방망이를 꺼내 놓으면서 이르기를, "모두가 하늘이 시키는 것이다" 하였다.

— 『연려실기술』 1권 「태조조 고사본말」, 축수편

태조와 태종은 화해했을까

그날　선생님, 그래서 이성계와 이방원은 결국 화해를 했나요?

김경수　화해하지 못했다고 말할 수 있습니다. 그 단적인 증거를 볼 수 있는 것이 바로 태조의 무덤인 건원릉입니다.

그날　저게 뭐예요? 무덤 위에 뭐가 저렇게 많이 났나요?

김경수　억새입니다.

그날　억새풀이 저렇게까지 돼 있는 건, 방치된 건가요?

김경수　아닙니다. 가끔 건원릉에 답사를 가면 사람들이 "능 관리인 나와라. 왜 풀을 안 깎느냐" 이런 얘기들을 하는데요. 사실은 그게 아니고요. 이성계 고향의 억새를 가져다 심어 놓은 모습입니다.

그날　아, 그렇군요. 그런데 왜 그랬나요?

김경수　이성계는 자기 고향인 함흥에 묻히고 싶었습니다. 그런데 그러면 태종 입장에서는 찾아가기가 어렵게 되죠. 그러니까 태조가 유언을 합니다. "그럼 나 죽으면 내 고향의 억새를 좀 캐다 심어다오."

신병주　태종이 아버지의 마지막 유언은 그래도 지켜 준 것 같아요. 그래서 억새풀 정도로 타협한 거죠. 사실 태조는 내심 그 전에 돌아간 신덕왕후 강씨와 함께 묻히고 싶었을 거예요. 신덕왕후가 묻힌 정릉(貞陵)은 원래는 지금의 덕수궁 근처에 있었거든요(태조 사후 태종이 성북구의 현 위치로 옮김). 덕수궁 일대를 정동이라고 하는 것도 신덕왕후의 무덤인 정릉이 있었던 곳이라서 그렇게 붙였던 거예요. 태조는 거기에 같이 묻히고 싶었겠죠. 하지만 태조 스스로 생각해 봐도 그건 너무 무리한 일이다 판단해서, 절충안으로 자기 고향 함흥의 억새풀을 가져다 심는 걸 요구한 거죠.

그날 　무덤을 보니 굉장히 묘한 위압감, 이성계의 카리스마가 느껴지는 것 같아요.

신병주 　덧붙이자면 첫 번째 왕비인 신의왕후 한씨는 무덤이 현재 개성에 있습니다. 고려 때 돌아가셨으니까요. 그리고 계비인 신덕왕후 강씨는 나중에 태종이 무덤을 옮겨서 성북구 정릉동에 묻혀 계시고요. 태조의 건원릉은 구리시에 있고요. 이성계에게는 두 명의 왕비가 있었지만 결국은 홀아비처럼 홀로 묻혀 있는 상황이죠.

이해영 　한번 찾아가 뵈어야겠네요.

류근 　벌초하겠다는 소리는 하지 마세요, 눈치 없이.[6]

아버지와 아들의 숙명

그날 　누군가의 아버지이자 아들인 여러분들의 입장에서 어느 쪽에 조금 더 마음이 가시나요? 누가 더 이해가 돼요?

류근 　승어부(勝於父)라는 말이 있듯이 원래 자식은 아버지를 이겨야 하는 숙명을 가지고 있는 것이고, 아버지 역시 자식이 자기를 극복했을 때 어떤 보람을 찾고 그러는 건데, 이건 그런 경우는 아닌 것 같아요. 오히려 자식이 아버지에게 모멸과 치욕을 준 거 아닙니까? 이방원이 이성계에게 얼마나 절망스러운 아들이었을까, 그 심정을 생각하면 이성계의 행동들이 충분히 이해돼요.

이해영 　그런데 한편 이방원 입장에서는 '나는 아버지를 꼭 닮은 아들이고 형제들 중에서 가장 재능이 있는데도 이렇게 끝내 인정받지 못하고, 사랑받지 못했다'라는 생각을 가졌을 것 같아요. 그런 것이 얼

태조 무덤의 억새

      마나 큰 상실감을 가져오는지는 많은 분들이 공감하실 거 같아요.

신병주 왕조 국가에서 왕과 아들은 그 아들이 자라나는 순간 경쟁 관계가
되어 버립니다. 왕이 젊었을 때엔 어느 정도 능력을 발휘하다가도
서서히 나이가 들게 마련이고, 어린 아들은 계속 커 오거든요. 거기
에 또 정책이라든가 국가 경영 스타일 같은 게 달라지면 결과적으
로 경쟁 관계가 되죠. 이건 비단 이성계와 이방원의 관계뿐만이 아
니라 많은 왕과 아들들 간에 벌어지는 상황입니다. 실제로 태종 이
방원 자신도 아들인 양녕대군하고 똑같은 상황을 겪게 되고요, 선
조와 광해군, 인조와 소현세자, 영조와 사도세자, 고종과 흥선대원
군까지 결국 왕조 국가의 숙명인 왕좌 앞에서 부자가 대립하는 건
이성계와 이방원만의 특수한 상황은 아니었다고 봅니다.

그날   네. 이번 이야기를 읽으면서 정말 많은 분들이 아버지나 아들을
떠올리면서 여러 생각에 잠기셨을 것 같습니다. 자, 수많은 살생
과 갈등을 딛고 그렇게 원하던 왕이 됐습니다. 과연 태종은 조선
을 잘 다스렸을까요?

이방원, 왕이 되다:
태종에 대한 이미지들

정종의 양위로 마침내
조선의 3대 왕에 오른 태종 이방원!
그는 즉위하자마자
왕권 강화를 위한 정책들을 실시해
조선의 기틀을 마련해 나간다.

사병 혁파, 호패법 실시, 양전 사업 실시,
사간원 설치, 신문고 설치, 창덕궁 건설, 육조직계제 단행.

그렇다면 오늘날 사람들은
태종 이방원을 어떻게 평가하고 있을까?

먼저 소셜 빅데이터 분석을 통해
태종에 대한 이미지를 조사해 보았다.

지난 2008년부터 최근까지
약 5억 5000여 건의 블로그를 분석해 본 결과
태종은 조선 역대 왕들에 대한 인지도 조사에서
선조, 세종, 고종, 정조, 태조, 영조, 숙종에 이어
8위를 차지했다.

이방원 하면 떠오르는 연관 검색어로는
왕자의 난, 권력, 정도전, 정몽주 등이 나타났다.

긍정적·부정적 평가를 알아볼 수 있는 감성 분석에서는
'새로운 나라를 꿈꾼 강한 왕이자 탁월한 정치가'라는 이미지와,
'불만·갈등·비극의 중심에 서 있던 인물'이라는
부정적 이미지도 동시에 가지고 있는 것으로 나타났다.

"나라를 세우자면 어느 정도 힘도 있어야 되고,
무리한 것도 강경하게 밀고 나가야 정치가
안정되잖아요."
"형제간 살해도 있고, 이후에 싸움의 근원을 만들어
놓았잖아요."
"왕권을 강화한다는 것은 새로운 나라를 구축하기
위해서잖아요. 왕의 입장을 고려했을 때 후대를 위해서라도 잘한
거라고 생각해요."
"왕권 강화를 위해서 너무 잔인하게 다 죽이지
않았나 생각해요."

과연 현대인들은 태종 이방원에 대해
어떤 평가를 내리고 있을까?

태종 이방원은 우리에게 어떤 이미지? 그날

왕권강화 위대한 업적   아버지와 갈등 권력욕
탁월한 정치가 강한 왕   VS   형제 살해 잔인
새로운 나라를 꿈꾸다   냉혈한 군주

태종에 대한 오늘의 평가

그날 　네. 태종 이방원에 대한 현대인들의 평가를 봤는데요. 의외로 긍정과 부정이 거의 비슷해요. 부정적인 평가가 훨씬 많을 줄 알았는데요.

김경수 　태종이 왕이 되기 전까지의 모습은 아마 부정적으로 다가올 겁니다. 그런데 그가 왕이 되고 난 뒤에 추진했던 정책은 조선이라는 큰 배가 안정적으로 항해할 수 있는 기틀을 마련했다는 점에서는 긍정적이라고 봅니다. 실세로 태종 즉위 당시(1400)는 조선이 건국된 지(1392) 불과 8년 정도밖에 안 지났던 때거든요. 그런 상황에서 이후 중앙집권 정치를 추진할 수 있는 기틀을 마련했다는 점에서, 태종은 정치를 잘한 사람이라고 얘기할 수 있습니다.

신병주 　창덕궁도 이때 만들어진 겁니다. 경복궁은 정도전이 주관해서 만들었잖아요. 그런데 검소하게 하려다 보니 태종이 보기에 규모가 너무 협소했습니다. 750여 칸밖에 안 됐으니까요. 그래서 연회 공간으로 쓸 경회루와, 경복궁을 보완하기 위한 일종의 정부 제2청사에 해당하는 창덕궁까지 조성하게 됩니다.

정도전이 꿈꿨던 조선은 사라졌나

그날 　그런데 얘기를 듣다 보면 신권(臣權)을 강화하고자 했던 정도전의 이상과는 정책 면에서 확연하게 차이가 나잖아요. 그렇다면 정도전이 꿈꿨던 조선은 사라진 건가요?

김경수 　그렇지는 않습니다. 비록 이방원이 자신의 정적이라고 생각해서 정도전을 치기는 했지만 강한 조선을 만들어 보겠다는 정도전의 구상을 그대로 수용하고 추진했던 사람이 태종입니다. 정도전이 주창한 성리학을 통치 이데올로기로 삼아 안정적인 체제를 구축하는 것, 이것도 역시 정도전이 구상했던 그대로 태종이 수용하고요. 그러니까 정적이어서 제거는 했지만 정도전이 꿈꿔 왔던 강한 조선을 실현하기 위해 노력합니다.

그날 정도전의 기본 이데올로기의 핵심어는 민본(民本)이었잖아요. 그게 굉장히 인상적이었고 감명 깊기도 했는데, 왠지 태종은 왕이 된 과정을 생각해 보면 독재자가 됐을 거 같은 생각이 들거든요. 민본 정치라는 측면에서는 어땠나요?

신병주 태종이 중앙집권, 즉 왕권을 강화하려던 궁극적인 목적은 결국 그것이 백성들에게 혜택으로 돌아간다고 생각했기 때문이었어요. 왕권이 강한 나라를 만들어 통치 질서가 제대로 정비되고, 그래서 능력 있는 수령이 다스리면 백성들의 삶의 질이 향상된다고 믿었던 거죠.

그래서 실제로 그런 사업들을 실행합니다. 억울한 백성들을 위해 신문고(申聞鼓)를 설치하고, 또 도시계획에도 상당히 눈을 떠서 홍수를 방지하기 위한 청계천(당시엔 개천(開川)) 공사를 단행합니다. 당시로서는 백성들의 삶의 질에 상당히 신경 쓴 조치죠. 그런데 이 청계천 공사 때 흥미로운 일이 있었어요. 기록에 의하면 처음에는 나무다리를 만들었다고 해요. 그런데 홍수가 나면 다리가 자꾸 떠내려가니까 돌다리를 놓습니다. 그런데 갑자기 큰 돌이 필요하니까 태종이 어떤 명을 내리냐 하면 "정릉에 가면 무덤에 돌 많은데 그걸 가지고 다리를 만들어라" 해요. 그래서 신덕왕후 강씨의 무덤인 정릉의 병풍석을 청계천 다리인 광통교에 일부 사용하게 됩니다.

그날 아니, 아무리 화가 나도 그렇지 성리학 국가에서 가능한 일인가요? 사람들이 밟고 다니는 다리에 일부러 갔다 놨다는 거잖아요.

신병주 예전에 청계천이 복개(覆蓋)되어 있던 걸 지금처럼 다시 노출시키는 청계천 복원 공사를 하면서 10여 년 전에 이 돌이 발견됐어요.

그날   신덕왕후 강씨가 얼마나 싫고 미웠으면…….

신병주   600년 전 태종과 신덕왕후의 갈등을 도심 한복판에서 만나 볼
        수 있는 현장입니다.

외척을 제거해 왕권을 지키다

그날   선생님, 그런데 태종이 정도전 같은 반대 세력뿐만 아니라 자기
        왕비인 민씨의 형제들, 그러니까 자기 처남들이었던 민무구·민
        무질 형제까지 죽여 버리고 외가 쪽을 싹쓸이해 버리잖아요. 왜
        그런 거죠?

신병주   실제 자기가 왕이 되는 데 결정적인 도움을 준 세력이 부인인 원
        경왕후 민씨, 그러니까 드라마 「대왕 세종」으로 치면 최명길 씨
        의 동생들입니다. 그런데도 그 처남들(민무구·민무질·민무휼·민
        무회)을 다 죽여 버립니다. 그리고 나중에는 아들 세종이 왕으로
        올랐을 때에도 상왕으로 계속 자리 잡고서는 세종의 장인인 심
        온까지 세거합니다. 태종은 무신 왕권을 위협할 수 있는 외척 세
        력은 절대 용납할 수 없었던 거죠.

그날   아니, 아무리 그래도 자기가 왕이 되는 데 그렇게 큰 공을 세웠
        던 처가 식구들을 그렇게 내쳐요?

김경수   이유는 하나죠. 왕권을 강화하는 데 방해가 되는 것들은 모두 제
        거한다는 것. 즉 그게 처남이든 사돈이든 물불을 안 가리겠다는
        거지요. 민씨 형제들을 제거할 때에도, 선위(禪位, 왕위를 물려줌)
        하겠다고 막 소동을 벌이니까 다들 석고대죄하면서 "아니 되옵
        니다" 하고 있는데, 누구는 씩 웃었다더라, 이런 얘기가 태종의
        귀에 들어간 게 발단이 됩니다.[†]

그날   불경죄?

김경수   네. 태종 입장에서는 부패는 용서해도 불충은 용서할 수 없는 거죠.

광통교에 있는 정릉 석물

그날   와, 태도 불량으로 이렇게까지 되는군요. 그런데 이런 식으로 자기 남동생들이 죽었으면 원경왕후는 진짜 억울했을 것 같아요. 태종과 원경왕후 민씨는 이후 어떤 관계가 되나요?

신병주   사실 원경왕후는 태종이 왕이 되는 데 거의 일등 공신 역할을 했던 왕비였는데도 결국은 남동생들이 남편 때문에 죽고 이러면서 사이가 아주 안 좋아집니다.

거기에 더 사이가 안 좋아지게 되는 계기가, 태종이 후궁을 많이 들여요. 아홉 명이나 됐다고 하거든요? 그러니 뭐 사이는 더 나빠질 수밖에 없죠. 그런데 또 태종이 생각하기엔 처가 세력이 너무 세니까 이걸 견제하기 위한 카드로 많은 후궁을 둔 거라고도 합니다.

그날   아내를 견제하기 위해 후궁을 둔다니, 왕은 인생 자체가 정치군요.

† 이화 등이 상소하여, 민무구·민무질·신극례 등의 죄를 청하였다.

"민무구·민무질 등은 왕비께 인연하여 지나치게 성은을 입어서 일가 형제가 모두 존영(尊榮)을 누리니, 마땅히 조심하고 삼가고 두려워하여 교만하고 방자함이 없이 성은 갚기를 도모하여야 할 터인데, 도리어 분수를 돌보지 않고 권력 휘두르기를 생각하여, 속으로 역심을 품고 발호할 뜻을 펴 보려 하였습니다. 지난해에 전하께서 장차 선위를 행하려 할 때, 온 나라 신민이 마음 아프게 생각하지 않는 이가 없었으나, 민무구 등은 스스로 다행하게 여겨 기뻐하는 빛을 얼굴에 나타냈으며, 전하께서 복위하신 뒤에 이르러서도, 온 나라 신민이 기쁘게 여기지 않는 이가 없었으나 민무구 등은 도리어 슬프게 여겼습니다."

— 『태종실록』 7년 7월 10일

이방원과 정도전이 힘을 모았더라면?

그날　이번 이야기는 이방원이 정도전을 제거하는 장면에서부터 시작했는데요. 한번쯤 이런 생각을 해 볼 만하지 않나요? 왕권이냐 신권이냐를 두고 대립했던 이방원과 정도전이 만약 힘을 합쳤더라면 어땠을까? 이방원의 정치적 감각과 정도전의 국정 수행 능력이 조화를 이루었다면 여기끼 될디세서 않았을까?

신병주　네. 우리 역사에 그런 가정을 하게 되는 장면들이 많이 있죠. 예를 들어 명성황후와 흥선대원군이 서로 장점을 결합했다면 우리 근대사가 좀 더 나아지지 않았을까 싶기도 하고요. 마찬가지로 정도전의 참모로서의 능력과 이방원의 리더십이 결합됐다면 분명히 시너지 효과를 냈겠지만, 불행하게도 두 사람이 그렇게 만날 수 있는 정치 공간은 마련될 수 없었습니다.

이방원에 대한 한 줄 평

그날　네. 물과 기름처럼 서로 섞일 수 없었던 두 사람의 이야기는 역사의 아쉬움으로 남습니다. 자, 이제까지 나눠 본 이야기를 한 문장으로 표현한다면 뭐라고 할 수 있을까요?

신병주 '이방원은 최고의 킬러 본능을 가진 인물이었다.'

그날 킬러 본능요?

신병주 우리 역사에서 최고의 충신으로 꼽는 정몽주, 그리고 우리가 최초의 조선인이라고 표현했던 정도전, 다 이방원이 죽입니다.

그날 최후의 고려인도 죽이고, 최초의 조선인도 죽이는군요.

신병주 네. 정몽주를 죽인 것은 조선 건국의 기틀을 제공한 것이었고, 정도전을 제거한 것은 신권에 대한 왕권의 승리를 가져온 사건이었고, 또 외척 제거는 중앙집권을 강화할 수 있는 기반이었고, 마지막으로 사돈인 심온 제거는 세종이라는 아들이 태평성대를 열 기반을 깔았습니다. 이 정도면 정말 우리 역사 속에서는 최고의 킬러가 아닌가 합니다.

김경수 저는 이렇게 봤습니다. '태종 이방원은 정도전이 그린 조선이라는 밑그림에 채색을 시작한 사람이다.' 물론 그 채색을 마무리하고 낙관을 찍은 사람은 그의 아들 세종이겠죠. 그러니까 정도전은 조선이라는 커다란 밑그림을 그렸고, 태종은 악역을 맡아 가면서 거기에 채색을 시작했고, 세종은 그걸 물려받아 문화정치를 통해 조선 전기 르네상스를 완성하며 낙관을 찍었다, 이렇게 말할 수 있겠습니다.

그날 그림이 너무 빨리 끝나는 거 아닌가요?

김경수 우리 역사에서 르네상스는 대개 300년 주기로 나타납니다. 15세기 세종 대, 18세기 정조 치세, 21세기 바로 지금 우리 시대.

신병주 지금 시대가 르네상스가 맞나요?

김경수 르네상스를 만들어야죠. 우리가.

그날 네. 그건 앞으로 우리의 과제로 남겨 두고 싶습니다.

인생은 선택의 연속이고, 그 선택들이 모여서 역사가 됩니다. 다만 그 선택에는 책임이 따르는데요. 역사를 통해서 결과와 책임의 무게를 배우는 것은 우리 후대의 몫이 아닐까 싶습니다.

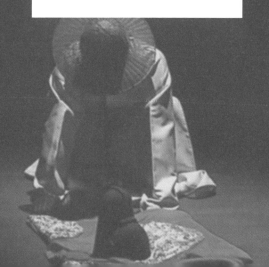

4

세자 양녕,
폐위된 날

태종의 삶은 과감한 결단과 냉혹한 실천의 일생이었다고 말할 만하다. 그는 정몽주를 격살해 고려 멸망의 마침표를 찍었고, 새 왕조가 개창된 뒤에는 왕자의 난을 거치며 마침내 왕위를 거머쥐었다. 그가 비정하고 치열한 권력투쟁의 의미와 행동을 체화한 인물이었다는 평가는 수긍할 만하다.

이방원의 결단과 실천은 지존이 기필에 오른 뒤에도 범추시 않았나, 최고 권력자가 된 태종의 결단과 실천은 범위와 강도 모두 너욱 증폭되었다. 이방원의 목표가 즉위였다면 태종이 추구한 과업은 왕권 강화와 중앙집권 확립이었다. 그는 그것을 이루는 데 매진했고 훌륭히 성취했다고 평가되지만, 그 과정은 더욱 험난했다.

그가 결행한 사건은 대체로 '인적 청산과 재배치'라고 부를 만한 것이었다. '인적 청산'과 관련해 태종은 사실이 기세는 바른 그 피네프 명덕인 왕권을 수립하고 행사하는 데 걸림돌이 될 만한 인물은 거의 모두 제거했다. 그중에는 이거이·이숙번 같은 주요 공신도 있었고 민무구를 비롯한 네 처남과 세종의 장인이자 자신의 사돈 심온도 있었다. 세종이 안정된 정국에서 눈부신 치적을 쌓을 수 있었던 데는, 물론 그 자신의 출중한 능력과 뛰어난 신하들의 보필이 가장 중요했지만, 냉혹한 결행으로 태종이 마련해 준 환경도 적지 않은 도움이 되었다.

그러나 그것은 양녕대군을 세자에서 폐위한 태종의 '인적 재배치'가 없었다면 이뤄질 수 없었다. 태종의 가장 큰 업적은 세종을 후사로 선택한 것이라는 평가는 정곡을 얻었다.

이런 선택의 그림자인 양녕대군 이제(李禔)는 태종과 원경왕후 민씨의 맏아들로 태어났다. 그는 아버지가 국왕이 되었을 때 일곱 살이었으므로 일정한 기억과 감회를 지녔을 것이다. 11세 때 왕세자에 책봉된 그는 긍정과 부정의 상반된 면모를 보였다. 긍정적 측면으로는 14세 때 신년 축하 사절을 이끌고 명에 성공적으로 다녀와 태종을 기쁘게 하고, 23세 때는 태종의 지시로 국정 현안을 보고받는 데 참여해 신하들의 말을 경청하면서 일을 적절히 처리했다는 기록 등이 눈에 띈다.

그러나 좀 더 두드러진 것은 부정적 모습이었다. 그것은 10대 소년의 방종이라고 부를 만했다. 그는 몰래 궁궐을 빠져나와 사냥을 하거나 술을 마셨다. 여성 편력도 작지 않은 문제였다. 그는 어리·봉지련 등과 사랑에 빠졌다. 학문과는 자연히 멀어졌다.

여느 아버지처럼 태종은 엄하게 꾸짖기도 하고 간곡히 타이르기도 했다. 그동안 과감하고 신속하게 이뤄진 '인적 청산'과 달리 이번의 '재배치'는 거듭 결정이 미뤄지다가 마침내 1418년 6월 3일에 단행되었다. 결정적 계기는 닷새 전 양녕대군이 올린 상소였다. 아들의 상소는 아버지에게 대드는 어조였다. 마침내 국왕은 세자를 폐위한다는 교서를 내린다.

세자에서 폐위된 뒤 양녕대군이 어떤 마음을 지녔는지는 정확히 알기 어렵다. 야사에서는 그가 스스로 왕위를 양보했다고 하지만, 반드시 그런 것 같지는 않다. 태종은 강화도에 저택을 지어 주고 좋아하는 매사냥을 즐기면서 편안히 살도록 해 주었다. 세종도 신하들의 거센 반대를 무릅쓰고 그를 궁궐로 자주 불러 대접했다. 양녕대군은 69세까지 장수했다. 전근대 정치사의 논리를 생각하면, 세자 자리에서 쫓겨난 형이 동생의 나라에서 자연적 수명을 다하는 것은 드문 일이 분명하다. 이런 측면은 세종의 인간적 면모를 비쳐 주는 한 단면이라고 생각된다. 자의였든 타의였든 양녕은 조선에서 적장자로 왕위를 계승한 첫 세자가 될 뻔했지만 끝내 폐위된 드문 운명의 주인공이었다.

세자 양녕
폐위되던 날

1418년(태종 18) 6월 2일,
조정에 신하들의 상소가 빗발친다.

세자 양녕을 폐하라는
신하들의 상소였다.

성실에게서 난 맏아들로
왕위 계승의 완벽한 조건을 갖춘 양녕.
태종은 깊이 고민한다.

그리고 하루 뒤,
태종은 끝내 첫째 양녕을 폐어하고
셋째 충녕을 왕세자로 삼는다.

조선왕조 최초로
적장자라는 완벽한 왕위 계승의 명분을 갖추었던 양녕대군.
14년이나 세자의 자리를 지켜 온 그가
폐위된 이유는 무엇일까?

세자가 폐위된 이유

그날 이번에 살펴볼 그날은, '양녕대군, 세자 폐위되던 그날'입니다. 양녕대군은 조선에서 적장자로서는 최초로 세자가 된 인물인데, 태종은 양녕대군의 어떤 점이 그렇게 마음에 들지 않았던 걸까요?

신병주 양녕대군은 태종과 정비인 원경왕후 민씨 사이에서 난 장남이니까 왕실의 적장자(嫡長子; 정실 부인이 낳은 맏아들)죠. 그러니까 큰 문제가 없으면 후계가 보장된 자리에 있었어요. 그런데 아버지의 미움을 산 이유가, 일단은 너무 공부를 안 했어요. 그리고 나이가 들면서부터는 여색을 탐했고요. 이런 것들이 문제가 돼서 쫓겨난 거니까, 사실 스스로 세자 자리를 걷어찬 거라 할 수 있죠.

그날 아니, 공부 싫어하고 여자 좋아한다는 이유로 세자에서 폐위시킨다는 건 너무 엄격한 거 아닌가요? 그 나이 때 남자라면 당연한 건데.

남경태 제가 보기에는, 성리학적 군주감이 아닌 것일 뿐이지 일반적인 군주감으로는 전혀 결격 사유가 아닌 것 같아요. 그래서 아버지가 혼자서 퇴출시켰다기보다는 당시 집권 사대부들의 입김도 상당히 작용했던 거라고 봐요. 성리학이 지배하던 당시, 그들이 보기에 적절한 세자감이 아니었으니까요.

그날 양녕대군이 처음에는 능력을 많이 보여 줬다면서요?

신병주 기록을 보면, 양녕대군이 체격도 커서 태종이 믿음직하게 생각했다고 해요. 특히 세자 시절에 중국에 사신으로 보낸 적이 있었는데, 임무를 잘 수행해서 태종에게 칭찬을 받았다는 기록도 있고요. 그런 것들로 볼 때 초기에는 부왕의 마음을 흡족하게 했던 아들이었던 것 같아요.[+]

그날 그리고 보면 드라마 「용의 눈물」에서 양녕대군이 경회루 편액을 쓰잖아요. 그러자 태종이 아주 흡족해하던 장면도 기억나거든요.

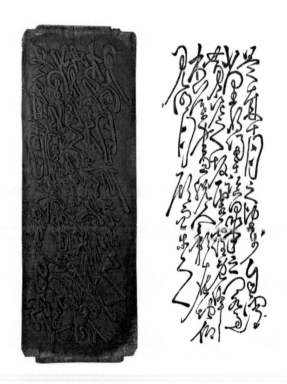

양녕대군의 필적을 새긴 목판

신병주 아, 그런데 지금의 경복궁은 임진왜란 때 불에 타고 나서 중건한
       거니까 현재 경회루의 현판에 있는 건 양녕대군의 글씨는 아닙
       니다. 하지만 『실록』 기록을 보면 처음 경회루가 완성되고 난 다
       음에 태종이 양녕대군에게 글씨를 쓰게 했다는 기록이 있어요.

그날   글씨에 능했군요?

남경태 네. 시도 잘 지었다고 하고요. 문무에 능했던 분이에요.

신병주 심지어는 이런 얘기도 전합니다. 태종이 좋아하는 감나무가 있
       었는데, 여기에 자꾸 까치가 와서 감을 따 먹는 거예요. 그래서
       태종이 "저 까치가 좀 없어졌으면 좋겠다"라고 하니까 양녕이

그 까치를 활로 쏘아 맞혀서 태종을 기쁘게 했다고도 합니다.

그날 아, 할아버지 태조도 명궁이었다고 하니, 그 피를 이어받았나 보네요.

> † 임금이 세자에게 이르기를, "내가 보니 네 형체가 장대해져서 매우 옛날과 달라졌
> 다" 하고, 또 말하기를 "대저 일행이 많으면 그 가운데는 반드시 우환이 있는 것이다.
> 이번 일행의 사람 수가 내가 갔던 때의 배나 되는데도 한 사람도 근심을 끼친 자가
> 없었으니 다시 무슨 말을 하겠느냐?" 하였다.
> ─ 「태종실록」 8년 4월 2일

적장자 계승의 기원

그날 그런데 어쨌든 양녕이 적장자잖아요. 태종이 자기도 왕자의 난
을 일으켰을 때 내세웠던 명분이 적장자 계승인데, 당연히 양녕
을 후계자로 삼아야 했던 상황 아닌가요? 다른 능력은 둘째 치고
라도 적장자 계승이라는 원칙에서 보면 양녕은 전혀 결격 사유
가 없는 왕자인데요.
그러고 보니 적장자가 왕위를 이어받는다는 원칙은 어디서 유래
한 건가요?

신병주 유교입니다. 유교 이념에서는 적장자가 왕위를 계승하는 것을
원칙으로 삼았죠.

남경태 서양에서도 마찬가지입니다. 게르만족의 살리카 법전¹에 따르
면 맏아들이 왕위를 이어받는 거예요. 아버지의 작위와 재산을
이어받죠. 그러니까 차남 아래로는 이웃 나라 궁전에 가서 식객
노릇을 하다가 나중에 십자군 전쟁에 나가고 그러지 않습니까?
그럴 정도로 맏이 계승의 원칙을 지켰습니다.
다만 중세 후기로 가면서부터 딸들이 계승하는 경우가 생기죠.
서양은 동양처럼 축첩 제도가 없으니까요.

그날 아, 후궁 개념이 없어요?

				○	○			
태조	정종	태종	세종	**문종**	**단종**	세조	예종	성종
○		○						○
연산군	중종	**인종**	명종	선조	광해군	인조	효종	**현종**
○								○
숙종	경종	영조	정조	순조	헌종	철종	고종	**순종**

조선 시대의 적장자 왕

남경태 네. 그래서 한 부인만 두고 있으니 아들을 못 낳는 경우가 많이
생깁니다. 그래서 아들이 워낙 귀해지니까 손이 끊기면 딸이 여
왕이 돼서 대를 잇는 경우가 생기기 시작합니다. 바깥쪽 유럽인
스페인이나 영국, 러시아 같은 곳에서 그러죠.
어쨌든 기본적으로 적장자라 계승이라는 개념은 동양이건 서양
이건 간에 왕조 사회에서는 더 똑같이 있었던 것 같아요. 왕조의
안정성을 위해서 맏아들에게 권력을 집중시키는 거죠.

적장자 왕은 모두 몇 명?

그날 그럼 조선의 왕들에 대해서 좀 더 자세히 알아볼까요? 자, 돌발
퀴즈 나갑니다. 조선에서 적장자로서 왕위를 이은 왕은 과연 몇
명이었을까요?

남경태 아마 스물일곱 명 중 반이 안 될 거예요.

그날 네. 맞습니다. 적장자가 왕위를 이은 경우가 일곱 번밖에 없었대
요. 문종·단종·연산군·인종·현종·숙종·순종. 놀랍네요.

남경태 우리가 다 외울 필요는 없고, 생각보다 적었다는 것만 알면 되겠죠.

신병주 그런데 저 일곱 명 적장자 왕들을 보면, 역사적으로 이른바 '굵

직한' 왕이 없어요. 문종·단종처럼 일찍 돌아가시거나 연산군 같은 패륜 왕이 있고…… 그나마 왕다운 왕으로는 숙종밖에 없거든요. 조선 왕실의 적장자 징크스랄까요, 그런 게 계속됐죠.

그날　자, 스물일곱 명 중에서 단 일곱 명만이 적장자였다는데, 왜 그렇게 된 건가요?

신병주　후궁에게서 난 사람이 왕이 된다거나 반정 같은 사건들, 예를 들어 수양대군이 일으켰던 계유정난 같은 정변들이 여러 차례 일어났어요. 그리고 또 양녕대군처럼 오래간만에 적장자가 왕위를 계승할 뻔했던 상황에서도 아버지의 반대로 폐위되거나 하는 사건들이 계속되었기 때문에, 스물일곱 명 왕 중에 일곱 명만 적장자인 상황이 나타난 거죠.

그날　아, 그렇군요. 조선왕조에서는 참 적장자가 귀했다는 얘긴데, 이렇게 귀한 양녕대군을 왜 폐위시킨 걸까요?

신병주　이걸 보고 있는 학생들이 스트레스 받을지는 모르겠지만, 결국 제일 큰 원인 중 하나는 바로 공부에 대한 소홀, 이것이었습니다.

수업을 견디지 못한
세자

1405년 10월,
세자전의 내시가 곤장을 맞는 사건이 벌어진다.
공부를 게을리한 세자를 대신해
벌을 받은 것이다.

조선의 왕실에서는
왕세자를 철저하게 가르쳤다.
유교 경전을 중심으로 한 강도 높은 교육은
장차 왕이 되기 위한 준비 과정.

왕세자의 하루는 아침부터 저녁까지
수업과 공부의 연습이었다.
그리고 수시로 시험을 통해
학습 성과를 평가받아야 했다.[2]

하지만 공부에 취미가 없던 세자 양녕은
엄격한 왕세자 교육에 좀처럼 적응하지 못했다.[3]
갖은 핑계로 수업을 게을리해
태종과 스승들로부터 질책을 받는 일이 잦았다.

어린 시절을 자유롭게 보냈던 양녕에게
세자 교육은 지나친 부담이 아니었을까?

세자의 하루

그날   왕세자의 일과를 보니까 양녕대군뿐만 아니라 누구라도 견디기 어려웠을 것 같아요. 정말 숨 막히네요. 보고 있는 제가 다 비뚤어질 것 같아요. 그런데 진짜 이렇게까지 일과가 빡빡하게 짜여 있으면 세자는 언제 쉬나요?

신병주   그러니까 양녕대군 같은 경우는 눈치껏 쉰 거고요. 그래도 기본적인 휴강일이 있기는 있어요. 대표적으로 국기일(國忌日) 같은 경우, 그러니까 왕이나 왕비의 제사나 종묘·사직에서의 제사가 있는 경우. 또는 왕이 행차를 하게 되면 왕세자가 따라가야 하니까 그런 날.

남경태   그것도 완전히 쉬는 건 아니잖아요.

신병주   그렇죠. 결국 세자 교육이라는 게 왕의 업무를 미리 배우는 것이니까, 우리가 상상하는 것보다 훨씬 더 빡빡하게 진행됐죠.

세자 생활은 정말 상황에 따라 달라요. 선왕이 빨리 돌아가시면 세자 생활을 짧게 하는 거니까요. 대표적으로 문종은 29년간 세자 생활을 해요. 세종이 돌아가실 때까지. 반면에 그 아들인 단종은 문종이 빨리 승하하는 바람에 세자 생활을 2년만 했죠.

그날   문종은 그래서 빨리 돌아가신 거예요.

남경태   어느 나라나 군주 수업이라는 게 있지만, 군주가 되기 위한 준비로 이렇게까지 학문을 중시하는 건 참 조선 특유의 방식으로 보여요. 물론 이게 장점도 되고 단점도 되는 거지만요. 공부를 잘하면 나라를 잘 운영할 수 있다는 생각에서 이걸 정말 실천한다는 건 놀라운 거 아닙니까?

그날   군주는 학문적으로도 스승의 경지까지 올라야 한다는 생각을 했잖아요.

남경태   아니, 학문은 학자들이 맡고 군주는 나라를 경영하는 건데, 조선에서 군주는 학업을 게을리하면 안 됐다는 건 참 놀라운 겁니다.

문답으로 배우는

'세자 생활의 모든 것'

1. 가장 어린 나이에 세자가 된 사람은?

사도세자. 영조가 마흔둘에 얻었기 때문에 세자 책봉을
서둘렀다.

2. 세자를 가르치는 선생님의 수는?

20명. 세조 때 만들어진 세자시강원에는 정1품부터 7품까지
20명의 관리가 있었다.

3. 세자는 무슨 책을 읽었나?

세자가 어린 경우 『효경(孝經)』, 『소학(小學)』 등 초학자용 책부터
읽는다. 서너 살 때에는 한자에 음이 달려 있는 요약본을 읽고,
7~8세가 되면 본격적으로 전체를 외우기 시작한다.

4. 같은 책을 몇 번이나 읽어야 했나?

소현세자의 경우 50번을 읽었다. 그런데 스승 김상용은 100번을
요구했다.

5. 경전 수업 외의 교육은?

체육으로 활쏘기·말타기는 기본, 격구나 체조 등으로 몸을
단련했다. 예능 교육으로는 시서화(詩書畵), 즉 시 짓기·글씨
쓰기·그림 그리기에도 능해야 했다.

6. 세자도 매를 맞나?

세자도 성적이 좋지 않으면 벌을 받는다. 대신 세자를 직접 때릴
순 없으므로 시종인 내관원이 벌을 받는다. 자기 아랫사람이
벌을 받는 것은 본인에게 수치가 되기 때문에 그 자체가 상당히
자극이 된다.

7. 세자는 어디에서 사나?

세자의 처소는 궁궐 동쪽에 있어서 동궁(東宮)이라고 한다. 침실,
전용 도서관과 교실 등이 있는 복합 건물이다.

8. 역대 세자 중 가장 모범생은?

양녕의 동생 충녕(훗날의 세종)을 비롯한 숙종, 영조, 정조 등.
정조의 경우 스스로 군사(君師, 임금이자 스승)로 자부하며
신하들을 가르칠 정도의 학식을 쌓는다.

9. 세자의 교육은 언제 끝나나?

끝나지 않는, 사실상의 평생교육이다. 서연(書筵)이라고 하는
세자의 공부는, 국왕이 되면 경연(經筵)으로 바뀌어서 계속된다.
단, 세자 때는 책을 보지 않고 외워야 하지만 국왕이 되면 책을
볼 수 있는 특권이 생긴다.

10. 이런 혹독한 세자 교육의 목표는?

유학에서 말하는 성인(聖人)으로 길러 내는 것. 유교적
이상에서는 성인이 나라를 다스려야 하지만 실제로 왕위는
혈연에 의해서 계승되므로, 왕 스스로가 성인이 되는 것만이
이상에 다다를 수 있는 유일한 길이었다.

세계적인 수준이었던 조선의 왕들

그날 　알면 알수록 정말 조선의 왕세자라는 자리가 쉽지 않았구나 싶은데요. 다른 나라 왕자들은 어떤 교육을 받았을까요?

남경태 　시서화에까지 능해야 했던 조선의 왕들에 비교하면 다른 나라 왕자나 왕 들은 훨씬 자질이 떨어지죠. 교육도 그렇고요. 우선 서양에서는 17세기에 와서야 왕국이라는 영토 국가 개념이 생깁니다. 그러니까 우리나라의 고구려·백제·신라처럼 큰 나라들도 드물죠. 그래서 왕의 위상이 아무래도 작을 수밖에 없고요. 일례로 중세의 유명한 군주였던 샤를마뉴(카를 대제) 같은 경우는 글을 몰랐습니다.

그날 　설마요, 왕이요?

남경태 　왕이지만 글을 몰랐어요. 그래서 신하들이 결재용 금판을 만들어줬어요. 그 선대로 그으면 서명이 되게 한 거죠. 그렇지만 지금도 위대한 군주로 평가받습니다. 왜냐하면 카롤링거 르네상스라는 문예부흥 운동도 일으켰고 초기 대학도 많이 지원했거든요. 그러니까 서양은 군주 자신이 학문이나 교양에 능하지는 않더라도 문화적인 마인드가 있으면 충분히 문예적인 업적을 남길 수도 있는 것 같아요. 반면에 우리는 군주에게 모든 것을 담기 위해 여왕벌을 키우듯이 교육을 하는 시스템이었고요.

신병주 　그래도 학문에 바탕을 두면 항상 수신을 하고 절제하고 백성을 위한 정치를 생각하고 이러다 보니까 그만큼 정치의 수준이 올라가는 것만은 분명하죠.

남경태 　그러면 조선 중기 이후로도 정책 수준이 높았다고 생각하세요?

신병주 　그래도 학문적 관점에서 보면 동서양 어디와 비교해도 분명히 높은 수준이었죠.

공부하기 싫어했던 양녕대군

그날 자, 양녕대군이 폐위된 이유 중 하나가 공부를 열심히 안 해서라고 그러셨는데요. 공부를 얼마나 안 했기에 그렇게 됐나요?

신병주 양녕대군은 기본적으로 공부보다는 매사냥에 취미가 있었던 것 같아요. 어려서부터도 만날 사냥하러 돌아다니는 거예요. 그러다 보니까 요즘 표현으로 하면 숙제도 다 못 하고 그래서 세자시강원 스승들이 힘들어합니다. 나중엔 태종이 양녕을 직접 불러서 테스트까지 해요. 그동안 배운 거 한번 외워 봐라, 그랬는데 아니나 다를까 잘 못 외우죠. 그래서 태종이 불같이 화를 내면서 태자 대신 내관들을 치게 하고요.

그날 내관들은 진짜 무슨 죄예요? 너무 오냐오냐 하는 교육 방식 아닌가요?

남경태 그런데 이것도 생각해 봐야 해요. 당시 조선은 건국된 지 50년도 안 된 시기였고, 정식으로 왕세자 시스템 아래에서 교육을 받은 것도 양녕이 처음입니다. 아직 모든 게 자리 잡히기 전이란 말예요.

신병주 네. 제대로 세자 교육을 한 첫 사례죠. 그러다 보니까 여러 가지 시행착오가 분명히 있었습니다. 또 이때 태종이 세자를 가르치던 서연관들에게 항상 양녕을 쫓아다니라고 시킵니다. 밥을 먹든 뭘 하든 늘 관리들이 따라다니니까 양녕은 더 탈출하고 싶은 욕망이 생기죠. 그러다 실제로 궁궐 담을 넘는 일이 벌어지니까 태종은 또 궁궐 담을 높여요.

그날 양녕 같은 성향의 사람은 좀 자유를 줘 가며 가르쳐야 하는데, 너무 옥죈 것 같아요.

신병주 그래요. 당시 청소년기였던 양녕의 감정 같은 걸 별로 생각지 않고 강압했던 태종의 교육 방식이 결국은 양녕을 더 비뚤어지게 하지 않았나 생각합니다.

그날 네. 그리고 아무리 공부를 열심히 안 했다지만 세자 자리에서 폐위시키는 것도 좀 가혹하지 않았나 싶고요.

신병주 아, 공부 안 한 것 때문만은 아니에요. 이번에는 여자 문제가 발생하면서 궁중에 엄청난 스캔들을 일으키죠. 이게 결정적인 폐위 이유가 됩니다.

1416년 스물두 살의 양녕은
운명의 여인을 만난다.

그녀의 이름은 어리.

하지만 어리는 한 사대부의 첩.
이미 지아비가 있는 여인이었다.

금지된 만남에 태종은 크게 노한다.
결국 어리는 궁 밖으로 쫓겨나고,
세자는 반성문을 쓰고서야 용서받을 수 있었다.

하지만 헤어진 연인을 잊지 못한 양녕은
장인 김한로의 도움을 얻어
어리를 다시 세자궁으로 불러들인다.

태종의 눈을 피해 아이까지 낳은 두 사람.
하지만 비밀은 오래가지 못했다.

조정을 뒤흔든 세자의 스캔들.
양녕은 어리와의 사랑이 불러올 결과를
짐작이나 했을까.

폐위를 부른 양녕의 스캔들

그날   어리와의 사랑이 진짜 절절하네요. 심지어 이름까지 어리예요. 눈에 어리고, 가슴에 어리는. 그러고 보면 양녕은 조선 최초의 한량이라고 해도 무방하지 않나 싶습니다.

신병주   『실록』 기록을 보면 정말 그런 모습이 많이 나타나요. 양녕이 열일곱 살 때 명나라 사신 접대 잔치에서 봉지련이라는 기생을 봐요. 춤을 상당히 잘 추고 그러니까 바로 세자궁으로 끌어들였다가 태종에게 걸려서 크게 질책을 받습니다. 그런데 또 스무 살 때 다시 소앵이라는 평양 기생을 세자궁에 불러서 며칠간이나 데리고 있는 등, 전과가 많았습니다.

그날   조숙했다고 해야 할지, 아무튼 스캔들 꿈나무예요.

신병주   네. 그러다가 사건이 커진 게, 이번에는 초궁장이라는 기생하고 스캔들을 일으키는데, 문제는 이 초궁장이라는 기생이 큰아버지였던 정종의 애첩 같은 기생이었다는 거죠.

남경태   정종도 살아 있을 때 아닙니까, 이거 아니죠.

그날   그런데 갑자기 궁금해졌는데요, 세자도 후궁을 들일 수 있었나요?

신병주   네. 후궁을 들일 수가 있었어요. 대표적으로 단종의 생모였던 현덕왕후 권씨가 나중에는 왕비에까지 오르지만 맨 처음에는 문종의 세자 시절 후궁이었고, 또 예종의 계비였던 안순왕후 한씨도 원래 세자 시절 예종의 후궁이었어요.

그날   아니, 세자도 후궁을 들일 수 있다면 양녕대군이 어리랑 만난 게 폐위까지 될 만한 결격사유는 아니잖아요?

신병주   그렇죠. 여자랑 만난 것 자체는 큰 문제는 아네요. 그래서 양녕이 봉지련이라는 기생과 교제할 때에는 태종이 심지어 비단까지 선물로 줘요, 기생한테.

남경태   아들의 여자 친구한테.

신병주 예. 기생과 못 만나게 된 양녕이 울고불고하면서 아버지한테 반항하려고 단식투쟁을 했거든요. 그러니까 태종이 할 수 없이 "너 밥 좀 먹어라. 내 봉지련이한테 비단 선물도 했으니까 마음을 돌려라" 뭐 이런 거죠.†

그러니까 이 어리라는 여자가 문제가 된 건, 이 사람이 사대부의 첩이었기 때문입니다. 그러니까 도덕적으로 크게 문제가 되고 여론이 아주 안 좋게 움직인 거죠.

남경태 그러니까 그게 양녕이 세자에서 폐위되게 만든 가장 큰 원인이라고 할 수 있어요. 그냥 사적인 문제라면 태종은 용서했을 테죠. 하지만 이건 사대부의 여자와 관계되기 시작하고, 게다가 세자도 신하 중 하나인데 임금의 명을 듣지 않고 그러니까 결국 공적인 문제로 귀결될 수밖에 없는 거죠.

> † 세자가 몰래 기생 봉지련을 궁중에 불러들였다. 세자가 사신에게 잔치하던 날 봉지련을 보고 좋아하여, 곧 시종 두 사람에게 명하여 그 집을 밟아 사통(私通)하고, 마침내 궁중에 불러들였다. 임금이 듣고 시종에게 곤장을 때리고 봉지련을 가두니, 세자가 마침내 근심 걱정하여 음식을 들지 않았다. 임금이 세자가 미치고 혹(惑)하여 병이 될까 염려해서 봉지련에게 비단을 주었다.
> ―『태종실록』 10년 11월 3일

양녕과 어리의 사랑, 결말은?

그날 그렇게 용맹하게 얻은 어리와의 사랑. 그래서 두 사람은 끝까지 행복하게 사나요?

신병주 태종이 우선 어리하고 양녕이 헤어지게 했죠. 그때 또 마침 태종이 개경에 있어서 양녕도 아버지께 사과하고 한양으로 돌아가는데, 돌아가자마자 또 어리를 만나러 간 거예요.

그날 진짜 사랑했나 보다.

신병주 그런데 이게 나중에 또 알려지니까 주변 사람과 조정의 신하들이 어리를 막 비난하죠. "니가 어떻게 꼬드겼기에 대군이 저렇게 행동하시냐" 이런 거죠. 그렇게 주변에서 질책하니까 어리가 결국 목을 매서 자살을 합니다.

그날 네? 자살을요? 아…… 진짜 아픈 이야기네요.

그런데 저는 한편으로는 좀 이해가 되지 않는 게, 장인인 김한로가 사위인 양녕대군이 어리를 계속 만날 수 있게 주선을 해 줬다면서요. 자기 딸과 사는 사위에게 어떻게 다른 여자를 연결해 주죠?

신병주 양녕대군 주변에는 그처럼 여성들을 공급해 주는 사람들이 계속 있었죠.

그날 네. 양녕대군 자신에게도 문제가 있었겠지만, 제가 보기에는 주변에서 그런 잘못들을 눈감아 주고 그랬던 사람들도 문제가 아니었나 싶어요. 참 인덕이 없었는지.

남경태 다 비겁한 변명입니다. 본인 탓이에요.

그날 네, 그렇죠, 본인 탓이에요. 그렇게 결론을 내리겠습니다.

아들을 폐위하게 된 태종의 심경

그날 어리 사건을 계기로 태종이 양녕대군에게 굉장히 화가 나기도 했지만, 한편으로는 계속 반성의 기회를 주잖아요. 아버지의 마음이랄까요, 그런 게 엿보이는 것도 같은데요?

신병주 그렇습니다. 어리 사건이 일어났을 때 태종이 의외로 약한 모습을 보입니다. 한때는 그렇게 강했던 왕인데도, 양녕을 폐위시킬 수밖에 없게 됐을 때 "눈물을 줄줄 흘렸다"고 기록에 나옵니다.[†] 태종이, 그 강했던 태종이 말입니다. 또 막내인 성녕대군이 일찍 죽었을 때에도 밥을 먹지 않고 애통해하기도 했어요. 그런 걸 보면 그렇게 강했던 태종도 아들 앞에서는 한없이 약한 아버지가 아니었을까 싶습니다.

그날   저는 그게 인간적으로 좀 이해가 가는 게, 태종은 가족 관계에서 다 실패한 사람이잖아요. 아버지와도 불화했고, 처가도 다 없애 버렸고, 형제들도 다 죽여 버렸고요. 그러니까 이젠 믿을 건 자식들밖에 없는 사람 아닙니까. 그런 외로움 같은 게 있지 않았을까 싶어요.

† "나는, 제(禔, 양녕대군의 이름)의 아들을 세자로 삼고자 하였으나, 경들이 모두 말하기를, '불가(不可)하다'고 하니, 마땅히 어진 사람을 골라서 아뢰어라" 하였다. 유정현 이하 여러 신하들이 또 아뢰기를, "아들을 알고 신하를 아는 것은 군부(君父)와 같은 이가 없습니다" 하니, 임금이 말하였다.

"옛사람이 말하기를, '나라에 훌륭한 임금이 있으면 사직의 복이 된다'고 하였다. 충녕대군(훗날의 세종)은 천성이 총명하고 민첩하고 지못 학문을 좋아하여, 비록 몹시 추운 때나 몹시 더운 때를 당하더라도 밤이 새도록 글을 읽으므로, 나는 그가 병이 날까 봐 두려워하여 항상 밤에 글 읽는 것을 금지하였다. 그러나 나의 큰 책은 모두 청하여 가져갔다. 또 정치의 요체를 알아서 매양 큰일에 의견을 내는 것이 진실로 합당하고, 또 생각 밖에서 나왔다. 만약 중국의 사신을 접대할 적이면 몸치장과 언어 동작이 두루 예에 부합하였고, 술을 마시는 것이 비록 무익하나, 중국의 사신을 대하여 주인으로서 한 모금도 능히 마실 수 없다면 어찌 손님을 권하여서 그 마음을 즐겁게 할 수 있겠느냐? 충녕은 비록 술을 잘 마시지 못하나 적당히 마시고 그친다. 효령대군은 한 모금도 마시지 못하니, 이것도 또한 불가하다. 충녕대군이 대위(大位)를 맡을 만하니, 나는 충녕으로서 세자를 정하겠다."

유정현 등이, "신 등이 이른바 어진 사람을 고르자는 것도 또한 충녕대군을 가리킨 것입니다" 하여 의논이 이미 정하여지자, 임금이 통곡하여 흐느끼다가 목이 멨다.

── 『태종실록』 18년 6월 3일

양녕대군 대
충녕대군

아들 양녕을 세자에 책봉한 지 14년,
날로 심해지는 세자의 비행에
태종의 고민은 깊어진다.

"장자를 세워 피의 정쟁을 막고자
아비가 그리 동분서주하였건만……
아무래도 결단을 해야 할 때가 온 것 같구만."

아버지와의 관계가 틀어지자
세자 양녕은 이 사태의 원인 중 하나로
셋째 충녕대군을 탓한다.

심지어 세자는 어리와의 일이 발각된 것도
충녕대군이 아버지에게 고자질했기 때문이라 생각한다.

돌이킬 수 없을 정도로 깊어진
형제간의 갈등.

과연 진실은 무엇일까?

양녕대군 세자 양보설의 진실

그날　형 양녕대군과 동생인 충녕대군, 텔레비전 사극에서는 이 두 사람 간에 대립이 있었다고 묘사하고 있는데요. 실제로『실록』에 이런 기록이 있나요?

신병주　네.『실록』을 보면 양녕대군이 어리 사건이 터졌을 때에도 "저 충녕이 분명히 고자질했을 거다" 하면서 의심하는 대목이 나오고요.[†] 또 그 2년 전에 매형인 이백강이 첩으로 삼은 기생 칠점생을 양녕이 데려가려고 하니까 충녕대군이 나서면서 "형님, 너무하신 거 아닙니까" 이렇게 말렸다는 기록도 나와요. 상당히 대립한 모습들이 나오죠.[‡]

그날　형 입장에서 보면, 아무리 맞는 말이라도 너무 입바른 말만 하는 동생이 약간 얄미울 수 있을 것도 같아요. 저, 그런데 야사에서는, 양녕대군이 공부를 안 하고 계속 사고를 치는 게 동생이 성군감이라는 걸 알고 일부러 자리를 양보한 거라는 얘기가 있잖아요. 여기에 대해서는 어떻게 생각하세요?

신병주　서울 동작구 상도동에 가면 지덕사라는 사당이 있습니다. 이 사당은 양녕대군을 모신 사당인데, 그 이름을 지덕사(至德祠)로 지은 것은 '양녕대군이 동생을 위해 왕위를 양보한 것이 지극한 덕이다'라는 뜻입니다. 이런 사당이 마련된 것도 결국 양녕이 왕위를 선선히 양보한 모습을 강조한 사례죠.

이해영　사실 좀 이해되는 지점이 있어요. 아버지 태종의 집착이나, 그 세자 공부 프로그램이 너무 숨 막히는 것도 있었고, 여기에서 도망가기 위해서는 위악적인 행동들이 이벤트로서라도 필요하지 않았을까 싶거든요. 게다가 자기보다 훨씬 뛰어나 보이는 충녕이라는 동생이 있고, 아버지도 동생을 어느 정도 염두에 두고 있다는 걸 알고 있었을 테니까, 그런 맥락에서 보면 일부러 비뚤어진 행동을 할 수도 있지 않았을까요.

류근 그건 너무 낭만적으로 해석하신 것 같아요. 사실 양녕은 아버지가 동생을 좋아하는 것처럼 보이니까 "충녕은 심약해서 왕의 그릇이 못 됩니다"라고까지 말한 적이 있습니다. 이쯤 되면 견제를 한 거죠. 자발적으로 물러날 마음이 있었다고는 생각되지 않아요. 그보다는 당시 권력의 역학 관계상 알아서 밀려나게끔 돼 있는 상황이 아니었을까 싶습니다.

이걸 확인할 수 있는 게, 실제로 양녕은 그 뒤로도 계속 권력 주변에 있어요. 계유정난 후에도 안평대군을 척결하는 데 앞장서고, 그다음에 단종 복위 운동이 드러났을 때도 단종을 처단하라고 제일 먼저 청하고 그랬던 사람 아니에요? 나름 권력에 대한 욕망은 있었던 사람인데 그것이 뜻대로 해결되지 못했던 게 아닌가, 전 그렇게 봅니다.

남경태 신 교수님, 충녕과 양녕의 사적인 관계는 좋았다고 그러죠?

신병주 그렇죠. 개인적으로야 충녕이 왕이 되고 난 다음에도 형님을 일 년에 한 번 정도는 불러들여서 대접을 합니다.

그날 세종의 일방적인 대접 아닐까요?

신병주 그럴 수도 있죠. 세종 입장에서는 형님과 좋은 관계를 유지하는 것을 보여 줌으로써 백성들한테 왕으로서의 모습을 확실하게 인식시켜 주는 효과도 있죠.

그러고 보면 저도 류근 시인하고 비슷하게 봅니다. 양녕이 그렇게 만만한 사람은 아니었던 것 같아요. 나름대로 정치적 지향 같은 게 분명히 있었고, 그것이 세조 때에 이런 사육신 사건 같은 것에 개입하는 것으로 드러나고요. 또 한편으론 충녕이라는 인물 역시 그냥 여려서 아버지 뜻만 받드는 인물은 아니었던 것 같아요.

남경태 모범생만은 아니었다?

신병주 네. 자기가 뭔가 분위기를 잡았을 때엔 치고 나갈 수 있는 배포 같은 게 분명히 있었던 것 같아요.

그래서 저는 태종도 결국 양녕을 폐위시킬 수 있었던 결정적인 요소가 바로 충녕대군이라는 확실한 대안이 있었다는 점이었다고 봅니다. 왜냐하면 14년간 교육받은 세자를 폐위하고 동생을 두 달 만에 왕위에 올린다는 건 결국 태종의 강한 의지라고밖에 볼 수 없습니다. 또 두 달 만에 왕위를 준비할 수는 없는 건데도 그렇게 했다는 건, 거꾸로 생각하면 그보다 몇 년 전에 태종이 충녕에게 어느 정도의 언질을 줬을 거라는 걸 추측하게 해 줍니다. "준비를 해라" 하는 식으로요. 그러니까 충녕도 형에게 자신감 있게 대응할 수 있었을 테고요. "형님, 이러시면 안 됩니다" 하면서요. 그래서 결과적으로 마지막에 총감독 역할을 하는 인물은 태종이라고 봐야 할 듯합니다.

남경태 네. 저도 신 교수님 말씀을 수용하면서도 또 하나, 신료들의 의지도 컸을 거라고 생각합니다. 조선 왕실은 적장자에게 왕위를 계승시켜서 중앙 권력을 안정시키는 게 초기부터 큰 과제였단 말예요. 이게 결국 문종에서야 실현이 되지만요. 아무튼 태종도 그런 정치적 부담을 졌기 때문에 양녕을 세자로 10년 넘게 끌고 간 거죠. 그런데 집권 사대부층이 보기엔 양녕이 성리학적 군주가 아니니까 계속 반대를 합니다. 그러니까 양녕 폐위는 순전히 태종의 의지로만 된 게 아니라 그 막후에는 신료들의 상당한 압력이 있었을 거고, 태종이 타협을 본 거라고 생각합니다.

† 충녕대군이 세자를 마산역 앞 노상에서 만났는데 세자가 노하여 "어리의 일을 반드시 네가 아뢰었을 것이다" 하니, 충녕대군이 대답하지 아니하였다. 세자가 돌아와서 임금을 보니, 다시 세자를 크게 책망하였다. 세자가 물러나왔다가 분이 몹시 나서 다시 들어가 하소연하고자 하였으나 말투가 옳지 못하였으므로, 충녕대군이 은의(恩誼)를 상하게 될까 두려워 힘써 만류하였다. 세자가 따르지 않고 꼭 들어가서 하소연하고자 하니, 충녕대군이 나아가서 세자의 소매를 잡고 되풀이하여 달래고 깨우쳐 주니, 세자가 자못 깨달아서 그만두었다. 세자가 한양으로 돌아가서 전의 분함을 이기지 못하여 드디어 상서(上書)하였다. 충녕대군이 세자에게 대하여 그를 이끌어서 허물이 없는 지경에 이르고자 하여, 일이 있을 때마다 거의 간(諫)한 것이 전후에 한두 차례가 아니었다.

— 「태종실록」 18년 5월 11일

‡ 상왕(上王)이 베푼 연회가 파하자 세자가 부마 청평군 이백강이 일찍이 축첩한 기생 칠점생을 데리고 들어오려 하였다. 충녕대군이 만류하며, "친척 중에서 서로 이같이 하는 것이 어찌 옳겠습니까?" 하였다. 말을 재삼하니, 세자가 마음으로 노하였으나 애써 그 말을 따랐는데, 그 뒤로 세자는 대군과 도(道)가 같지 아니하여 마음으로 매우 꺼려하였다.

— 「태종실록」 16년 3월 20일

충녕대군은 어땠을까?

그날　저는 이것도 궁금해요. 충녕대군 입장에선 어쨌든 형을 밀어내고 자기가 세자로 책봉이 된 건데, 기다렸다는 듯이 넙죽 받을 순 없었을 것 같아요. 기분이 어땠을까요? 하다못해 세조조차 계유정난 당시 왕위를 극구 사양하잖아요.

신병주　기록으로 보면, 충녕대군이 특별히 세자 책봉을 사양했다는 내용은 나타나지 않고요. 또 아무래도 그걸 방지하기 위해선지 태종이 자기가 왕으로 있는 상황에서 양녕 폐위 두 달 만에 전격적으로 충녕에게 왕위를 물려줍니다. 양녕에 대한 미련 같은 걸 원천적으로 차단한 게 아닐까 싶어요.

남경태　준비된 세자라니까요. 뭔가 있었어요.

그날　저는 한편으로는 둘째였던 효령대군의 성격도 궁금해요. 사실

적장자 계승의 원칙이 무너지고 나면 당연히 자기에게도 기회가 있을 수 있는 거고, 또 실제로 자기도 나름대로 준비를 했다고 하는데…….†

남경태 만약 효령대군이 욕심을 냈다, 그러면 정치 구도가 좀 달라졌을지도 몰라요. 골치 아파지지 않겠습니까? 태종의 계획도 이상해지고.

신병주 그런데 효령대군은 욕심 못 내게 태종이 아예 "쟤는 왕으로서는 미달이다"라는 식의 이야기를 해요. 일 처리 같은 걸 제대로 하지 못한다고도 하고, 그리고 이게 흠이 되는지는 모르겠는데요, 너무 자주 웃는다는 말도 해요.‡

그날 네? 자주 웃는다고 뭐라고 했다고요? 아니 그게 왜 흠이 되나요?

신병주 사람이 너무 좋다는 거죠. 왕은 결단력이 있어야 하는데, 허허 웃고 그러는 것이 한 나라의 왕이 되기에는 부족하다고 느꼈던 것 같아요. 그리고 또 술 이야기도 나오는데요. 충녕도 술을 잘 못하지만 명나라 사신이 온다거나 해서 꼭 필요한 경우가 있으면 예의상이라도 술을 마셔 주는데, 효령대군은 아예 입에도 못 댄다고, 이것도 정말 문제라는 식으로 말합니다.

그날 네. 본인의 의지였든 아니었든, 탈선을 일삼던 양녕대군이 결국 세자 자리에서 폐위됐습니다. 그런데 여기에는 결정적인 사건이 하나 있었습니다.

† 처음에 양녕이 미친 체하고 방랑하니 효령대군이 장차 그가 폐위될 것이라 짐작하고, 깊이 들어앉아 삼가고 꿇어앉아 글을 읽었다. 이는 양녕이 폐위되면 다음 차례로 세자가 될 것이라고 생각했기 때문이다. 양녕이 지나다가 들어와서 발로 차면서 말하기를, "어리석다. 너는 충녕에게 성덕이 있는 것을 알지 못하느냐" 하였더니, 효령이 크게 깨닫고 곧 뒷문으로 나가 절간으로 뛰어갔다.
— 『연려실기술』 「태종조 고사본말」

‡ "효령대군은 자질이 미약하고, 또 성질이 심히 곧아서 일을 자세히 처리하는 것이 없다. 내 말을 들으면 그저 빙긋이 웃기만 할 뿐이므로, 나와 중궁은 효령이 항상 웃는 것만을 보았다."
— 『태종실록』 18년 6월 3일

양녕대군의 상소

1418년 5월 30일,
태종 앞으로 한 통의 상소가 올라온다.

상소를 올린 건
당시 세자 양녕.

그는 직접 쓴 상소를 통해
아버지가 자신의 첩 어리를 내친 것을 비난했다.

"전하의 시녀는 다 궁중에 들이시면서
지금에 이르도록 신의 여러 첩은 내보내어
울음소리가 사방에 이르고
원망이 나라에 가득 했습니다

이 첩 하나를 금하다가
잃는 것이 많을 것이요,
얻는 것이 적을 것입니다."

위태롭던 부자 관계를 파국으로 몰고 간 상소.
세자 양녕은 무슨 생각으로
이런 상소를 올린 것일까.

발칙한 상소

그날 와, 저는 앞서 얘기들은 다 이해가 됐는데요, 이 얘기에서만큼은 그냥 웃음만 나왔어요. 이건 뭐 "아버지도 여자들 들이는데 왜 저라고 못하겠습니까!" 하고 반항을 한 거잖아요. 이건 진짜 철이 없다고 해야 할지, 아니면 술을 마시고 쓴 상소인 건지…….

신병주 크게 보면, 세자도 왕의 신하잖아요. 신하로서 도저히 올릴 수 없는 상소문이었어요. 실제로 상소문 올린 것이 1418년 5월 30일인데 양녕대군이 폐위된 게 6월 3일이에요.

이해영 그래두 양녕대군이 14년 동안 세자 교육을 받았던 사람인데 이렇게까지 나이브한 상소를 올렸던 건, 정말 마지막에 "아버님, 저를 그냥 편하게 놓아 주세요" 하면서 태종의 마음을 편하게 만들기 위한 효심에서 나온 게 아니었을까 싶네요.

그날 정말 깊이 헤아리시는군요, 양녕의 마음을.
교수님은 어떻게 보세요?

신병주 정말 끝까지 간 거죠. 결국 저 상소문이 태종과 양녕대군 부자간을 돌이킬 수 없게 만든 결정타다, 이렇게 봅니다.

폐위된 후의 삶

그날 세자에서 폐위된 후 양녕대군의 삶은 어땠나요?

신병주 저렇게 큰 사고를 치고 폐위됐음에도 불구하고 또 태종이 약한 모습을 보입니다. 폐위된 후에 양녕이 어떻게 살아갈까 안쓰러워서 강화도에 100칸 집도 지어 줬다 그러고요. 또 예전에는 그렇게 뭐라 했던 매사냥도 해 보라며 후원도 했고요.
동생인 세종도 양녕을 자주 불러서 위로도 해 주고 이러면서 양녕은 오히려 세종 대에는 큰 사고 없이 무난하게 잘 지냈습니다.

남경태 태종이 사실은 양녕이 자기를 가장 많이 닮은 아들이라고 생각

	했던 것 같아요. 정은 제일 많이 갔을 것 같아요.
그날	그럼 정작 양녕대군 본인은 어땠을까요? 어떻게 생각하면 열패감 같은 걸 평생 끌어안고 살았을 것도 같고, 아니면 정말 자유롭고 편안하게 하고 싶은 거 하면서 살았을 것도 같은데요.

마침 양녕대군이 지었다는 시가 있어서 읽어드립니다.

산안개로 밥 짓고	山霞朝作飯
담쟁이덩굴 사이 보이는 달로 등불 삼네.	蘿月夜爲燈
외로운 바위 아래 혹로 누워 밤새우기	獨宿孤巖下
오직 탑 한 층이 있으매라.	惟存塔一層

	문장력이 대단한데요. 예사로운 사람은 아니었어요.
류근	서정시의 기본 원칙을 대상과의 동일화, 즉 투사라고 하는데 지금 저 시에서 보면 '오직 탑 한 층'이라고 한 부분, 저기에 자기 마음을 투시하고 있는 거예요. 대단히 수준 높은 시입니다.
남경태	이 시를 통해 본다면 열패감은 없는 거네요? 아주 호방합니다.
신병주	네. 모든 것을 받아들이고 자연에서 은거하면서 달과 바위를 벗 삼아 편안하게 살겠다. 이런 뉘앙스가 있는 것 같아요.

양녕대군을 한마디로 정의한다면

그날	네. 지금까지 양녕대군의 세자 폐위를 둘러싼 얘기들을 살펴봤 는데요. 양녕대군의 폐위가 세종대왕이라는 성군을 맞이하게 되 는 좋은 결과를 가져오긴 했지만, 한편으로는 양녕대군이라는 인물에게 인간적으로 안쓰러운 면도 다들 느끼셨을 거 같아요. 양녕대군은 어떤 사람이었는지, 한 문장으로 정리해 주시길 바 랍니다.

이해영   '양녕대군은 담을 넘어서 또 다른 삶을 찾아 나선 통쾌함을 역사에 기록했다.' 결국 손에 쥐고 있는 것을 놓음으로써 또 다른 삶이 있다는 걸 보여 준 사람이 아닌가 싶어요.

류근   '양녕대군은 과잉과 결핍의 경계인이었다.' 사람이 어리석어지는 대표적인 경우가 사랑에 빠졌을 때와 정치에 빠졌을 때라고 해요. 그런데 양녕은 정치적 환경 속에서 사랑에 빠진 사람 아닙니까. 그럴 때 일국의 세자로서 반드시 지켜야 할 도덕성과 책임의식 같은 게 있었으면 좋았을 텐데 그러지 못했다는 게 아쉽죠. 그걸 조율하지 못한 채 언제나 결핍 아니면 과잉 쪽으로 떠돌았다는 거.

남경태   저도 양녕대군을 끝까지 옹호하는 입장에서 말씀드린다면, '양녕대군이 만약 왕이 되었다면 성군은 못 되었겠지만 정상적인 군주로서 최대한의 능력은 보였을 것이고, 조선의 군주들 가운데 가장 캐릭터가 독특한 왕이 되었을 것이다', 이렇게 정리하고 싶습니다.

신병주   저는 이렇습니다. '양녕대군은 조선 최고의 전성기 세종 시대를 연출한 최고의 조연이었다.' 결국 양녕대군의 등장이 세종을 훨씬 더 빛나게 해 줬고, 또 양녕 자신이 세종의 마음을 상당히 편안하게 해 준 점도 인정해야 합니다. 만약 양녕대군이 정치적 변란에 휩쓸렸거나 역모 사건 같은 게 일어났다면 세종도 마음껏 정치를 펼치지 못했을 겁니다.†

남경태   왕의 형이 살아 있다는 건 정치적 부담이 될 수 있었는데, 양녕이 처신을 잘했으니까 그건 평가받을 만하죠.

그날   네. 비운의 왕세자였지만 그 시대의 조연으로서 세종 시대라는 훌륭한 결과를 낳게 해 준 양녕대군의 삶을 살펴봤습니다.

† 양녕대군 이제가 졸(卒)하였다.[4] 제는 태종의 맏아들로서 영락 2년 세자에 봉해졌고 무자년에 명나라에 갔다 왔는데 무술년에 죄로 인하여 양녕대군으로 강봉(降封)되었으며, 이천에 나가서 살다가 과천으로 옮기었고 정사년에 서울 집으로 돌아왔는데, 이에 이르러 병으로 졸(卒)하니 나이가 69세이다.

성품이 어리석고 곧으며, 살림을 다스리지 아니하고 활쏘기와 사냥으로 오락을 삼았다. 세종이 우애가 지극하였고 제도 또한 다른 마음을 가지지 아니하여 능히 처음부터 끝까지 보전함을 얻었다. 시호(諡號)를 내려 강정(剛靖)이라 하였으니, 굳세고 과감한 것을 강(剛)이라 하고 너그럽고 즐거워하여 제 명대로 편안히 살다 죽은 것을 정(靖)이라 한다.

─ 『세조실록』 8년 9월 7일 「양녕대군 이제의 졸기」

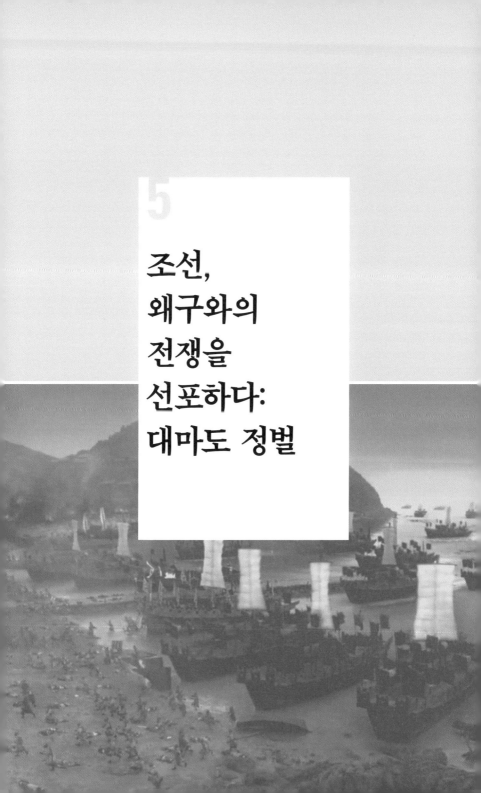

5

조선,
왜구와의
전쟁을
선포하다:
대마도 정벌

　　진부할 수도 있지만 일본을 '가깝고도 먼 나라'라고 부른 표현은 한일 관계의 핵심을 꿰뚫고 있다. '가까움'은 두 나라의 지리적 조건을 말하고 '멂'은 심리적 관계를 가리킬 것이다. 한국사는 대체로 공세보다는 수세의 역사였다. 그것이 어리석은 굴욕의 시간이었는지, 합리적인 보국(保國)의 방법이었는지에 대해서는 다양한 의견이 있을 것이다. 아무튼 그런 한국사의 흐름에서 1419년에 단행된 대마도 정벌은 눈에 띄는 사건이 분명하다. 고대부터 지금까지 일본과의 관계는 평화와 안정보다 갈등과 충돌이 훨씬 많았고 대부분 피해자였던 한국에게 그것은 어떤 '쾌거'로도 받아들여지고 있다.

　　한국과 근접한 대마도의 지리적 조건은 한일 관계사에서 그 섬의 중요성을 크게 높였다. 대마도는 양국의 외교적·상업적 관문이 되기도 했고 한반도, 나아가 중국을 약탈하려는 왜구의 거점이 되기도 했다. 신라 문무왕이 세상을 떠나면서 바다의 용이 되어 왜구의 침입을 막겠다고 유언했다는 사실은 왜구의 침략이 오래전부터 큰 골칫거리였다는 것을 상징적으로 보여 준다. 대마도는 인구가 적어 노동력이 부족하고 토지가 척박해 농사가 잘 되지 않는다고 한다. 또한 고려 말엽부터 조선 초기까지 일본 국내의 분쟁으로 교역이 원활하지 않아 식량을 비롯한 물자를 조달하는 데 어려움을 겪었다. 이런 요건이 복합되면서 대마도를 거점으로 한 왜구의 침략은 고려 후기에 한 절정을 이뤘다.

　　나라를 세운 뒤 조선은 다양한 방어책을 마련했다. 가장 중요한 조처는 당연히 수군 강화로, 세종이 즉위할 무렵에는 수군 5만여 명과 800여 척의 전함을 보유하게 되었다. 무기도 고려 후기부터 계속 진보했다. 가장 크게 공헌한 인물은 최무선과 최해산 부자였다. 아버지는 1377년 화통도감을 설치해 20여 종류의 화포를 개발했고, 아들은 조선 태종 때 군기주부로 재직하면서 그것을 더욱 발전시켰다. 이렇게 준비된 수군 전력은 1419년 대마도 정벌에서 진가를 발휘했다.

한국사에서 대마도 정벌은 세 차례 이뤄졌다. 1389년 박위의 원정과 1396년 김사형 등의 출정은 일정한 성과를 거뒀지만, 모두 기록이 부족해 자세한 전황은 알기 어렵다. 이런 정벌 뒤 대마도는 상당히 온순해졌다. 그들은 1398년부터 거의 매년 예물을 바치고 그 대가로 곡식을 얻어 갔다. 교역이 증가하면서 일본 상인도 늘어났지만 범죄를 비롯한 이런저런 문제도 많아졌다. 조선 조정은 1418년 3월 경상도 염포(울산)와 가배량(통영)에 왜관을 설치해 그곳에만 왜인을 거주시키는 통제책을 시행했다. 기근이 들자 대마도 왜구는 다시 동요했다. 1419년 5월 그들은 명의 연안을 약탈하려고 계획했지만 도중에 경로를 바꿔 충청도 비인현을 급습했다. 이 침략으로 조선 병선 7척이 불타고 군사 300여 명이 전사했다.

조선은 즉시 응징에 나섰다. 이때 국왕은 세종이었지만, 군사권과 인사권은 상왕 태종이 쥐고 있었다. 태종은 이종무를 삼군도체찰사로 임명해 출정을 지시했다. 전선 227척과 군사 1만 7000여 명의 원정군은 6월 20일 대마도에 도착해 7월 3일 철수하기까지 적군 100여 명을 죽이고 2000여 호의 가옥과 100여 척의 선박을 불대우는 중요한 전과를 올렸다.

이 정벌은 조일 관계에 상당한 변화를 가져왔다. 대마도 왜구는 조선에 자세를 낮췄고, 조선도 그들과 통교를 확대해 약탈을 줄이는 유화책을 선택했다. 그 첫 결과는 염포·부산포·제포(진해)의 삼포와 도성에 왜관을 두어 무역에 종사케 하는 것이었다. 무역은 점차 규모가 확대되면서 조일 통교를 활성화했다. 그러나 거주한 왜인이 다시 도둑질이나 행패 등의 문제를 일으키자 조선은 1443년 대마도주와 계해약조를 체결한다. 세견선의 숫자, 삼포 체류 기간과 인원, 세사미두의 분량 등을 확정한 그 약조는 조선 전기 대일 관계의 중요한 첫 마침표라고 할 만했다.

대마도 정벌

1419년(세종 1) 5월 충청도 비인현에
낯선 침입자들이 찾아든다.
이들은 한반도와 중국을 넘나들며
무자비한 약탈을 일삼은 왜구였다.
명나라를 침략하러 가던 도중
식량을 약탈하기 위해 마을을 덮친 왜구는
300여 명의 마을 사람을 무차별 살해했다.

당시 왜구의 침략은
한반도 해안뿐 아니라 내륙까지 번지고 있었다.
결국 조정은 왜구의 본거지인 대마도를
정벌하기로 결정하고,
정벌군의 총지휘자 이종무를 중심으로 227척의
전함과 1만 7000이 넘는 대규모 병력을 이끌고
대마도로 출병한다.

1419년 6월 20일, 조선의 군선 10여 척이 해안에 정박한 뒤
왜구의 본거지를 향해 공격을 시작하자
정벌군의 공격에 놀란 왜구들은 황급히 달아나고,
대마도에 상륙한 정벌군은 왜구들과 맞서 싸우며 적선을 빼앗고
가옥을 불사르는 등 왜구를 토벌한다.

거듭되던 왜구의 침입에 몸살을 앓던 조선은
무력으로 왜구를 제압하는 데 성공한다.

대마도, 왜 정벌해야 했나

그날　이번에 함께 살펴볼 그날은, 바로 '대마도 정벌이 있었던 날'입니다. 그런데 제가 알기로 세종 1년(1419)에 있었던 이종무 장군의 대마도 원정 말고도 그 전에 두 번이나 더 정벌이 있었다고 하던데요?

신병주　맞습니다. 고려 말에 특히 대마도를 본거지로 한 왜구의 침입이 잦았습니다. 그래서 고려 창왕 때(1389) 박위라는 인물이 중심이 돼서 대마도 정벌에 나섰고(1차), 조선 시대 들어와서는 태조 때 (1396) 경상도 동래·기장 쪽으로 침입한 왜구들을 응징한 2차 정벌이 있었고요. 이종무의 3차 정벌은 1419년이 기해년이고 동쪽 지역을 정벌하러 갔다고 해서 기해동정(己亥東征)이라고도 합니다.

그날　우리나라가 먼저 외국을 공격한 사례는 거의 없다시피 한데, 그럼 대마도 정벌은 우리나라가 외국을 먼저 공격한 걸로 해석해도 괜찮은 건가요?

김경수　아닙니다. 왜구가 먼저 약탈해 오니까 응징 차원에서 간 거지, 가만히 있는 대마도를 우리 먼저 치진 않겠죠. 세종 원년에 충청도 비인현(충남 서천) 지방에 왜구들이 대규모로 약탈해 들어옵니다. 병선도 일곱 척이나 불살라 버리고 사람도 300여 명을 죽이거든요. 그러니까 응징 차원에서 '우리도 대마도를 정벌해야겠다' 해서 간 거죠.

신병주　대마도 지역이 왜구의 본산이었어요. 앞서 봤듯이 고려가 멸망하고 조선이 건국되는 과정에서도 왜구의 침입이 큰 변수가 되거든요. 그런데 침입이 조선 초까지 계속되니까 태종이 '뭔가 본때를 보여 줘야겠다' 작심한 거죠.

김경수　당시에 이종무를 삼군도체찰사로 임명해서 병사도 1만 7285명이나 데려갑니다. 당시 수군이 한 5만쯤 됐으니까 3분의 1 정도를 동원한 거죠. 병선 227척에 식량도 65일치를 가지고 갔으니까 상당히 대규모의 원정이었습니다.

건국 초기, 대대적인 정벌을 한 이유

그날 그런데 이 정도 규모라면 건국 초기에 굉장히 부담이 될 수도 있을 텐데, 왜 이렇게까지 대대적인 정벌을 했던 건가요?

신병주 세종이 즉위한 당시에는 어느 정도 국가의 기틀이 잡혔으니까, 우리의 군사력을 확실하게 보여 줘서 더 이상 왜구가 침범하지 못하도록 하려던 거죠.

그날 그럼 이제 조선의 군사들이 어떻게 실발에 나섰는지 구체적으로 살펴볼까요. 그런데 특이하게도 부산이 아니라 거제에 모여서 출발했네요?

김경수 예. 거제도하고 통영 사이에 견내량이라는 곳이 있어요. 이곳은 육지와 섬 사이에 있다 보니까 병목현상이 생겨 물살이 아주 셉니다. 그러니까 부산에서 출발하기보다는 거제도에서 썰물을 기다려서 센 물살을 타고 싹 빠져나가는 거죠.

제비뽑기 팀 선발

그날 그럼 대마도에 도착해서는 어떤 식으로 전투를 했나요?

김경수 일단 대마도 두지포에 도착을 하죠. 전선(戰船) 열 척이 먼저 가는데, 우리 전선이 들어가니까 왜구들이 저항을 할 거 아닙니까. 이 저항하는 왜구들을 치고 진격하면서 상당한 성과를 거두게 됩니다. 기록에 의하면 중국인 포로 131명을 구해 냈고, 왜구 21명을 포로로 잡았고 114명을 사살했으며, 가옥 1939채를 불 질러 버렸다고 합니다.

그날 전과가 상당하네요. 이쯤 되면 일방적인 승리 아닌가요? 그만큼

견내량의 위치

　대규모의 교전이 있었던 건가요?

신병주　이때 대마도의 주력부대는 원래 명나라까지 가려고 했어요. 그
　　　과정에서 비인현에 상륙했던 왜구들이 약탈을 했던 거예요. 그
　　　런 상황이었는데 갑자기 조선 함대가 바다에서 들어오니까 처음
　　　에는 대마도 사람들이 자기들 부대가 돌아오는 걸로 알고 환영
　　　을 나와요. 그런데 가까이서 보니 조선군이니까 깜짝 놀라서 황
　　　급하게 막 도망을 가다 죽고 그럽니다.

　　　그리고 그때 살아남은 사람들이 다 산골짜기 곳곳으로 숨어 들
　　　어가 버리는데, 대마도는 90퍼센트가 산악 지형이거든요. 그러
　　　니까 이 세력들을 확실하게 소탕하기 위해서 골짜기로 들어갔던
　　　적들을 수색·체포하러 들어갑니다. 그런데 여기서 좀 해프닝 같
　　　은 게 일어나는데, 그럼 어느 부대가 들어갈 것인가를 놓고 제비
　　　뽑기를 해요.

그날　네? 그 중요한 임무를 하러 가는데 제비뽑기를 한다고요?

신병주　어느 부대가 들어가도 승산이 있다고 판단했던 거죠. 아무튼 그
　　　래서 박실이라는 장수가 제비를 뽑아서 그 부대가 산으로 들어

갑니다. 병사들은 투덜대면서 갔을 가능성도 많죠.

김경수 정말 이 부분은 『실록』의 기사를 믿어야 하는지도 조심스러울 정도예요. 아무튼 그렇게 들어간 후 격렬하게 싸움이 벌어지지요. 그런데 우려했던 것처럼, 산속에 숨어 들어가 있는데 어떻게 싸움을 하겠습니까. 결국 180명의 우리 측 전사자를 냅니다.

신병주 요즘 표현으로 하면 그쪽에서 유격전·게릴라전을 펼친 거죠.

그날 그래서 이종무는 처음에는 영웅으로 칭송됐다가 이 이야기를 조정에서 나중에 알게 돼서 유배를 간다면서요. 임금 입장에서 참 곤란했을 것 같은데요,

신병수 물론 패배도 일부 있었지만 크게 보면 승리한 전쟁으로 봐야겠죠. 그리고 그 후엔 왜적들이 거의 쳐들어오지 않습니다. 임진왜란이 일어나기 전까지 거의 100년 이상 큰 전쟁이 없었다는 것 자체가 대마도 정벌의 효과를 말해 주는 거죠.

그날 태평성대를 부른 의미 있는 정벌이었다, 이렇게 정리할 수 있겠는데요.

김경수 서남해안 쪽으로 쳐들어오는 왜구가 근절된다는 것은 그 내륙에 살고 있는 백성들에겐 평화가 오는 것이고, 국가 입장에선 근심 덩어리가 빠져나간 것이고, 대일 외교사에서는 좌표를 형성하게 되는 사건이니까, 아주 중요한 의미를 부여할 수 있죠.

신병주 또 세종도 이런 국방 경험이 바탕이 되었기 때문에 훗날 4군 6진 개척 같은 것도 이룰 수 있었죠. 대마도 정벌 자체는 주로 태종의 판단이었지만요.

왜구의 정체

그날 자, 그럼 조선 초기부터 가장 시급한 현안이었던 왜구, 이 왜구의 정체를 밝혀 주실 분을 모셨습니다. 동북아역사재단 김민규

그림에 묘사된 왜구의 모습

　　박사님입니다.

　　안녕하세요, 박사님. 우리가 흔히 쓰는 왜(倭)·왜구·일본, 이게
　　정확히 어떤 관계인가요?

김민규　네. 오늘날 왜라는 말은 일본을 낮춰 부르는 의미로 사용되고 있
　　는데요. 원래는 기원전부터 중국의 여러 왕조가 일본 열도를 가
　　리켜 부른 것이 시초였습니다. 그러니까 왜구라는 건 왜(倭) 자
　　에 도적 구(寇) 자를 합친 말, 즉 '떼로 몰려다니는 일본인 해적
　　집단'을 일컫는 말입니다. 일본이 스스로 일본이라는 국호를 성
　　립시킨 것은 7세기 말이고요.

그날　　왜·왜구라는 말이 아직까지도 부정적인 이미지로 사용되고 있
　　을 정도니까, 당시 사람들은 훨씬 더 지긋지긋하게 생각했을 것
　　같은데요. 왜 그렇게까지 왜구가 극성을 부렸던 걸까요?

김민규　왜구가 발호하던 시절 일본은 오랜 전란을 겪으면서 극도로 혼
　　란에 빠져 있던 때였습니다. 그래서 식량 확보에 어려움을 겪었
　　던 병사들이 한반도로 건너와서 노략질을 했던 것이죠. 어떨 때
　　에는 수십 척에서 수백 척의 배를 몰고 와서 식량뿐만 아니라 전

쟁 물자들을 확보하기 위해서 약탈을 일삼았습니다.

그날 그럼 당시에 일본 본토와 대마도와의 관계는 어땠나요?

김민규 잘 아시다시피 대마도는 일본의 한 번(藩)이었습니다 1600년대 초반 도쿠가와 이에야스가 일본 열도를 통일하기 전까지 일본은 거의 300개의 달하는 작은 나라(번)로 쪼개져 있었습니다.대마도는 그중 하나로, 중앙의 막부가 조선과의 외교와 통상을 대마도에 위임했던 거죠. 그래서 대마도는 조선과 일본의 중계 역할만 했습니다.

그날 네, 그렇군요. 궁금증이 많이 풀렸습니다. 감사합니다,

조선의 회유책,
삼포 개항

무력으로 왜구를 제압한 조선은
한반도 남부의 세 항구,
제포·염포·부산포(삼포)를 개항한다.

왜구에게 교역을 보장해
약탈자에서 이웃으로 만들고자 한
조선의 회유책이었다.

이후 삼포는
조선과 일본의 평화적 무역 중심지로
발돋움하게 된다.

조선의 햇볕 정책

그날 　자, 이제 대마도 정벌 이후 조선과 일본 간에 어떤 변화가 생겼는지 살펴볼 차례인데요. 조선에서 왜구에게 관직도 주고 그랬다면서요? 어떻게 된 거죠?

신병주 　강경책만 쓸 수는 없었으니까 요즘 표현으로 하면 햇볕 정책을 쓴 거죠. 특히 투항한 왜구들에게는 말단 관직을 주기도 했는데, 이렇게 해서 관직을 받은 왜인들을 수직왜인(受職倭人)이라고 부릅니다. 이렇게 일부 왜인들을 끌어안으려는 조치를 취하기도 했습니다.

그날 　아, 군사적 응징으로 혼만 내는 게 아니라 벼슬로 달래기도 하는 양면 정책을 썼던 거네요.

김경수 　그렇죠. 채찍을 쳤으면 당근도 좀 줘야 하지 않겠습니까. 이런 수직왜인 같은 것도 당근 정책의 하나고 또 다른 하나가 삼포 개항입니다. 조선 정부에서도 어떻게 하면 왜구를 원천적으로 막을 수 있을까 계속 고민하다가, 약탈자로만 살아가는 왜구들을 오히려 정상적인 방법으로 먹고살게 해 주면 어떨까 생각하게 된 거죠. 그래서 부산포·염포·제포, 즉 삼포를 개항해 주고 왜인들이 여기에 와서 교역을 하도록 허가하게 됩니다.

그날 　아, 세 항구를 합쳐서 삼포군요. 전 삼포라고 하는 항구를 열어 줬다는 줄 알았어요.

신병주 　이 삼포가 지금의 어디냐면요. 부산포를 중심으로 봤을 때 왼쪽에 있는 제포(내이포)는 지금의 진해입니다. 그리고 오른쪽에 있는 염포는 울산이에요. 이게 좀 헷갈릴 수가 있으니까 이렇게 외우면 편해요. 제포와 진해는 같은 지읏 자, 염포와 울산은 같이 이응 자, 이렇게요.

그날 　와, 족집게 선생님이십니다.

조선에 재팬 타운이 있었다?

신병주 이렇게 삼포를 개방하는 것까진 좋았는데, 이게 조건이 좋으니까 왜인들이 너무 많이 몰려와 살게 돼요. 세종 초기에는 60호 정도였는데 세조 때에는 450여 호 정도로 확 늘어납니다.

그날 말하자면 조선 드림(dream)을 가지고 넘어온 대마도인들이 많았던 거네요.

신병주 네. 차이나 타운처럼 재팬 타운이 형성된 거예요.

그날 어쨌건 우리나라로서는 손해 볼 일 없는 거 아닌가요? 평화 유지를 위한 투자 같은 거잖아요. 무역도 활발해졌을 테니까요.

김경수 네. 심지어 왜구뿐 아니라 다른 여러 나라, 심지어 남방 국가에서도 사람들이 오면서 이 삼포는 대규모의 국제 무역항으로까지 발돋움하게 됩니다. 그리고 그렇게 교역이 활발해지는 과정에서 조선인과 왜인 사이에 협업이나 동업도 이루어지고요.

그날 그런데 이런 게 순기능만 있지 않잖아요. 이렇게 왜인들 많이 몰려오면 뭔가 문제가 분명히 생겼을 것 같은데…….

김경수 네. 양이 있으면 음이 있죠. 이렇게 왜인들이 무차별적으로 들어오다 보니까 여러 문제가 생깁니다. 이 사람들이 정상적인 절차로 교역만 하고 가면 좋은데, 행패를 부리고 도둑질을 하고 심지어 조선의 군사 기밀까지 빼돌리는 일도 생겨요.

신병주 이런 폐단들이 자꾸 생기니까 조선 정부에서는 문인(文引) 제도라는 걸 도입해요. 이게 일종의 도항 허가증이에요. 요즘으로 치면 비자가 있는 사람만 들어올 수 있게 하는 거죠.

그날 이건 누구에게 받는 건가요? 조선 정부인가요?

신병주 대마도주(對馬島主, 대마도를 지배하는 번주)에게 받습니다.

김경수 조선에서 대마도주에게 문인 발행권을 준 겁니다. 그리고 이걸 줘서 조선으로 들어오는 왜인을 통제한 거죠. 그런데 그러면 대마도주에게도 뭔가 떨어지는 게 있어야 하지 않겠습니까. 그게 바로 문인 발행 수수료인데요. 대마도주는 이걸 통해서 대마도 내에서 자신의 정치적·경제적 지배권을 강화합니다. 한편 조선 정부에게도 왜인을 효과적으로 통제하는 제도였고요.

그날 그런데 아까 대마도의 90퍼센트가 산악 지형이라고 말씀하셨잖아요. 그런데 아무리 그렇다고 해도 일본 본토도 있고 자체적으로 어업 같은 걸 할 수 있었을 텐데, 꼭 그렇게 왜구로 나섰어야 했나요?

신병주 유난히 정치적으로 혼란하고 힘들 때 왜구가 된 거고, 조선에서 어느 정도 문호를 개방해 주면 거기에 순응해서 교역으로 살아가려고 합니다. 그러니까 조선에서도 쌀이라든가 말린 고기, 호랑이 가죽, 심지어 소주 서른 병까지 하사합니다.

그날 아니, 그러면 일본 본토의 원조가 아니고 오히려 조선의 원조로 살아간 거 아닌가요?

신병주 그렇죠. 경제구조로 보면 자체적으로 조달할 수 있는 게 많지 않았기 때문에, 조선에서 많은 도움을 받아야 하는 사항이었죠.

왜구를 막기 위한 조선 조정의 노력이 집중됐던 대마도.
대마도엔 조선 초 일본과의 우호에 앞장선
한 사람의 흔적이 남아 있다.

조선통신사 이예.
이예는 일본 본토와 대마도를 오가며
왜구를 외교적으로 제압했다.

여덟 살에 왜구에게 어머니가 납치당하는 불행을 겪은 그는
대마도와 일본 본토, 유구국 등을 돌며
왜구에게 붙잡혀 간 조선인 포로 667명을 구출해 낸다.[1]

왜인들에게 실리를 주고 대의로 제압한 그는,
대일 외교에서 없어서는 안 될 존재였다.

通信使 李藝 功績碑

조선의 외교관, 이예

그날 대마도와 일본 본토를 드나들면서 왜구를 외교적으로 제압한 이
예. 우리에겐 좀 생소한 인물인데요?

신병주 역사책에도 잘 등장하지 않는 인물이지만, 사실 매우 중요한 인
물이에요. 조선 초기, 정부가 왜구 때문에 대외적으로 힘든 시기
에 조일 외교 관계의 실타래를 푼 인물입니다. 그래서 외교부에
서도 2010년에 '우리 외교를 빛낸 인물'로 선정하기도 했습니다.

그날 잘 모르시는 분들이 많아서 간단히 설명을 해 보면요. 1373년 울
산에서 태어났고요, 아전 출신입니다. 어렸을 때 왜구가 어머니를
납치했다고 하니까 왜구에 대한 트라우마가 있었을 것 같습니다.
스물다섯 살이 되던 1397년, 자신의 상사인 군수 이은이 왜구에
게 붙잡혀 가자 자진해서 대마도에 잡혀 갔다고 합니다. 그 후 온
갖 노력 끝에 이은을 데리고 귀환했는데, 귀환한 다음에는 신분도
올라가고 벼슬도 얻게 돼서 외교관으로서의 첫발을 딛게 됩니다.
이후 40차례 넘게 교토·규슈·유구·대마도 등에 파견돼 왜구
에게 끌려간 조선인 667명을 송환해 오면서 왜구 문제를 해결해
냅니다. 뿐만 아니라 화통완구(火煸碗口, 대포의 일종)의 개량과 사
탕수수 도입을 건의하는 등 대일 외교에 큰 힘을 쏟다가 1445년에
73세의 나이로 타계합니다.
읽고 보니 엄청난 인생 역정이 있었던 분이세요. 어려서는 왜구에
게 어머니를 잃고, 또 왜구에게 잡혀 가는 자기 상사를 따라가서
구해 오고…… 정말 왜구 때문에 고통받는 사람들의 심정을 절실
하게 느끼고, 그걸 해결하기 위해서 한평생을 바치신 분 같습니다.

김경수 네. 왜구의 약탈 못지않게 골치 아팠던 게 납치된 포로의 송환
문제였습니다. 태종에서 세종 때까지 총 73회에 걸쳐서 포로 송
환이 이뤄지는데, 거의 대부분을 이예가 해냅니다.

그날	일본을 40차례나 다녀왔다고 하면 이른바 일본통이라고 부를 수 있을 것 같아요.
신병주	그렇죠. 외교관에게 가장 중요한 게 언어 구사 능력, 그 나라에 대한 전문 지식, 그리고 협상력인데, 이예는 이 모든 걸 다 갖췄습니다. 대마도에 직접 잡혀 갔다 왔으니 현지 사정도 매우 잘 알았고, 포로 송환이라든가 경제적인 외교 문제 해결 등에서 볼 수 있듯이 협상력도 대단히 뛰어났고요.

그래서 당시에 이예를 일본에 사신으로 보낼 때에도 너무 고령(당시 56세)이라는 의견도 있었는데, 세종이 "모르는 사람은 보낼 수 없어서, 이에 그대를 명하여 보내는 것이니, 귀찮다 생각하지 말라"면서 갓과 신발을 하사했다는 기록도 나옵니다.[2]

† 왜적이 울산군사 이은과 전 판사 위충을 사로잡아 돌아간지라 울산의 아전들은 모두 도망하여 숨었는데, 이예가 박준과 더불어 관아에서 쓰는 은으로 만든 술그릇을 가지고 왜적의 배 뒤에 붙어 타고 바다 가운데까지 뒤쫓아 가서 이은과 같은 배에 타기를 청하니, 적이 그 정성에 감동하여서 이를 허락하였다. 대마도에 이르러서 적들이 이은 등을 죽이려고 의논하였는데, 예가 은에게 들고 나는 데에 여전히 아전의 예절을 지키기를 더욱 깍듯이 하는지라, 보는 자들이 말하기를 "이 사람은 진짜 조선의 관리이다. 이를 죽이는 것은 좋지 못한 일이다" 하였고, 이예도 또한 그 은그릇으로 왜구에게 뇌물을 주어서 죽음을 면하고 대마도의 화전포에 유치되었다. 거기 있은 지 한 달만에 비밀히 배를 준비하여서 도망하여 돌아올 계획을 하려는 중에, 때마침 나라에서 통신사 박인귀를 보내어 화해하게 되어서, 이듬해 2월에 이은과 함께 돌아왔다. 나라에서 이를 가상히 여기어 예에게 아전의 역(役)을 면제시키고 벼슬을 주었다.

당초에 예가 8세 때 모친이 왜적에게 포로가 되었었는데, 경진년에 조정에 청하여 회례사 윤명을 따라서 일본의 삼도에 들어가서 어머니를 찾았는데, 집집마다 수색하였으나 마침내 찾지 못하였다.

— 「세종실록」 27년 2월 23일 「동지중추원사 이예의 졸기(卒記)」

조선 시대에 대마도에 간다는 것

그날 　그런데 지금도 대마도 가는 길이 그리 편한 길이 아니라고 하던데, 조선 시대에 대마도를 오간다는 건 어떤 일이었을까요.

김경수 　힘들었을 겁니다. 아니, 틀림없이 힘들었습니다. 제가 다녀와 봤으니까 확실히 말할 수 있습니다. 마침 얼마 전에 대마도를 다녀왔는데요. 부산에서 직선거리로 49.5킬로미터라니까 지상에서 차로 달리면 45분이면 도달할 수 있는 가까운 거리입니다. 파도가 아주 잔잔하면 배로도 1시간 10분, 돌아서 들어가면 2시간 정도라고 하고요. 근데 마침 제가 갔을 때 파도가 4~5미터 정도였는데, 정말 그 안에 탄 440명이 롤러코스터를 탄 것 같았습니다. 처음엔 비닐봉지를 왜 나눠 주나 했더니 요긴하더라고요.

아무튼 큰 쾌속선을 타고 가는 지금도 이렇게 힘든데, 당시에 국가 외교를 위해서 대마도로 떠났던 분들은 정말 목숨을 걸고 가신 것이죠.

외교관으로서 이예의 강점

그날 　한 번 가기도 그렇게 힘든데 당시에 40차례나 일본을 오갔을 정도면, 당시 일본 사람들도 이예에게 호감을 갖고 있었다는 뜻일까요?

김경수 　그렇죠. 요즘 식으로 표현한다면 인적 네트워킹이 참 좋았던 사람, 호감을 주는 사람이었던 것 같습니다. 실제로 기록에도 "이예, 당신을 믿는다"라는 식의 표현도 등장합니다.

신병주 　그리고 원래 아전이니까 양반이 아니에요. 중인 출신이었으니까 밑바닥 삶을 살아 본 사람이에요. 그러니까 아랫사람들의 정서, 특히 포로 같은 어려운 경우에 처한 삶을 잘 알았을 테고, 그런 경험이 외교관으로서의 경험을 쌓는 데 많은 도움이 됐다고 보입니다.

그리고 그런 경험 덕분에 결국은 동지중추원사라는 종2품직, 지금으로 치면 말단 공무원에서 차관급까지 올라갑니다. 정말 입지전적인 인물이죠. 그리고 학성 이씨의 시조이기도 합니다.

그날 　네. 아무튼 일본에서 환영받는 외교관이어서, 타계하기 2년 전인 71세 때에도 계해약조[3]를 체결했을 정도로 계속 활동을 하셨네요. 당시에 71세면 상당한 고령인데 이게 정말 가능했을까 싶어요.

신병주 　영원한 현역이신 거죠.

그날 　아무튼 세종대왕도 정말 고수이신 것 같아요. 황희 정승도 여든 넘어서까지도 일을 하게 만들잖아요.

김경수 　이예는 자기 자신보다 일본에 대해서 더 많이 알고 있는 사람이 없으니까 자청을 한 거죠. 이때 마무리 지은 게 바로 계해약조입니다.

신병주 　이게 뭐냐면, 너무 많은 배가 들어오면 문제가 생기잖아요. 그래서 세견선(歲遣船, 대마도주에게 내왕을 허락한 무역선)이라는 배의 숫자를 50척으로 제한하고, 세사미두(歲賜米豆, 해마다 대마도주에게 내려 수년 쌀과 콩)는 200석으로 제한해서 일정량만큼만 수입할 수 있게 했던 조처가 계해약조의 주된 내용이었습니다.

그날 　그러니까 대마도인에게는 어업권을 주고 대마도주에게는 문인 제도나 계해약조를 통해서 생존권을 확보해 준 거네요. 그럼 계해약조 후에는 왜구의 침입이 줄어들었나요?

김경수 　네. 없어집니다. 계해약조 체결되고 난 뒤 70여 년간은 부드러운 분위기가 연출되죠. 결국 이 계해약조를 통해서 조선과 대마도 간 외교 관계가 정례화되는 거고 이후, 대(對)대마도 또는 대일 통제 체제의 기본으로 자리 잡게 됩니다.

일본 왕이
바친 코끼리

태종 11년 2월 22일,
일본 국왕이 사자를 통해
일찍이 조선에서는 본 적이 없는
한 진귀한 생물을 바친다.

거대한 몸집에 긴 코를 달고 있는 그것은 바로
코끼리.
조선 땅을 밟은 최초의 코끼리였다.

그런데 이듬해 문제가 터진다.
전 공조전서 이우라는 사람이
코끼리의 모습을 보고 추하다고 비웃으며 침을 뱉었는데
화가 난 코끼리가
이우를 밟아 죽인 것이다.

이윽고 살인죄로
섬으로 유배 간 코끼리.
그 후로는 먹이도 먹지 않고
사람만 보면 눈물을 흘렸다고 하는데……

왜 코끼리를 보내왔을까

그날　정말 재미있는 얘기네요. 코끼리가 당시에 흔했던 건 아닐 텐데요, 그죠? 이게 우리나라에 온 최초의 코끼리인가요?

신병주　『태종실록』에는 "우리나라에는 일찍이 없었던 것이다"라고 기록되어 있습니다.

그날　일본 국왕이 보내온 거라고요?

김경수　네. 일본에서 보낸 겁니다. 원래는 일본도 지금의 인도네시아 지역에서 선물로 받은 것이었습니다. 그러니까 자기들에게도 귀한 것인데 조신에 보냈을 때엔 이유가 있지요. 불경을 얻어 가기 위해 보낸 것입니다. 답례품으로 조선의 불경을 받기 위해 코끼리를 보낸 거지요.

신병주　『실록』기록을 보면 대마도든 일본 본국이든 유구국이든 간에 대장경을 인출하려고 여러 차례 시도합니다. 일본은 불교 국가니까 수준 높은 조선의 대장경을 갖고 싶었던 거죠. 이때도 코끼리를 바치면 답례로 대장경을 받아 살 수 있을 거라는 계산이었던 것 같아요.

살인죄를 저지른 코끼리

그날　그런데 그걸 유배까지 보냈잖아요?

신병주　그래도 그게 어느 정도 절충안이에요.『실록』에도 나와 있지만 "사람을 죽인 것은 사람이나 동물을 막론하고 죽이는 것이 마땅합니다" 이렇게 주장을 하는 사람도 있었어요.

그날　아, 그렇군요. 하지만 설사 형벌로 사형이 내려졌다고 해도 당시에 코끼리 죽이기도 쉽지 않았을 거 같은데요. 죽이는 방법도 몰랐을 거 아네요.

신병주　맞아요. 정말 죽이기도 쉽지 않잖아요. 그래서 신하 하나가 아이디어를 내요. 옛날 중국 주나라의 주공이 코뿔소가 계속 골치를 썩이니까 먼 지방으로 쫓아 보낸 일화가 있으니까,[4] 그걸 본받아서 이 코끼리를 전라도에 있는 섬으로 보내자고 해요. 그래서 보냅니다.

그날　네. 당시엔 사육 방법도 잘 몰랐을 텐데, 이게 매일 식량도 어마어마하게 먹어 없애는 데다 사람까지 해쳤으니 정말 골칫덩이였을 거 같아요. 그런데 또 그렇다고 막 죽일 수두 없을 테고…… 나른 나라에서 선물로 받은 걸 죽이면 그 나라에 대한 결례인 거죠?

류근　큰 결례죠, 실제 선례가 있어요. 그녀 태조 때 거란에서 낙타 50마리를 보내오는데, 태조가 그걸 굶겨 죽입니다. 거란은 발해와 한 맹약을 어기고 발해를 멸망시킨 나라니, 그런 곳에서 보낸 선물은 받을 수 없다는 이유로 굶겨 죽여요.

그날　그러니 당시에는 정말 애물단지 코끼리였겠어요.

김경수　일본 쪽에서도 코끼리가 그렇게 애물단지인지는 몰랐겠죠. 나름 자기들한테는 굉장히 소중한 것을 우리한테 보낸 겁니다. 불교 국가 일본에서 코끼리는 상서로운 동물이거든요. 그렇게 애지중지했던 걸 보냈는데 그걸 죽인다면 외교 문제로 비화할 소지가 충분히 있지요. 그래서 결국 죽이지는 못하고 유배를 보내는 선에서 절충을 한 겁니다.

신병주　장도라는 큰 섬에 보내서 주로 목초만 먹게 합니다.

류근　그런데 그게 끝이 아니었던 걸로 알고 있는데요. 이 코끼리가 섬에서 밥 안 먹고 자꾸 울고 그러니까 불쌍하다고 전라도로 보내서 키웠는데, 전라도 관찰사가 상소를 올렸다던데요. 전라도에서만 맡기에는 부담이 워낙 크니까 다른 도에서도 돌아가면서 키우게 해 달라고. 그래서 결국 경상도와 충청도까지 분담하게 되잖아요.

이해영 아, 되게 슬픈 사연이네요. 사실 코끼리가 무슨 죄예요? 많이 먹
　　　 는 거 말고. 아, 많이 먹는 게 죄인가?

류근　 그런데 충청도 공주에서 또 먹이를 주던 종을 밟아 죽여요.

신병주 재범을 저질렀죠.

류근　 그런데도 죽이지 않는 거 보면 조선 시대 분들도 참 무던한 사람
　　　 들이에요.

이해영 그럼 결국 코끼리의 운명은 어떻게 됐나요?

김경수 아까 말씀하셨던 것처럼 각 도에서 순번을 정해서 기른 것 같은
　　　 데요. 세종 3년에 충청도 관찰사가 올린 상소를 끝으로 더 이상
　　　 코끼리 얘기는 안 나옵니다. 결국 10여 년 정도 조선에서 살다가
　　　 죽은 걸로 봐야겠죠.

조선 외교관들의 필독서 『해동제국기』

그날　 자, 코끼리처럼 진귀한 동물과 대장경을 주고받으면서 우정을
　　　 나눴던 조선과 일본이었는데요. 마침 이 시기 조일 간의 외교사
　　　 를 한눈에 볼 수 있는 책이 있다고 합니다. 어떤 책이죠?

신병주 신숙주[5]가 쓴 『해동제국기(海東諸國記)』라는 책인데요. 신숙주가 일
　　　 본 본토와 대마도, 일지도 등 일본의 여러 지역을 다녀와서 쓴 기행
　　　 문이죠. 여기서 해동(海東)은 바다 동쪽, 즉 일본을 가리킵니다.

김경수 세종 때 신숙주가 서장관 자격으로 일본에 다녀온 경험을 정리
　　　 한 것인데, 서장관이면 정사·부사를 따라서 사신단의 일행으로
　　　 간 거니까 외교 관례들을 조목조목 잘 정리하고 있습니다. 정리
　　　 를 얼마나 잘했던지 성종이 보고 책으로 편찬하라고 할 정도였
　　　 다고 합니다. 아무튼 대일본 외교의 지침서가 될 만한 책이었던
　　　 것 같습니다.

옛날 외교관들은 어떻게 소통했을까

그날 　네. 그런데 한 가지 궁금한 점이 있습니다. 그 옛날에 일본으로 건너간 외교관들은 어떻게 소통을 했을까요? 자, 여기에 그 답이 있습니다.
『해동제국기』에 들어 있는 「어음 번역」 부분입니다. 왜 우리가 외국 여행 갈 때 포켓 회화 사전 같은 거 들고 다니잖아요? 그게 이 안에 들어 있다고 합니다. 한번 보실까요?

> 你是那裏的人 : 우라 마피츄 : 너는 어디 사람인가?
> 我是日本國的人 : 마온야 마도피츄 : 나는 일본국 사람이다
>
> 你幾時到這裏 : 우라인 고마징가 : 너는 언제 이곳에 도착하였는가?
> 下雨 : 아믜믈데 : 비가 내린다

그날 　왼쪽이 한어(漢語)인 건 알겠는데요, 저 중간에 있는 건 도대체 어느 나라 말이에요?

신병주 　유구국(오늘날의 오키나와) 말이라고 합니다. 이 『해동제국기』에 들어 있는 「어음 번역」 부분에는 실용 회화에 필요한 내용들이 중국어(한자)와 유구국어(한글로 음을 표기)로 함께 나와 있습니다. 그런데 이건 신숙주가 쓴 것은 아니고요. 나중에 이 책이 일본으로 가는 사신단의 필수 서적처럼 되다 보니까 이 책을 지닌 사람들이 회화를 할 때 참고하라고 이 내용을 후대에 추가한 겁니다. 그래서 『해동제국기』 뒤쪽에 마치 부록처럼 추가된 거죠.

그날 　그러면 당시 유구국과 일본 본토는 언어가 달랐다는 얘기네요?

신병주 　네.

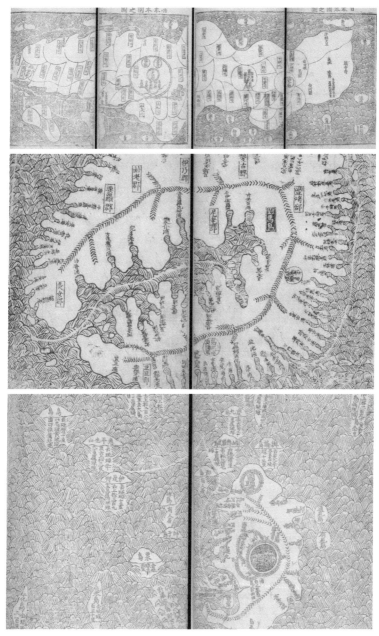

『해동제국기』에 실려 있는 **일본 지도** 위로부터 일본 본토, 대마도, 유구국

그날　이번에 굉장히 특이한 언어를 배웠네요.

신숙주가 일본에 관해 남긴 메시지

그날　이렇게 책까지 보고 나니까 신숙주가 정말 탁월한 외교 전문가
　　　였다는 생각이 듭니다. 이렇게까지 꼼꼼하게 일본에 대해서 정
　　　리했을 때에는 뭔가 남기고자 한 메시지가 있었을 것 같은데요.

신병주　당시 신숙주는 중국어는 물론이고 일본어라든가 어린이까지 무
　　　려 7개 국어에 능통한 인물이었다고 합니다. 이 책의「서문」을
　　　보면 일본인들의 풍습이라든가 특징에 대해서 많이 기록하고 있
　　　는데, 예를 들어 이런 겁니다.
　　　"습성이 강하고 아주 사나우며 무술도 잘하고 배 타기에 익숙하
　　　다. 잘 해주면 예의 바르게 구는데 또 수틀리면 침략을 하니까
　　　항상 경계해야 한다. 그러니까 군사적인 방어뿐만 아니라 우리
　　　의 내부를 잘 정비하고 약점을 보이면 안 된다."

그날　어쩐지 오늘날 우리가 일본을 바라보는 시선과 500여 년 전에
　　　신숙주가 일본을 바라본 시선이 무척 닮은 느낌도 드네요.

신병주　그래서 이 책을 적극적으로 평가하는 사람들은, 임진왜란이 일
　　　어나기 120년 전에 일본이 침략할 거라는 걸 예견한 책이라고도
　　　말합니다.

그날　일본의 호전성을 간파하고 있었던 거 아닐까요?

김경수　그러니까 오죽했으면 신숙주가 임종 직전에도 성종 임금에게
　　　"일본과의 화친을 잃지 마십시오"라는 말을 남겼다고 해요. 일
　　　본과의 우호 관계를 유지하는 것이 조선의 외교와 국방에 얼마
　　　나 중요한 것인가를 강조한 거죠.

그날　자, 조선은 때론 강하게 때론 부드럽게 교린정책을 펴 나가면서
　　　평화를 유지하려고 하는데요. 하지만 어느 순간 조선과 일본은

다른 역사의 길을 걷게 됩니다.

† 그들은 습성이 강하고 사나워 칼 쓰기에 능하고 배 타기에 익숙하며, 우리와는 바다 하나를 사이에 두고 서로 바라보는 처지이기에 잘 어루만져 주면 예로써 사신을 왕래하고 잘못하면 번번이 강탈을 자행하였다. (중략)

일찍이 들으니 오랑캐를 대우하는 방도는 외부를 단속하는 데 있지 아니하고 내부를 닦는 데 있으며, 변방의 방어에 있지 아니하고 조정에 있으며, 무력에 있지 아니하고 기강에 있다 하였는데, 그 말을 여기서 증험하였다. (중략)

지금 우리나라는 그쪽에서 오면 어루만져서 선물을 넉넉히 주며 대우를 후하게 하는 데도 그들이 보통으로 여기고, 진위를 마구 속이며, 곳곳에서 머물러 시일만을 지체하여 변명을 갖가지로 부리고 있으니, 그놈들의 욕심은 끝이 없고, 조금이라도 그 뜻을 거스르면 문득 화를 낸다.
─ 신숙주, 『해동제국기』, 「서문」

한일 간의
불행했던 과거

1592년 한반도를 고통과 혼란으로 몰아넣은
임진왜란.

150여 년간 지속된 평화가
깨지는 순간이었다.

소송을 앞세워 한반도를 공격한 일본,
조선은 무력하게 무너지고 말았다.

메이지유신에 성공한 일본은
근대 국가로 첫발을 내딛게 되고
일본이 제국주의의 길을 걱으며
조선을 끝내 강제 병합하고 만다.

꼬여만 가는 한일 관계

그날 사실 오늘날의 한일 관계도 역사 왜곡 교과서 문제나 야스쿠니 신사 참배 등으로 일본이 우경화되면서 굉장히 안 좋잖아요.

신병주 대마도에는 원래 매년 8월에 열리는 아리랑 축제라는 것도 있었습니다. 그 축제의 하이라이트가 바로 조선통신사 행렬을 재현한 거고요. 그런데 2012년 대마도하고 우리 간에 불편한 사건이 하나 생겼어요. 대마도에 있었던 불상 두 점이 우리나라로 돌아오게 되었는데, 이게 절도범들이 불법으로 훔쳐 반입했다가 국가에 몰수된 기에요. 그런데 또 그중 하나는 예전에 우리나라에서 반출된 혐의가 있고요. 그 바람에 우리랑 대마도 간의 관계가 소원하게 됐습니다. 그래서 일본 측은 그 축제의 하이라이트였던 조선통신사 행렬도 빼 버렸고 축제 이름에서도 '아리랑'이라는 이름을 뺐습니다. 안타까운 현실이죠.

일본의 혐한 분위기

그날 그동안 쌓아 온 한일 관계가 급속도로 나빠지고 있는 요즘인데요. 사실 우리에게 일본은 국권을 강탈한 원수이기도 했지만 그동안 서로 문화를 나누는 이웃 나라 아니었습니까. 그런데 최근 일본 내에서 혐한(嫌韓) 시위, 반한(反韓) 시위 같은 게 일어난다는 소식을 들으면 좀 무서울 때가 있어요. 그래서 실제 일본 현지의 분위기는 어떤지 듣기 위해 김경주 교수님(도카이대)을 모셨습니다. 안녕하세요, 교수님.

김경주 네. 안녕하세요.

그날 최근에 한일 관계가 많이 경색되어 있는데, 일본 분위기는 어떻습니까?

김경주 네, 일본 내각부에서는 1980년대부터 '한국에 대한 친근감' 조사를 실시하고 있습니다. 그 결과를 보면, 1970~1980년대에는 한국에 대한 인식이 상당히 안 좋습니다. 그러던 것이 2000년대 들어서 월드컵과 한류 붐을 계기로 호감도가 크게 올라갑니다. 2011년에는 '한국을 좋아한다'라고 대답한 일본인이 63퍼센트에 달해서, 미국에 이어서 2위를 차지할 정도였으니까요. 그런데 그 후 독도를 둘러싸고 한일 갈등이 표면화되면서 이 여론이 다시 손바닥 뒤집히듯 바뀌어 버렸습니다. 2013년 같은 경우 한국에 친근감을 느낀다는 사람은 30퍼센트에 불과하고, 친근감을 느끼지 않는다고 대답한 사람이 60퍼센트를 넘었으니까요.

그닐 아, 급속도로 안 좋아졌다는 느낌이 확 와 닿는데요. 그렇다면 교수님, 일본이 우경화되는 이유는 무엇일까요?

김경주 글쎄요. 한일 간의 관계만 가지고 우경화 현상을 해석할 수는 없습니다. 그 배경에는 동북아 전체의 역학적인 변화가 있기 때문입니다. 단적으로 이야기하면 중국의 부상이 되겠죠. 아시아-태평양 지역 유일의 선진국이었던 일본이 그 패권을 중국에게 넘겨줘야 할 때가 온 거죠. 이런 상황에서 현재 아베 정권이 주장하는 것이 바로 '강한 일본 되찾기'인데요. 문제는 이것이 국제적으로 합의된 역사의식에 입각한 것이 아니라 그것을 번복하고 부정함으로써 일본의 정당성을 주장하는 수정주의적인 색채를 짙게 띠고 있다는 점입니다. 게다가 과거 20년 동안 경제적 돌파구를 찾지 못하면서 이런 식의 메시지가 사회 전체에서 더 호응을 얻고 있는 분위기입니다.

역사가 가르쳐 주는 한일 관계의 교훈

그날 자, 현재 일본의 분위기까지 들어 봤는데요. 역사학자 입장에서는 지금의 상황을 어떻게 파악하고 계시는지요?

168

신병주 사실 지금 일본은 우경화가 심각하게 진행돼서, 이런 것이 팽창
주의로 연결되지 않을까 하는 우려가 큽니다. 실제로 역사적으
로 보더라도 일본은 내부가 잘 정리되지 못했을 때 다른 나라를
침략하는 일을 반복했습니다. 고려 말·조선 초의 왜구 침입도
그렇고, 1592년 임진왜란이 그렇고, 1876년 강화도조약으로 대
표되는 근대 제국주의의 경우도 그랬죠. 그래서 우리는 역사를
더 정확하게 진단하고 그것을 오늘날 일본의 변화와 잘 연결 지
어 봐야 합니다.

김경수 저는 그런 점에서, 조금 늦은 감은 있지만 중·고등학교 과정에서
한국사를 필수로 지정했다는 건 굉장히 고무적인 일이라고 생각
합니다. 강의실에서 흔히 느끼는 거지만, 요즘 학생들의 역사에
대한 무지는 이미 선을 넘었습니다. 농담이 아니라, 안중근 의사
가 무슨 병원 전문의인 줄 알아요. 우리가 한국사를 꼭 배움으로
써 역사 교육이 제대로 서고 강화된다면 한일 관계도 조금씩 바
로 서지 않을까 생각합니다.

세종 시대의 외교는 무엇이었나

그날 자, 이제 오늘의 이야기를 한마디로 아우르고 마치겠습니다. 조
선 시대의 외교를 한마디로 정리한다면 어떻게 될까요?

이해영 '세종 시대의 외교는 형이다.' 이렇게 얘기하겠습니다.

그날 무슨 뜻인가요?

이해영 사대교린 정책을 펴는 조선의 모습이 정말 형 같은 모습이라고
느꼈어요. 여진이나 일본을 대할 땐 어떨 땐 약간 엄하면서도 어
떨 땐 또 따뜻하게, 그리고 중국을 대할 때는 사회생활을 잘하는
형을 보는 느낌이랄까요?

류근 저는 '조선의 외교는 달걀 옮기기였다'라고 정의하겠습니다. 달

걀은 너무 세게 쥐면 깨지고 또 살살 쥐면 놓쳐서 깨지잖아요. 조선의 외교가 그런 아슬아슬한 줄타기였다는 생각이 들어요. 그 고충이 지금까지도 느껴집니다.

신병주 저는 '세종 시대의 외교는 용광로였다' 이렇게 하겠습니다. 용광로를 보면 아주 펄펄 끓고 강하게 보이잖아요. 하지만 또 그걸 통해서 우리에게 필요한 쇠를 얻어 내기도 하고요. 그런 식으로 세종은 강하게 보이면서도 필요한 것을 얻어 내는 유화정책을 잘 구사했다고 봅니다.

김경수 저는 '조선 초 외교정책은 우리 식이었다' 이렇게 정리하겠습니다. 당시 강대국이었던 중국과의 관계를 사대 정책으로 원만하게 유지하고, 북방 여진족과 남방 왜구 사이에서 우리 식의 외교를 추진해서 아주 자주적이면서도 실리적인 외교를 구가했던, 우리만의 외교였다고 할 수 있겠습니다.

그날 이번엔 대마도 정벌이 있었던 그날을 통해서 조선 초기의 외교에 대해서 얘기를 나눠 봤는데요, 빈번히 퇴진하나는 신숙주의 유언처럼, 가깝고도 먼 일본과 서로 한발 다가가는 그날이 오기를 기대해 보겠습니다.

6

세종,
집현전을
열던 날

세종은 한국사에서 가장 뛰어난 국왕으로 평가된다. 주관적 호의를 엄격히 자제해도 그는 지역과 시대를 뛰어넘어 한 국왕이 이룰 수 있는 업적의 최대치를 보여 주었다고 할 만하다. 그의 업적은 정치·경제·문화 등 인간 생활의 거의 모든 분야를 포괄했고 수준 또한 탁월했다. 그 원동력은 그 자신의 출중한 능력과 뛰어난 신하들의 도움이었다. 명군과 현신들이 만남은 조선 시대는 물론 한국사에서 한 절정의 시기를 만들어 냈다.

세종 때 그런 인재 — 특히 젊은 인재 — 의 산실이 된 곳은 집현전이었다. 전근대 한국사의 주요 제도는 대부분 중국에 기원을 두고 있다. 그리고 중국의 제도는 대부분 한(漢) 이전, 특히 주(周)에 그 이상적 원형을 설정했다. 집현전도 비슷했다. 그 관서는 중국 한대에 처음 설치되어 당 현종 때 정비되었다. 이름이 알려 주듯 그것은 연구와 장서(藏書)·교육 등을 담당하는 학술 기관이었다.

집현전이 한국사에서 처음 나타난 것은 고려 인종 때였다. 인종은 연영전을 집현전으로 고치고 대학사·학사 등을 두어 국왕에게 학문을 강의하는 관서로 삼았다. 1139년 1월 인종은 유명한 김부식을 검교태사 집현전 대학사 태자태사로 삼았으며, 같은 해 11월에는 집현전에 행차해 그에게서 『역경(易經)』 대축(大畜)과 복(復) 괘 강의를 들었다. 그러나 집현전은 충렬왕 이후 기능을 거의 상실했고, 조선 정종 때 다시 설치되었지만 곧 보문각으로 이름이 바뀌어 역시 이렇다 할 활동을 보이지 못했다.

집현전이 한국사에 굵은 글씨로 기록된 관서로 다시 등장한 것은 세종 때다. 1420년 3월 16일 세종은 "앞서 고려 제도에 따라 수문전·집현전·보문각 관원을 임명했지만, 관청도 직무도 없고 문신에게 관직만 주었을 뿐이다. 이제 그런 관서를 모두 폐지하고 집현전만 남겨 궁궐에 관청을 두고 재주와 행실을 갖춘 젊은 문신을 선발해 경전과 역사 연구, 국왕의 자문만 맡도록 했다."

그날 『세종실록』의 이 기록은 집현전의 기능과 목표를 압축적으로 보여 준다. 즉 그것은 뛰어난 젊은 문신을 배속해 학문 연구에 집중케 하는 관서인 것이다. 그 뒤 집현전은 대체로 이런 취지에 합당하게 운영되었다. 1456년 세조가 폐지하기까지 37년 동안 존속한 집현전이 가장 활발하게 활동한 기간은 세종 때였다. 그 시기 집현전이 산출한 업적은 세종 때 산출된 주요 문화 사업의 거의 전부였다고 말할 만하다. 『치평요람』·『자치통감훈의』·『역대병요』·『태종실록』 등이 편찬되었으며, 어렵고 방대한 작업인 『고려사』·『고려사절요』를 마무리할 수 있는 기틀도 이때 갖춰졌다.

그 정화(精華)는 훈민정음일 것이다. 집현전은 훈민정음이 창제된 뒤 그것을 현실에 적용하는 과정을 이끌었다. 『운회언역』·『용비어천가 주해』·『훈민정음 해례』·『동국정운』·『사서언해』 같은 책은 지금 우리의 언어생활을 가능케 한 학문적 발걸음이다.

이런 과업을 담당한 집현전 학사들은 모두 문과 급제자였고, 절반 정도는 최상위 성적을 기록했다. 다른 시대와 달리 그들은 육조나 승정원 같은 정무 관서로 금방 옮겨 가지 않고 평균 10년 이상 재직하면서 학문에 몰두했다. 정인지·신숙주·성삼문·박팽년 등은 집현전을 거치며 한 시대를 대표하는 인물로 성장했다. 그러나 그뒤 이들은 정치적으로 날카롭게 결별했다. 그런 변화와 함께 집현전도 역사의 무대에서 사라졌다.

세종,
집현전을 열던 날

1418년 8월 11일,
조선의 4대 임금 세종이 즉위했다.

시대를 넘어 역사상 최고의 왕으로 평가받는 세종,
왕위에 오르자 집현전의 기능을 강화했다.

"과인은 이곳을 지혜를 모으는 보고로 삼아
이 나라 조선을 이롭게 할 길을 열 것이다."

세종이 가장 중요하게 여겼던 건 바로 인재였다.
학문 연구 기관이자 참모 기구였던 집현전을 중심으로
유능한 인재들이 모여들었다.

세종은 정치, 경제, 문화, 과학 모든 방면에서
조선의 최고 전성기를 이끌었다.

그 중심에 집현전과 세종의 인재 경영이 있었다.

殿賢集

세종이 집현전을 부활시킨 이유

최원정 네, 역사 속 위인 중 가장 존경하는 위인 하면 빼놓을 수 없는 분
이 바로 세종대왕입니다. 훈민정음, 집현전과 그 밖의 온갖 발명
품들이 떠오르는데요. 그런데 이 세종대왕이 왕이 되고 나서 가
장 먼저 실시한 게 집현전의 부활이었다고요. 왜 그런 거죠?

신병주 세종이 왕에 올랐을 때가 건국 26년쯤 되던 시점이에요. 그러니
까 유교 국가에 걸맞은 제도나 체제를 정비해야 하는데, 세종은
학문이 그 바탕이 되어야 한다고 생각한 거죠. 그런 취지에서 인
재들에게 투자하고 유교 국가의 기틀을 조성하고 문풍(文風, 학
문하는 풍조)을 진흥하려고 세운 기관이 집현전이었습니다.

남경태 집현전(集賢殿)이라는 말은 현명한 사람들 모아 놨다는 뜻인데,
이 명칭은 사실 고려 중기, 그러니까 12세기 인종 때부터 있었어
요. 하지만 이후 유명무실화됐던 것을 세종이 이름뿐 아니라 실
질적으로도 부활시킨 거죠.

이해영 그런데 조선이 아직 건국 초기인 데다가 세종대왕도 집권 초기니까
사실 해결해야 할 문제들이 많이 있었을 텐데, 학문 연구 기관부터
만들었다는 건 좀 너무 길게 본 게 아닌가 싶어요.

남경태 아, 집현전은 그냥 연구만 하는 기관이 아니라 실질적인 국정 자
문 기관 역할을 했습니다.

이해영 아니, 그래도 뭔가 현장에서 발로 뛸 수 있는 신하들을 더 많이
등용해서 발 빠르게 움직였어야 되는 게 아닌가 싶거든요.

남경태 고려를 무너뜨리고 조선을 세우는 과정에서 인재들이 많이 죽지
않습니까? 당시엔 인재 풀이 고갈된 상태였기 때문에, 일단 어느
정도 활약할 수 있는 인재들을 많이 만들어 놓는 게 절실하지 않
았을까 싶기도 해요.

이해영 숲이 불탔으니 나무부터 심기 시작한 거군요. 태종이 숲을 너무

많이 태우셨다고 하더라고요.

신병주 두 번에 걸친 왕자의 난을 겪으면서 정도전·조준·남은과 같은 조선 건국에 기여했던 1세대 학자들이 다 제거됩니다. 또 이때가 건국 후 30년 가까이 지난 무렵이니까 저절로 돌아가신 분들도 많고요.

이해영 세대교체가 된 거군요.

집현전 학사들은 모두 수재였다?

그날 집현전에서 활동한 인물들이 당시 굉장한 수재들이었다면서요?

신병주 그렇죠. 세종 때는 최고의 인재들을 집현전으로 정말 다 모았어요. 정인지·신숙주·성삼문·박팽년, 이런 분들이 조선 시대 문과 시험에 다 합격한 분이에요. 조선 시대에 식년시[1] 같은 경우엔 3년에 33명을 뽑으니까 정말 최고의 인재만이 합격할 수 있었던 시험의 합격자들이에요. 여기서 정인지는 수석으로 합격을 했고, 신숙주 같은 경우도 3등이고. 당시 집현전을 거쳐 간 학자들을 조사해 보니까 96명 정도 되는데 이 중 전반 가까운 46명이 식년시 5등 안에 들었던 최고의 인재들이었어요.

그날 3년에 한 번 33명 뽑는데 5등에 들었다, 이건 정말 놀랍네요. 게다가 신숙주 같은 천하의 천재도 3등이라니 말이죠.

류근 우리가 과거 시험 알기를 좀 우습게 아는 게 있잖아요. 저는 그게 다 이몽룡 때문이라고 생각해요. 어린 나이에 허구한 날 춘향이랑 연애만 하다가 그냥 훅 상경해서 별안간 장원급제해서 내려오니까 말이죠. 그런데 지금 이렇게 돌이켜 보면 오늘날 사법 고시보다 훨씬 더 어려운 것 같아요.

특별한 곳에 있었던 집현전

그날 세종 시대를 대표하는 집현전 얘기를 하고 있는데요. 그 위치도

수정전 옛 집현전 자리에 있는 수정전 전경과 그 내부. 집현전은 세조 때 폐지되고 건물도 임진왜란 때 소실되었다가 1867년 경복궁 중건 때 재건되면서 수정전으로 바뀌었다.

예사롭지 않았다고요, 정말입니까?

신병주 네. 집현전은 경복궁 한가운데에 있는 근정전을 앞에서 바라봤을 때 왼쪽에 있었습니다. 지금의 수정전 자리이지요. 그 뒤에는 지금도 경회루가 있고요. 물이 가까이 있고 경치도 좋은 곳인데, 왕이 상당히 배려했다는 걸 알 수 있습니다. 그리고 뒤쪽에 왕이 주로 집무를 보는 사정전이 있어요. 다른 건물보다 가까운 데 있잖아요. 항상 왕이 관심 갖고 볼 수 있는 자리에 설치된 것이죠.

집현전 학자들의
속내

집현전 학사들은 학문 연구를 벗어나
실무 관료가 되고 싶어 했다.[2]

집현전 관원들이 모두 싫어하고,
대간(臺諫)과 정조(政曹)로 진출을 희망하는 자가 많다.
— 『세종실록』 1434년 3월 20일

새벽부터 밤까지 이어지는
과도한 업무에 대해서도 불만이 많았다.
하지만 바쁜 업무 중에도 숨 돌릴 틈은 있었다.

왕에게 진상되던 귀한 귤이 집현전 학사들에게 내려졌다.
그런가 하면 한쪽에선 조촐하나마 술잔이 오갔다.
왕이 집현전에 내린 특권이었다.
세종은 집현전의 근무 태도를 감찰하려는
사헌부의 시도도 막았다.

몇 달씩 집현전을 떠나 집에서 책을 읽을 수 있는
사가독서제[3]도 도입했다. 일종의 유급 휴가 제도다.

이 모든 게 집현전의 사기를 높이기 위한 세종의
배려였다.

집현전의 복리 후생 제도

그날 　와, 당시 귤은 진짜 귀한 과일이었잖아요. 진상품인 귤을 먹을 수 있었다는 건 엄청난 특권 아닌가요? 정말 왕이 집현전 학사들을 얼마나 사랑했는지 느껴집니다. 오늘날로 말하자면 실리콘밸리 같은 데에 있는, 자유로운 분위기의 IT 회사 같아요. 특히 휴가를 줘서 집에서 몇 달씩 책을 읽을 수 있게 해 줬다는 게 제일 부럽네요.

신병주 　집현전에 있던 관리들이 사실은 장기근속자가 많았어요. 거기에 대한 불만이 있었겠죠. 우리도 그렇잖아요. 한군데서 오랫동안 근무하면 매너리즘에 빠지고 힘드니까, 이렇게 사가독서를 통해 재충전할 시간을 만들어 준 거죠.

그날 　장기근속이면 다들 어느 정도나 근무했던 거예요?

신병주 　정창손 같은 사람은 22년, 최만리가 18년, 박팽년 15년, 이런 정도입니다.

남경태 　10년, 20년을 계속 공부만 하는 게 직업이라고 하면, 신병주 교수님 같은 분 말곤 좋아할 사람이 없을 것 같아요.

사가독서제는 유급휴가였다?

그날 　그러면 3개월 동안 정말 월급 다 받으면서 집에서 책 읽고 공부만 하는 건가요?

신병주 　그렇죠. 사가독서(賜暇讀書)라고 할 때의 이 사(賜) 자가 무슨 글자 같아요?

그날 　그거 아니에요? 사액서원(賜額書院) 할 때의 사 자, 줄 사(賜) 자.

남경태 　사약(賜藥)의 사 자이기도 하죠.

신병주 　네. 맞습니다. 대부분의 사람들이 사약 마시면 죽으니까 죽을 사(死) 자라고 생각하는데, 사실은 줄 사(賜) 자예요. 사액서원(임

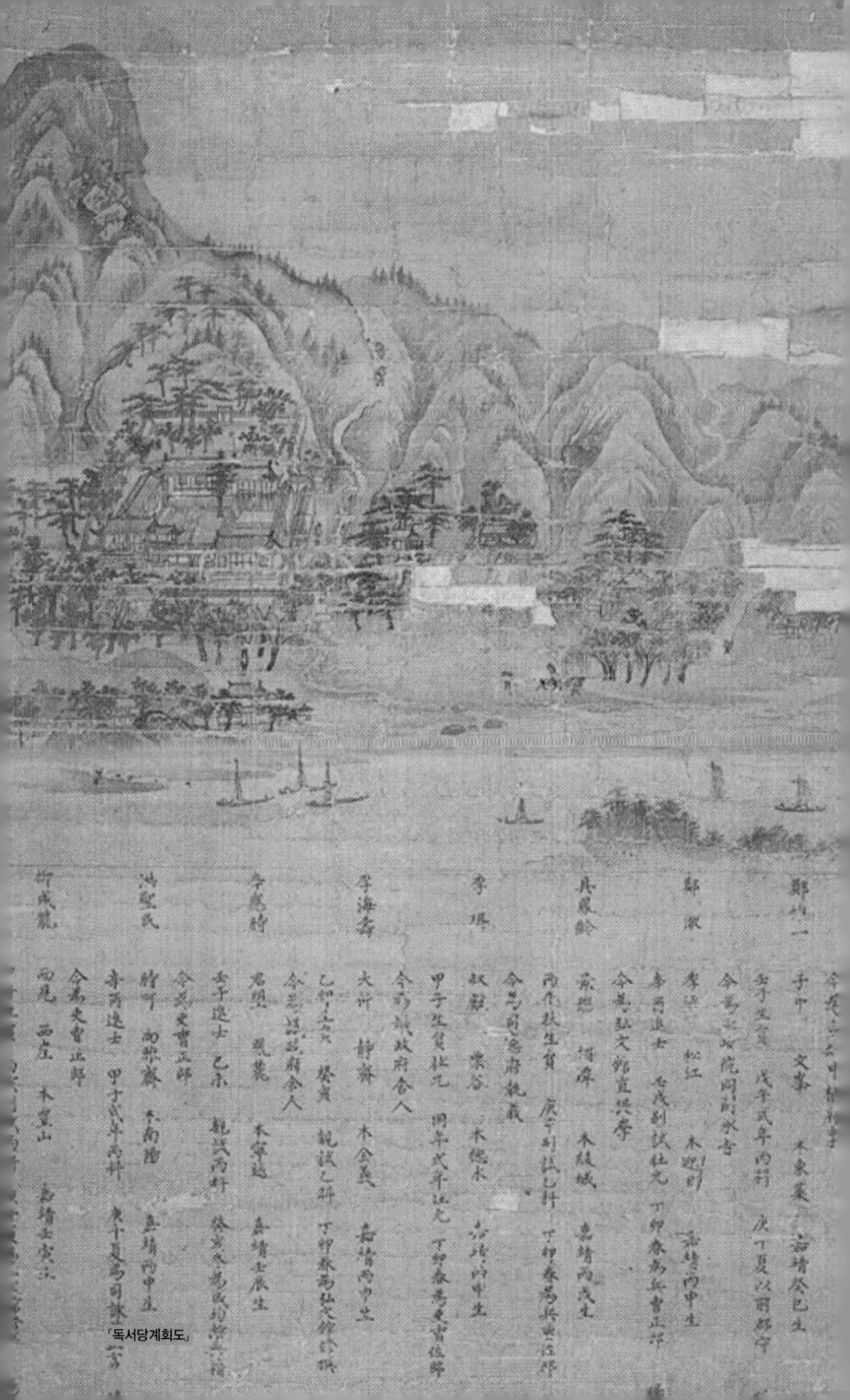

「독서당계회도」

금이 편액을 하사한 서원), 사가독서(책을 읽도록 임금이 휴가를 하사함) 모두 '임금이 하사한다'라는 뜻을 갖고 있어요.

사가독서의 경우 처음에는 주로 집으로 보냈습니다. 그러다가 성종 때 아예 체계적으로 연구할 수 있는 공간으로 독서당이라는 걸 만들어요. 처음에는 용산 쪽에 만들었는데 남쪽에 있는 독서당이라는 뜻으로 남호독서당이라고 했어요. 그러다가 지금의 성동구 옥수동의 산자락으로 옮기고부터는 동호독서당[4]이라고 불렸고요.

그날　아, 동호대교 어원이 거기서 온 거군요.

신병주　네. 당시 모습을 그린 「독서당계회도」라는 그림도 있어요. 그걸 보면 독서당 건물이 있고 아래에는 한강 위에 배가 떠 있는 모습이 있어요. 독서당에서 같이 모여 공부하던 학자들끼리 배를 타고 놀기도 하죠. 그러면 주로 어디로 갈 것 같아요?

그날　동호대교 밑이면 압구정?

신병주　그렇죠. 그때도 압구정이 경치가 좋은 곳이니까 배 타고 거기로 가는 거죠.

엘리트들도 감복시킨 세종의 리더십

그날　전 이런 상상도 해 봤어요. 만약 내가 집현전 학사였다면, 이렇게 장기 근무를 하면서 왕을 보필할 수 있었을까? 아마 못 견뎠을 거 같아요.

신병주　물론 그 안에 있을 때엔 무척 힘들었겠지만, 결과적으로는 장기 근속을 통해 전문성을 더 키우게 되죠. 또 정책 과제 같은 경우엔 장기적인 비전을 갖고 꾸준히 추진해야 하니까, 그런 이유들 때문에 집현전 학사들이 격무나 더딘 출세 같은 걸 감수하지 않았을까 싶습니다.

남경태 그리고 실제로 집현전에서 오랜 기간 내공을 쌓은 사람들이 현실에 뛰어들어서 여러 가지 업적을 남긴 경우가 꽤 많습니다. 강희맹·강희안 형제는 판서까지 했고요, 노사신 같은 사람은 영의정까지 했죠. 서거정은 『동국여지승람』이나 『동국통감』 같은 걸 편찬한 사람이고, 또 아까 말한 신숙주도 있고 사육신[5]도 대부분 집현전 출신이죠. 생육신[6] 중에도 많고요. 그러니까 15세기 초중반까지는 이 집현전 출신 학자들이 조정을 이끌고 학문적인 보내를 닦았나고 볼 수 있습니다. 세종이 이 숭요한 인재들을 키워 놓은 덕분에 세종 사후 50년까지도 집현전이 영향력을 미쳤어요.

류근 세종은 손에서 책을 놓지 않았다고 하잖아요(手不釋卷). 이분이 그처럼 본인 스스로 워낙 학문을 좋아하다 보니까 국가 정책과 기관도 그 영향을 받은 것 같아요. 원래 어떤 조직의 장이 바뀌면 그 영향을 그대로 받잖아요. 제가 군대에 있을 때 국군체육부대 출신의 사단장이 취임을 하셨어요. 다음 날부터 아침에 침상에서 눈 뜨자마자 체조를 하기 시작해서 종일 체력 단련만 하다가 제대했다는 거 아닙니까. 집현전도 세종의 영향을 많이 받은 것 같아요.

신병주 네. 세종과 집현전 학사의 관계를 보여 주는 대표적인 일화가 있어요. 세종이 집현전에 관심이 많으니까 야간에 순시를 했던 것 같아요. 근데 어느 겨울밤 집현전에 불이 켜져 있어서 들어가 보니까, 신숙주가 연구를 하다가 깜빡 잠이 들어 있었다고 해요. 그때 만약 세종이 신숙주를 깨워서 "야, 잠만 자냐!" 이러면서 뒤통수를 치고 그랬다면 그 소문을 들은 집현전 학자들이 "우리가 이렇게 일해서 뭐하냐!" 그랬을 텐데, 그때 세종이 자기가 입고 있던 용포를 벗어서 덮어 주고 나왔다는 거잖아요. 잠에서 깬 신숙주가 그 용포를 보고 얼마나 감격했겠습니까.

남경태   세종은 군주인 동시에 학자였잖아요. 학문적으로도 무척 성숙한
        사람이었기 때문에 신하를 그렇게 여유롭게 대할 수 있었고, 신하
        들도 그런 자유로운 분위기에서 공부시킬 수 있었던 것 같아요.

그날   남자는 자길 믿어 주는 사람을 위해서 죽는다고 하잖아요. 집현
        전 학자들도 그랬을 것 같아요. 그런 리더라면 긴 세월도 충분히
        바칠 수 있지 않았을까요.

심온 사건

세종이 즉위하고 몇 달 뒤,
영의정이자 세종의 장인이었던
심온[7]에게 사약이 내려졌다.

죄목은 역모 죄.
하지만 증서는 너무도 허술했다.

좌의성 박은과 전 영의정 유정현의 수도로
일사천리로 진행된 숙청 작업.

그런데 심온이 제거된 다음 날
궁중에는 아버지 태종이 마련한 연회가 열린다.

그 자리에는 세종은 물론
심온 제거에 앞장선 박은도 함께했다.

조정의 주요 대신들이 모두 모인 자리,
태종이 일어나 춤을 추자 모두가 일어나 기뻐하고
연회는 밤늦도록 계속됐다.

장인 죽은 다음 날 연회에 참석한 세종

그날 　장인이 죽은 다음 날 연회에 참석했다? 이게 약간 이해가 안 가
요. 저희가 아는 세종대왕의 모습이 과연 저랬을까요?

남경태 　세종의 입장이라기보다는 태종의 입장이었겠죠. 태종은 세종의
외척까지 제거하는 게 좋겠다는 생각이었고, 세종은 암묵적으로
따랐던 것 같고요. 아니, 따를 수밖에 없고요. 이게 즉위한 해에
일어난 사건이에요. 태종이 죽고 권력이라도 안정되면 또 모르
겠는데, 당시 세종으로선 어쩔 수 없는 측면이 있었을 겁니다.

신병주 　태종의 킬러 본능의 대미를 장식했던 사건이라고 볼 수 있죠. 태
종이 아들 세종의 장인이자 자기 사돈인 심온에게 사약을 내릴
때 이걸 주도했던 인물이 박은·유정현이라는 사람이에요. 특히
박은[8]이라는 인물은 그 딸인 왕비(세종의 정비인 소헌왕후 심씨)마
저도 폐해야 한다는 주장까지 해서, 야사(『연려실기술』)에 의하
면 심온이 죽을 때 "대대로 박씨와는 혼인을 하지 말라"라는 유
언을 남겼다고 해요.

그날 　얼마나 억울하고 분했으면 박씨랑 결혼하지 말라고까지 했겠어요.

남경태 　사실 심온은 명나라 사신으로 갔다 오는 길에 영문도 모르고 압
록강에서 잡혀서 갑자기 고문을 당한 다음에 죽임을 당하거든
요. 정말 비극적인 죽음이고 억울했을 거예요.

세종이 심온 사건을 재수사하지 않은 이유

그날 　아니, 이렇게 대질심문의 기회도 안 주고 표적 수사로 갑자기 죽
음에 이르는데, 세종의 입장에서는 아내에게 미안해서라도 나중
에 재수사를 명해야 했을 텐데요. 왜 그러지 않았을까요?

남경태 　반대파를 제거하기 위한 정치적 카드로 이용하려고 했다면, 평
지풍파를 일으킨다고 해도 할 수도 있었을 것 같아요.

최원정　혹시 소헌왕후와 사이가 좋지 않았나요?

신병주　세종은 선왕 태종의 처분이었기 때문에 어쩔 수 없다는 입장이 었습니다. 뿐만 아니라 우리가 여기서 주목해야 하는 게, 복수의 정치학입니다. 예를 들어 연산군은 자기 어머니(폐비 윤씨, 2권 참조)를 죽인 인물들에게 복수하기 위해서 엄청난 피바람을 몰고 오는 사화(士禍, 반대파에게 몰려 화를 입는 일)를 일으켰어요. 반면에 정조는 자기 아버지인 사도세자를 죽인 세력에 크게 복수하시 않았죠. 세종도 마찬가지였습니다. 특히 유정현은 세종 장모의 자매들까지 다 노비로 삼자고 주장했어요. 그런데도 오히려 세종이 유정현을 좌의정까지 시키고, 그런 거 너무 신경 쓰지 말라고 말합니다. 유정현 입장에서 보면 자기는 정말 죽을 것까지 각오했는데 그렇게 대우해 주니까 세종을 위해 더 열심히 할 수밖에 없었을 거고, 다른 신하들에게도 세종의 좋은 이미지를 전해 주는 전도사 역할을 했을 거예요.

그날　듣고 보니 세종대왕에게도 정말 노련한 정치가의 모습이 있었단걸 느낍니다. 단기적인 복수에 집착하는 게 아니라 넓게 멀리 보면서 사람들이 자신에게 진심으로 충성을 다하게 만드는 것. 정말 전략가네요.

소헌왕후의 심정

최원정　그런데 혹시 기록에 소헌왕후 심씨의 심정이 나와 있는 건 없나요? 제가 만약 소헌왕후의 입장이었으면 진짜 억울하고 속상하고, 남편도 못 믿게 되고 그럴 것 같은데요.†

신병주　제가 보기엔, 그래서 소헌왕후 심씨가 불교에 빠진 게 아닌가 싶습니다. 별다른 기록으로 전하는 건 없는데, 본인이 왕비가 되자마자 아버지는 돌아가시고 어머니는 노비로 전락한 걸 보는 왕비의 입장은 처절할 거고, 그래서 불교에서 위안을 찾지 않았을까 싶어요.

† 왕후가 인자하고 어질고 성스럽고 착한 것이 천성에서 나왔는데, 중궁이 된 뒤로는 더욱 스스로 겸손하고 조심하여 후궁을 예로 접대하고. 아래로 궁인에 미치기까지 어루만지고 사랑하여 은혜를 가하지 않음이 없으며, 낳으신 여러 아들을 모두 후궁으로 하여금 기르게 하시니, 후궁이 또한 마음을 다하여 받들어 길러서 자기 소생보다 낫게 하였으며, 또 일을 위임하여 의심하지 않고 맡기시니, 후궁이 또한 지성껏 받들어 순하게 하여 감히 게을리함이 없었다. 이 때문에 빈(嬪)·잉(媵) 이하가 사랑하고 공경하기를 부모 대접하듯이 하였다. 서출의 자식 보기를 모두 소생 아들과 같이 하였으며, 임금에게 올리는 음식이 나오면 반드시 몸소 살펴보아 힘써 정성과 공경을 다하였다.
— 『세종실록』 28년 6월 6일

세종의 인재 경영: 황희의 경우

그날   세종대왕 시절 하면 명재상들이 많기로 유명한데요. 많은 분들이 제일 먼저 황희 정승을 떠올리실 거예요. 그런데 황희 정승이 사실은 세종대왕의 반대파였다면서요? 맨 처음엔 고려왕조 편에 섰는데 이성계가 조선을 세우고, 두 번째는 세자 이방석 편에 섰는데 이방원이 왕이 됐죠. 세 번째가 양녕대군 편이었는데, 다들 아시다시피 충녕대군이 세종이 됐어요. 뭐 이건 조선판 펠레의 저주예요. 이렇게 촉이 안 좋을 수가 없어요. 매번 다 틀립니다.

남경태   다들 황희한테 지목당하지 않길 바랐을 거예요. 그리고 그렇게까지 청렴하거나 그랬던 사람도 아니에요. 황희 정승에 대해서 잘못 알려진 게 많은데, 사실은 좀 굴곡된 삶을 산 사람이죠.

신병주   정승으로 재임한 지 얼마 안 됐을 때 사위가 살인을 저지르는 사건이 일어나요. 그때 황희가 사위가 처벌받지 않도록 로비를 했다가 탄핵을 받는 일도 있었고, 아무튼 고비마다 수뢰 사건 같은 데에 많이 연루됩니다.

이해영   그런데 『실록』을 보면 "황희와 상의해라"란 말이 굉장히 많이 나오잖아요. 이렇게 결격 사유가 많은 사람을 세종은 왜 끊임없

황희 초상

이 믿었던 걸까요?

신병주 세종도 황희가 그런 약점이 있는 건 알았지만, 당시 나라 안에 그만큼 경륜을 갖추고 있는 사람, 정책 아이디어가 그렇게 뛰어난 사람이 없다는 판단을 한 거죠. 그리고 "황희의 덕망은 만인의 사표가 된다"고 말하는가 하면, 황희가 형벌을 처리할 때에는 저울처럼 균형을 잘 잡는다고도 했죠. 이렇게 세종이 엄청나게 힘을 불어넣어 주니까 황희 본인도 그 말대로 된 것 같아요.†

그날 칭찬은 고래도 춤추게 한다고 했는데, 이런 식으로 교화한 거군요.

남경태 그리고 당시 분위기도 고려해 봐야 할 것 같아요. 그러니까 태종까지는 왕권을 강화하느라고 의정부⁹ 정승 체제를 무시하고 육조¹⁰를 자기가 직접 관할했거든요. 그런데 세종은 정승들을 부활시킵니다, 의정부를. 그러니까 정승의 대표, 얼굴마담 격으로라도 황희 같은 사람들이 필요했을 것 같아요.

그날 우리가 '인사가 만사'라는 말을 자주 쓰잖아요. 그러고 보면 세종 시대가 태평성대일 수 있었던 가장 대표적인 힘도 세종의 용인술, 인사 정책에 있었던 게 아닐까 싶어요. 한쪽엔 집현전을 중심으로 한 소장 학자들, 또 한쪽으로는 황희를 중심으로 한 중신 세력들, 이 양대 세력을 잘 조율해서 이끌었다는 점에서 또 세종의 위대함을 엿볼 수 있지 않나 싶습니다.

† "임금을 도와 나라를 경영하는 것은 중요하나니, 국가가 그에게 의지하는 까닭이다. 인재를 얻기 어려움은 예나 지금이나 같은 것이다. 경은 세상을 다스려 이끌 만한 재주와 실제 쓸 수 있는 학문을 지니고 있도다. 모책(謀策)은 일만 가지 사무를 종합하기에 넉넉하고, 덕망은 모든 관료의 사표가 되기에 족하도다. 묘당(廟堂, 의정부)에 의심나는 일이 있을 때면 경은 곧 시귀(蓍龜, 점칠 때 쓰는 가새풀과 거북)였고, 정사와 형벌을 이논할 때면 경은 곧 권형(權衡, 저울추와 저울대)이었으니, 모든 그때그때의 시책은 다 경의 보필에 의지하였도다. 이제 어찌 뜬소문 때문에 갑자기 대신의 임무를 사퇴하려 하는가."
— 『세종실록』 10년 6월 25일

인재들을 모으는 세종의 비법, 경연

그날 그런데 이런 소통과 포용의 정치를 펼치기 위한, 인재들을 하나
로 모으는 세종만의 비법 같은 게 있었을까요?

남경태 네. 그 구체적인 방법 중 하나가 경연[11]인데요. 경연은 사실 고려
시대에도 있었어요. 왕과 신하들이 모여서 학문적인 토론을 하
고 자유롭게 의견을 나누고, 때로는 학문만이 아니라 합리적인
정책도 도출하는 게 경연의 공간이었거든요.

신병수 그렇다 보니까 왕권 강화를 주구하는 왕들은 경연을 싫어해요. 그
래서 실제 『조선왕조실록』을 검색해 보면 태종 때에는 경연을 60회
정도만 열었다는 기록이 나와요. 그럼 태종이 18년 동안 재위했으
니까 대략 1년에 3.3회 정도, 3~4번 정도 연 거죠. 그에 비해서 『세
종실록』을 검색하면 무려 2000회나 나와요. 재위 기간이 32년이니
까 이걸 대략 계산해 보면 1년에 약 60회, 그러니까 한 달에 약 5회
씩이나 연 거죠. 또 사안에 따라서 재상뿐 아니라 지방의 수령들에
게도 광범위하게 의견을 들어서 정책을 결정했어요.

희한한 경연 주제들

그날 그렇다면 당시 경연 주제가 어땠는지 궁금해지는데요. 제가 알
기론 국가 정책에 관한 것도 물론 있지만 굉장히 사소한 것들도
있었다고 해요. 그래서 제가 한번 준비해 봤습니다. 경연 주제
중에서 재미있는 걸 세 개 뽑아 봤습니다.
'한식날 3일간 불을 못 피우는 관습이 올바른가?'
'동성(同姓, 성씨가 같은 사람)끼리 결혼하지 않는 근거는 무엇인가?'
'과연 용이 존재하는가?'
되게 재미있지 않나요? 저는 특히 3번의 결론이 어떻게 났는지
가 궁금합니다.

신병주 용에 대한 경연 내용은 이래요.[12] 세종이 "사람이 용을 볼 수 있
느냐" 하고 물으니까 신하가 "어떤 사람들이 구름이 끼었을 때
용이 올라가는 걸 봤다고 합니다" 그러죠. 그러자 세종이 "그건
안개하고 구름이 섞여서 그런 거지, 용이 아니다" 그러니까 또
어떤 사람이 대동강에서 떠내려가는 걸 봤다고 하고 그래요. 용
은 아무래도 워낙 신성한 존재니까 이런 걸 믿고 싶어 하는 마음
에서 경연에서도 토론거리가 되지 않았나 싶어요.

그럼 첫 번째 질문, '한식날 3일간 불을 못 피우는 관습이 올바른
가' 저건 어떻게 결말이 난 줄 알아요? 그냥 아침에 불 때서 밥
많이 해 놓고 먹자, 이런 식으로 결론이 납니다.[13]

남경태 재미있는 게요. 저 시대에 유럽은 중세였는데요. 당시 유럽에선
종교회의나 신학적 토론 같은 게 많이 벌어집니다. 거기서도 부
활절 날짜를 확정하는 것같이 엄정한 주제도 있었지만, 경연장
에서 용의 존재를 얘기하는 것처럼 지금 봐선 이상한 주제들, 예
를 들어 핀 끝에 천사가 몇 명이나 앉을 수 있느냐, 이런 건 진지
하게 얘기합니다. 또 미사 올릴 때 할렐루야를 어느 장면에서 몇
번 외쳐야 하느냐, 이런 것도 따지고요. 이건 한식날 3일간 불을
못 피우는 관습에 대한 얘기와 비슷하죠. 당시 시대 분위기가 세
계적으로 그랬던 것 같아요.

지금 봐도 놀라운 경연 분위기

그날 그런데 사실 '용이 있느냐 없느냐' 같은 주제는 언뜻 재미있는
수다처럼 보일 수 있지만, 실제로 이걸 준비하는 게 보통 일은
아니었을 것 같아요. 신하 입장에선 왕하고 경연을 하는 것만 해
도 부담되는데, 그 왕이 심지어 세종이라면 부담이 어땠을까요.
말을 잘 못하면 무식하다고 욕먹을 것 같고, 함부로 말하면 또

무엄하다고 욕먹을 것 같고. 실제 토론이 제대로 이뤄졌을까요? 저는 그게 의심스러워요.

남경태 집현전 학자들 중에 세종의 아들인 세조랑 동갑인 사람들이 많습니다. 그러니까 신숙주라든가 박팽년, 성삼문 이런 분들은 세종보다 한 세대 아래의 사람인 거죠. 그런데 이렇게 자기보다 훨씬 어린 사람들과 경연을 하는 데도 세종은 굉장히 솔직하고 자유롭게 분위기를 이끌어 가요.

그날 결론을 도출해서 그걸 제도화하느냐도 굉장히 중요하지만, 토론의 과정 자체를 중요시하고 즐기는 분위기였던 거군요.

신병주 이런 세종 스타일을 보여 수는 일화가 있는데요. 당시 형조참판 중에 이름이 고약해인 사람이 있었어요. 같을 약(若), 바다 해(海) 자를 써서 바다 같은 인물이 되라는 뜻으로 지은 이름이죠. 그런데 이 고약해가 정말 이름 그대로 한성질 하는 신하였어요. 이 사람이 세종하고 토론하는 장면이 나오는데, 주제는 수령육기법[14]이라는 제도였어요. 이게 뭐냐면 수령을 6기(6년) 동안 장기 근무하게 하는 걸로, 이게 세종 입장이었습니다. 그런데 고약해는, 그렇게 되면 수령이 자꾸 자의적으로 일을 처리하거나 뇌물 같은 걸 많이 받을 수 있다고 반대를 합니다. 그러자 거기에 대해서 세종은 또 조목조목 논박을 합니다. 너무 그렇게 이상한 수령만 생각할 필요가 뭐 있느냐, 이거죠.

남경태 지금도 충분히 논란거리가 될 수 있죠.

신병주 기록에 보면 이 고약해의 태도가 너무 공손하지 못하니까 세종이 다시 앉으라고 명했다고 해요. 이런 거 보면 세종이 자유로운 토론 태도를 어느 정도 수용했다는 거죠.[†]

† 고약해가 (수령육기법이 부당함을 주장하며 임금께) 대답하기를,
"수령으로서 어질지 못한 자는 그 직임에 오래 있게 되면, 백성이 폐해를 받음이 또한 작지 않사옵니다. 신이 어려서부터 독서할 때에 성명(聖明)하신 임금을 만나 당세(當世)에 도(道)를 행하고자 하였으므로, 신이 처음 육기의 법을 혁파할 것을 청하였으나 전하께서 윤허하지 않으셨고, 두 번째 청하여 또 윤허하지 않으시니, 신은 실로 유감이옵니다. 이제 비단 청을 들어주시지 아니하실 뿐 아니옵고 도리어 신더러 그르다 하시오니, 신은 실로 실망하였나이다"
하여, 그 말이 많이 불공(不恭)하므로 임금이 말하기를,
"내가 이미 다 알았다"
하고, 인하여 다시 앉으라고 명하였다.
—「세종실록」22년 3월 18일

부려 먹기의 달인, 세종

이해영 이렇게 이야기를 듣다 보니 세종이 굉장히 개방적이고 부드럽기만 한 군주처럼 느껴지는데, 알고 보면 굉장히 독한 부분도 많았던 왕이었다면서요? 황희가 나이 들어서 일하기 힘들어 하니깐, 지팡이를 주면서 "그래도 일하시오"이랬다고도 하고요.

신병주 그때가 황희 정승이 일흔이 넘었을 때입니다.

이해영 일흔 넘은 분에게 지팡이 주면서 일을 시키다니요.

신병주 그때 워낙 힘들다 그러니까 "한 달에 두 번만 올라오시오"이러면서 물러나지 못하게 합니다.†

류근 야사에 의하면 6진 개척으로 유명한 김종서 장군도 세종이 밤낮 없이 일을 시키니까 도저히 못 견뎌서 "절 북방으로 보내 주세요"하고 갔다는 설도 있어요.

남경태 7년 정도 가 있었어요.

류근 종합해 보면, 이분이 정말 아랫사람들 일 부려 먹는 데 아주 능통한 분이에요. 자발적으로 일하는 것처럼 보이는데 다 시킨 거예요.

남경태 그러니까 아까는 집현전을 자유로운 분위기 속에서 이끌고 여러 가지 혜택도 베풀었다고 하지만, 크게 보면 굉장히 노회한 정치

가인 거예요. '국가의 안정을 위해서 인재들을 최대한 뽑아 먹겠다' 이런 마인드가 있었던 건지도 모르겠어요.

신병주 강하면서도 부드러운 카리스마. 결국 이게 세종의 장점이었다는 거죠.

> † 사헌부에서 황희가 동산 역리의 뇌물 주는 것을 받았다고 탄핵하므로 황희가 또 사직하려 했으나, 윤허하지 아니하였다. 경술년 12월에 태석균의 일로써 파면되었으나, 신해년 9월에 이르러 영의정부사에 임명되었다. 임자년에는 나이 70세가 되자 전문(箋文)을 올려 벼슬을 그만두고 물러나 있기를 청하였으나, 윤허하지 아니하고 궤장(几杖. 궤와 지팡이)을 하사하였다. 또 겨울 날씨가 따뜻하고 얼음이 얼지 않아, 음양을 조화시키는 직책에 면목이 없다는 이유로써 사직하였으나, 윤허하지 아니하였다. 무오년 겨울에는 또 천둥이 일어난 변고로써 사직하였으나, 윤허하지 아니하였다. 신유년에는 세종께서 황희가 연로하니, 다만 초하루와 보름에만 조회(朝會)하도록 명하니 황희가 파직하기를 청하였으나 윤허하지 아니하였고, 계해년 겨울에 또 사직하기를 청했으나 윤허하지 아니하였다. 을축년에는 또 큰일 외에 보통 행하는 서무는 번거롭게 하지 말도록 명하였다. 기사년에 현직으로 물러나니, 명하여 2품의 봉록을 주어 그 평생을 마치도록 하고, 나라에 큰일이 있으면 가서 묻도록 하였다.
> —『문종실록』 2년 2월 8일

MBTI로 알아보는 세종의 성격

최원정 이렇게 얘기 나누다 보니까 세종대왕이 어떤 군주였는지 그 성향을 대충 분석할 수 있을 것 같은데요. 그렇다면 정말 현대적 관점에서 분석해 보면 세종대왕은 어떤 분이었을지 궁금하네요. 그래서 MBTI[15] 검사를 통해서 세종의 성격을 분석해 주실 전문가를 모셨습니다. 정철상 교수님, 반갑습니다. MBTI라는 게 뭔가요?

정철상 학생이나 직장인이라면 한 번씩 해 보셨을 것 같은데요. 일종의 성격 유형 검사라고 볼 수 있습니다. 마음속의 4가지 선호 쌍에 따라서 16가지로 성격을 분류합니다.

세종의 경우, 『세종실록』과 여러 문헌들을 종합해 보면 INTJ, 즉 과학자형으로 보입니다. 이 유형은 아주 독창적이고 추진력이 있는 리더라고 할 수 있습니다. 비슷한 유형으로는 미국의 케네

디 대통령을 들 수 있는데요. 여러 가지 일에 적극적으로 도전해서 성취하는 리더라고 볼 수 있겠습니다.

먼저 기록을 살펴보면 세종은 "어려서부터 나가서 놀기보다는 책 읽기를 병이 들 정도로 좋아했다"고 합니다. 또 그를 표현하는 단어로도 온화, 인자, 진실, 중후 등의 단어를 많이 사용하는데요. 이런 단어들로 봤을 때는 '내향적 성향'으로 보입니다. 아무래도 아버지 태종보다는 어머니의 성향을 이어받은 것으로 보입니다.

두 번째로 감각형이냐 직관형이냐, 즉 정보를 수집하고 인식하는 차이에 따라 나누는데요. 감각형들은 꼼꼼하게 하나하나를 보는 유형을 말하고요, 직관형은 전체를 보는 유형이라고 볼 수 있습니다. 세종의 경우 어린 시절부터 총명하고 범상한 의견을 많이 낸다고 아버지 태종에게 칭찬을 받습니다. 또 왕이 돼서도 미래를 내다보고 한글을 창제하고 아악을 정리하는 등 중국의 사대주의에서 벗어나 우리나라 고유의 모습을 갖추려는 미래 지향적 모습을 보였습니다. 이런 태도를 봤을 때 '직관형'으로 보입니다.

셋째, 사고-감정 유형을 구분하는데요. 사고형은 논리적이고 분석적으로 판단하는 반면에 감정형은 관계와 보편적인 선을 통해서 판단하고 결정합니다. 세종의 문제 해결 스타일은 매우 논리적이고 분석적으로 보이는데요. 신하들이 세제 개혁을 반대할 때에도 일방적으로 몰아붙여서 자신의 의견을 관철하기보다는 백성들에게 설문 조사를 해서 합리적으로 의사 결정을 한 사례도 보입니다. 그런 걸로 봤을 때는 '사고형'으로 보입니다.

마지막으로, 판단형-인식형으로 나누는데요. 판단형은 체계적으로 규범에 따라서 일을 진행하는 반면에 인식형은 상황에 따라서 융통성 있게 처리하는 유형을 말합니다. 세종은 한평생 학문에 전념했다고 알려져 있는데요. 아마 그만큼 자신에게 엄격한 태도로 살아가셨을 것 같습니다. 그래서 규칙과 체제를 만들고 체계화하는 데 뛰어난 능력을 발휘해서 도량형과 역법 등을 정비합니다. '판단형'으로 볼 수 있는 부분입니다.

그래서 이런 유형들을 종합해 봤을 때, 세종은 INTJ라는 '과학자형'으로 보입니다.

이해영 그럼 토론을 잘하고 소통을 잘하는 이런 성격이 과학자형의 특징이라고 볼 수 있는 건가요?

정철상 그런데 새미있세노, 의외로 그렇지 않습니다. 이 과학자형은 실제로는 소통에 아주 취약한 측면을 가지고 있습니다. 아주 냉철하고 분석능이 뛰어나기 때문에 오히려 타인의 감정을 잘 읽지 못하는 유형이라고 볼 수 있습니다. 그럼에도 불구하고 이렇게 우리가 소통의 달인으로 느끼게 되는 건, 그 독특한 화법 때문입니다. 항상 반대를 할 때도 "경이 옳소. 그러나 내가 볼 때는 이러이러하오. 경은 어떻게 생각하시오?"라는 식으로, 먼저 상대의 의견을 긍정한 후 반대 의견을 펼쳐서 소통을 원활하게 이끌어 갔다고 합니다.

그날 그렇다면 아버지 태종이나 형이었던 양녕 같은 경우는 어떤 유형에 속할까요?

정철상 태종은 ESTP형으로 활동가형이라고 볼 수 있는데요. 16가지 성격 유형 중에서 판단이 가장 빠른 유형으로 볼 수 있습니다. 이에 반해서 양녕대군은 굉장히 활달하고 우호적인 ESFP형, 즉 사교형으로 보입니다.

그래서 세종은 아버지나 형과는 전혀 다른 성향을 가지고 있다고 봐야 하는데요. 이런 외향적 성격들 사이에 있다 보니까 셋째인 세종은 자신을 낮추는 걸 자연스럽게 몸으로 익히게 되고 이게 타인을 존중하는 성격으로 나타나게 된 것으로 보입니다.

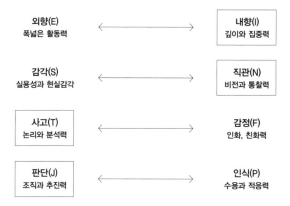

외향(E) 폭넓은 활동력	←———→	내향(I) 깊이와 집중력
감각(S) 실용성과 현실감각	←———→	직관(N) 비전과 통찰력
사고(T) 논리와 분석력	←———→	감정(F) 인화, 친화력
판단(J) 조직과 추진력	←———→	인식(P) 수용과 적응력

MBTI로 본 세종의 성격

세종이 지금 다시 태어난다면?

그날 그럼 만약 세종이 요즘 시대에 태어났다면 어떤 직업이 어울렸을까요?

정철상 아마 현존하신다면 과학자나 법조인, 작가 등이 어울릴 것 같은데요. 아니면 현재엔 없는 직업을 창조해서 세계적으로 명성을 날리는 분이 되셨을 것 같습니다. 스티브 잡스를 능가하는 인물이 됐을 것 같고요.

그날 네. MBTI로 본 세종의 성격 유형 잘 들었습니다. 세종이 과학자형으로 분류됐는데요. 다들 어떻게 생각하세요?

이해영 토론에 그리 적합한 성격이 아니었다는 게 의외의 결과였어요.

류근 화법이 참 중요한 거네요. 화법만으로도 소통의 천재처럼 보일 수도 있다니 놀랍습니다.

세종과 인재들이
이룩한 성과들

지난 2003년 한 텔레비전 프로그램에서
사람들의 시선을 끄는 물건이 나타났다.

유물의 정체는 휴대용 해시계.
오늘날의 시계 못시않게
정확한 시간을 자랑했던 이 해시계는
늘라운 삼성가로 노 한 번 시선을 사로잡았다.

조선 후기에 사용됐던 휴대용 해시계,
그 시작은 세종 때 만들어진 앙부일구에서 비롯됐다.

세종은 조선의 과학 문화의 전성기를 이끌었다
자동으로 시간을 알려 주는 물시계인 자격루,
천체의 위치와 운행을 파악하던
독창적인 천문 시계 혼천의도 제작됐다.

집현전을 중심으로 한 성과들도 나타나기 시작했다.
과학·농업·의학 등 여러 분야에 걸쳐
편찬된 전문 서적만 50여 종.

나라의 기틀이 완성돼 갔다.
세종의 인재 경영이 열매를 맺기 시작한 것이다.

오늘날의 시계보다 정확한 조선 시대 해시계

그날 　와, 「진품명품」 감정가가 무려 3억 원이었던 휴대용 해시계. 그
　　　 게 정말 그렇게 정확한가요?

신병주 　네. 햇볕 아래에서 만들어지는 바늘 그림자가 시간을 알려 주
　　　 는 원리인데요. 이게 오늘날의 시계하고는 30분 정도 차이가 나
　　　 요. 왜 그러냐면 지금 우리가 시간의 표준으로 삼는 게 동경 135
　　　 도잖아요. 본초자오선에서 동쪽으로 135도 떨어진 선을 시간 기
　　　 준으로 쓴단 말예요. 그런데 그 선은 일본열도를 지나는 선이고,
　　　 실제 우리나라 중앙을 지나가는 선은 127.5도거든요. 135도하고
　　　 는 7도 5분 차이가 나는데, 15도가 한 시간이니까 결국 30분 차
　　　 이가 납니다. 그러니까 우리가 지금 쓰는 표준시보다 이 해시계
　　　 의 시간이 사실은 더 정확한 거죠.

세종 시기 유독 과학이 발달한 이유

그날 　아, 놀랍네요. 그런데 이렇게 과학 문화가 발달한 데에 뭔가 원
　　　 인이 있었겠죠? 그게 뭐였을까요?

신병주 　세종 시대 이전까지는 거의 모든 발명품이나 농업서, 의학서 같
　　　 은 경우 중국 것들을 수용하던 단계였거든요. 그러다 보니까 시
　　　 간 문제만 해도 중국에서 관측하는 시간하고 우리 시간하고 다르
　　　 단 말예요. 시계도 제대로 맞지 않는 경우가 많고 달력도 마찬가
　　　 지고 하니까, 결국 우리 것에 맞는 다양한 발명으로 이어진 거죠.

남경태 　심지어 음악도 그렇지 않습니까? 우리는 흔히 박연이 아악을 정
　　　 리했다고만 알고 있는데, 이 아악이란 건 원래 중국 음악 아니겠
　　　 습니까? 그런데 세종은 박연에게, 우리 기술로 악기를 만들고 우
　　　 리의 감수성에 맞는 음악을 만들자고 요청해요. 이런 건 상당히
　　　 주체적인 노선이었던 거 같아요.

그날   그렇게 해서 만들어진 대표적인 악기가 편경이잖아요. 정말 놀라
         운 것은 박연이 그걸 처음 만들어서 시연을 하는데, 아주 미세한
         음의 오차를 세종이 딱 알아챘다는 거예요. 참 놀라운 분이죠.

신병주   요즘 표현으로 하면 절대 음감.

그날   그게 어떻게 가능했을까요? 이분은 도대체 못하는 게 뭐였나요?

신병주   박연도 원래는 음악가가 아니에요. 처음엔 과거에 합격해서 관
         리로 있었는데, 음악적 재능이 워낙 탁월한 것을 알고 세종이 장
         악원, 그러니까 요즘으로 치면 국립음악원의 책임을 맡기면서
         재능을 확실하게 발휘한 거죠.

그날   여기에 과학자 하면 생각나는 분이 또 장영실인데요. 알고 보니
         이분의 출신 성분이 굉장히 재밌더라고요.

신병주   어머니가 관기(官妓) 출신이니까 신분상으로는 천민이죠. 그리
         고 아버지는 또 원나라 출신이었어요. 그러니까 요즘 식으로 말
         하면 다문화 가정의 청소년이에요.

그날   그런데 이런 출신이 사람이 긴급에서 신출했다는 것도 놀라운
         일이긴 한데, 저는 세종이 이런 사람에게 이런 재능이 있다는 걸
         알아봤다는 게 사실은 더 놀라워요.

남경태   세종이 그런 걸 다 알아봤다는 얘기는 음악이라든가 심지어 과
         학 분야에 어느 정도 조예가 있었다는 얘기죠. 아는 만큼 보이는
         거 아니겠습니까? 더구나 장영실 같은 경우는 노비 출신인데도
         그렇게 중용했다는 건, 굉장히 근대적인 마인드의 인재 등용이
         거든요. 그래서 집권 사대부들이 반대하지 않습니까? 아무리 과
         학기술 분야라고 그래도 천한 출신을 쓰느냐며 반대했는데, 세
         종이 결국 밀어붙인 거죠.

세종 시대 과학은 세계 몇 위?

그날 그럼 당시 이런 발명품들은 세계적으로 어느 정도 수준이었을까요?

남경태 장영실이 만든 자격루같이 자동으로 시각을 알려 주는 장치를 만들 수 있는 나라는 당시 중국과 이슬람권밖에 없었죠. 당시 이슬람권은 서유럽보다 과학이 훨씬 발달해 있었거든요. 그러니까 조선은 거기에 맞먹는, 세계적인 수준의 과학 문명을 자랑한 거죠. 특히 인쇄술 같은 건 잘 알려져 있지 않습니까? 이미 고려 시대(1377)에 『직지심체요절』[16] 같은 현존 최고(最古)의 금속활자본을 냈을 정도니까요. 세종 시대(1434)에도 계미자[17]를 개량해서 갑인자[18] 같은 걸 만들고요. 그런데 서양에서 구텐베르크가 인쇄술을 발명한 게 1445년경이에요. 그러니까 조선이 인쇄술에선 100년 가까이 앞선 거죠.

그날 혼천의 같은 경우는 그 유명한 스미소니언박물관에서 전시를 요청해 오기도 했다고 해요. 세계 과학기술계가 인정하는 과학사적인 업적으로 인정한 거란 말인데요. 그런데 우리가 먼저 앞섰음에도 불구하고 왜 사람들은 서양 기술만 기억하고 있는 걸까요?

남경태 인쇄술은 동양에서 훨씬 먼저 발명되었지만 지식을 대중화하는 도구로 쓰이진 못했기 때문이죠. 동양엔 그런 마인드가 없었어요. 동양은 동서남북에 있는 네 개의 서고(四庫)에 보관하기 위한 장서용 서적만 찍습니다. 그러니까 어떤 책은 네 부밖에 안 찍어요. 인쇄술이 있는데도 불구하고요.

그런데 서양에선 민간 영역이 굉장히 발달했기 때문에 양상이 다르게 전개되죠. 인쇄술 하나만 보더라도 구텐베르크가 1450년경에 인쇄술을 발명한 다음에 불과 50년도 지나지 않아서 서유럽에 인쇄소 내지 출판사가 200개나 생겨요. 그리고 팔릴 만한 책들을 내고요. 그게 바로 『42행 성서』 같은 거죠. 서양은 비록 인쇄술이

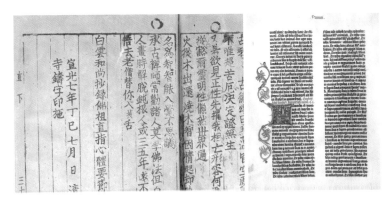
세계 최초의 금속활자본인 「직지심체요절」과 구텐베르크의 「42행 성서」

나 여러 과학기술들을 뒤늦게야 발명했지만 대신 민간 영역과 시
민사회를 발전시키는 쪽으로 사용했고, 동양은 그렇게 하지 못한
채 16세기 넘어서부터는 동서양이 역전된 측면이 있죠.

그날 선진 기술을 갖고 있었으면서도 그걸 보급하지 못하고 역전됐다
니 참 안타깝네요.

훈민정음과
최만리의 상소

1443년(세종 25) 훈민정음을 창제한 세종.
그러자 세종의 앞으로 훈민정음에 반대하는
대신들의 상소가 올라왔다.

그 중심에 집현전 부제학으로 있던
최만리가 있었다.

"천하고 속된 글을 만드는 건
중국을 버리고 오랑캐가 되는 일입니다."

평소 온화한 군주 세종이었지만
상소를 읽고 크게 노했나.

"백성을 편하게 하려는 것인데
그르다 하니 어찌된 일이냐?"

세종의 싱크탱크 집현전,
그리고 집현전의 실무 책임자였던 최만리,
그는 왜 훈민정음 반포를 반대한 것일까?

최만리가 훈민정음 창제에 반대한 까닭

그날   최만리는 이 상소 때문에 우리 문자 창제에 반대한 사대주의자로 낙인이 찍힌 건데, 저는 약간 이해가 안 가요. 이때 최만리가 이런 상소를 올린 데에는 뭔가 이유가 있었을 거 아니에요. 당시 분위기는 어땠나요?

남경태   지금 보면 최만리는 명백한 사대주의자지만, 사실 당시 중화 세계를 받들던 대표적인 나라가 조선입니다. 태종 2년(1402)에 만들어진 「혼일강리역대국도지도」라는 조선의 지도가 있죠. 그 지도를 보면 중국이 한복판에 있고, 오른쪽에 중국 다음으로 큰 나라로 조선이 있고, 왼쪽에 있는 아라비아반도는 아주 추상적으로 그렸습니다. 이게 바로 중화의 관념을 나타내는 지도죠. 나머지 세계는 모르거나 사소한 세계였어요.

그날   중화 세계를 근거로 해서, 그러니까 한문을 알고 모르고가 야만과 문명을 가르는 척도가 됐겠군요. 최만리의 입장도 이해가 됩니다. 그런데 그렇다면 학교 다닐 때 배웠듯이 훈민정음은 집현전 학자들과 세종대왕이 함께 만든 게 아닌가 보죠? 만약 최만리가 같이 만든 거라면 상소가 이렇게 격렬할 리가 없잖아요. 최근에 드라마에서 묘사된 것처럼 세종이 왕자·공주들과 함께 비밀리에 만든 건가요?

남경태   문종이 많이 참여했다고 하죠.

그날   그런데 또 한편으론 집현전에서 이걸 몰랐을 리가 없다 싶은 게, 신숙주가 성삼문과 함께 음운학자 황찬을 만나러 요동에 갔다고 하잖아요. 또 『훈민정음』 서문은 정인지가 쓴단 말이죠. 정말 몰랐을까요?

신병주   정말 몰랐다기보다는 중국과의 외교 문제로 비화될 수 있다는 거죠. 중국 입장에서 보면 이제까지 한문 쓰던 나라에서 독창적인 글자 만들면 기분 안 좋죠. 분명히 간섭이 들어올 거니까, 세종도 그걸 염두에 두고 우선은 비밀리에 만들다가 딱 완성되고 나서는 본격적으로 추진한 게 아닌가 싶어요. 그래서 어느 정도는 집현전 학자들의 역할이 분명히 있었다고 봅니다. 실제로 성삼문·신숙주·최항·정인지 다 집현전 학자 출신 아닙니까?

그날   그럼 최만리가 판단했듯이, 이렇게 실제로 공표하고 나서 중국 쪽에서 공식적으로 항의를 하거나 그런 일은 없었나요?

신병주   최만리의 우려만큼 큰 문제를 삼진 않았죠. 왜냐하면 한글 자체가 국가 문서라든가 이런 데에 쓰는 게 아니고 그야말로 백성을 위한 글이에요. 일부 하급 관리들을 위한 소송 같은 데서 썼기 때문에 별 문제가 안 된 거죠. 하지만 이런 기틀이 있었기 때문에 우리가 우리 문자를 가질 수 있었죠.

최만리는 처벌받았나?

그날   그럼 격렬한 반내 상소를 올렸던 최만리는 어떻게 됐어요?

신병주   생각만큼 크게 처벌을 받진 않아요. 세종도 최만리 입장을 이해한 거죠. '너도 충분히 그런 이야기 할 수 있다' 이거죠. 그래서 최만리에겐 별다른 처벌을 내리지 않는데, 오히려 처음엔 한글 창제를 찬성했다가 나중엔 반대했던 김문이라는 사람에게는 곤장을 좀 치게 합니다. 결국은 반대까지도 어느 정도 수용하면서 훈민정음을 확실하게 반포하죠.

류근   그런데 정말로 이 한글이 얼마나 우수한 문자냐면 말이죠. 요즘 SNS 시대 아닙니까. 여기에 가장 유용한 문자예요. 일례로 어떤 분이 미국 오바마 대통령의 SNS를 통계를 내 보니 평균 130여 자를 쓰신답니다. 그런데 이걸 한글로 번역해서 옮기면 평균 80자 내외에서 해결이 된대요. 그러니 얼마나 경제적인 문자입니까.

세종 시대의 인재들

그날 자, 이제까지 세종 시대의 인재들에 대해서 이야기를 나눠 봤는데요. 누가 가장 기억에 남으세요?

이해영 장영실이 기억에 남네요. 세종 시대를 만났기 때문에 관직에 오를 수 있었고, 또 그렇게 믿어 주는 군주가 있었기 때문에 엄청난 발명품을 만들 수도 있었죠.

신병주 세종 시대에는 정말 인재가 다양했어요. 집현전이 대표적인 인재 등용 기관이었다면, 명재상도 황희만 배출된 게 아니라 허조·맹사성·유관 이런 사람들이 다 세종 시대 재상들이에요. 사실 그 많은 인재들도 다 약점이 있거나, 신분이 낮거나, 고약해처럼 대드는 사람까지 있었는데도, 그걸 모두 포용할 수 있었던 세종의 그릇이 정말 대단한 거죠.

류근 이번 세종 편을 공부하기 전에는 사실 별로 재미없을 줄 알았어요. 너무 반듯한 사람 보면 재미없잖아요. 그런데 세종 이분은 가만히 들춰 보면 곳곳에 재밌는 구석이 많은 임금이에요.

신병주 다행히 운동은 좀 못하셨어요. 약간 비만하셔서 태종이 "너 살 좀 빼야 된다" 이런 얘기를 많이 하셨대요.

세종은 누구인가

그날 자, 그렇다면 이번 주제를 '단언컨대 세종은 ○○○ 이다'로 마무리해 보겠습니다.

남경태 '단언컨대 세종은 까임 방지권을 가진 군주다.' 당시 서유럽이 르네상스기였습니다만, 세종이야말로 진정한 르네상스형 인간이 아닐까 해요. 모든 것에 관심을 가지고 능력을 발휘하고, 또 인재를 잘 뽑아 쓰고. 어떻게 해도 단점이나 나쁜 점을 찾기 어려운, 그래서 까임 방지권을 가진 유일한 군주다. 저는 그렇게 생각합니다.

이해영 '단언컨대 세종은 전지전능한 인간은 아니었다. 다만 성심으로 노력하는 천재였다.'

신병주 '세종은 곧 조선이다.' 왕이 중심이 돼서 좋은 인재를 등용하고, 그런 환경에서 백성들은 의욕을 갖고 살아가는 그런 시대를 만든, 가장 조선다운 조선을 만든 왕이 바로 세종이다, 그렇게 생각합니다.

그날 네. 우리에게 세종대왕이라는 역사가 있다는 건 참 다행이고 영광이라는 생각을 해 보았습니다. 세종의 가르침을 통해서 오늘날 우리를 되돌아보는 시간 되셨길 바랍니다.

7

1430년 조선,
첫 국민투표
하던 날

"죽음과 세금은 피할 수 없다"는 말이 있다. '탈세'라는 단어가 보여 주듯 이 말은 물론 과장이지만, 어느 누구도 벗어날 수 없는 죽음과 견줄 만한 세금의 엄격함을 또렷이 알려 준다.

에나 지금이나 세금은 국가 경제의 근간이나. 조세제도의 공정성과 효율성은 나라의 발전을 좌우한다. 사회의 발전에 따라 지금은 수많은 명목의 세금이 있지만, 상대적으로 단순한 사회였던 전근대에는 사람에게 부과하는 인두세(人頭稅)와 토지에 부과하는 전세(田稅)가 가장 대표적인 세금이었다. 존재가 유동적이어서 걷기가 상대적으로 어려운 인두세보다 항구적 대상인 토지를 대상으로 삼은 전세가 좀 더 중요했다. 전근대에 전세는 국가 수입의 원천이었다. 세종의 업적 가운데 새로운 전세 제도인 공법의 도입이 큰 의미를 지닌 것은 그래서다.

그 전의 전세 제도는 과전법의 조세 규정에 바탕한 손실답험법(損實踏驗法)이었다. 그것은 비옥도에 따라 토지를 3등급으로 나눈 뒤 관원이 수확량의 많고 적음(손실)을 직접 조사해(답험) 세액을 정하는 방법이었다. 이 제도의 문제는 관원의 주관적 판단이 개입할 여지가 크다는 것이었다. 상·중·하로 토지를 나눴지만 대부분 하등전으로 분류되어 농업 생산성을 제대로 반영하지 못했으며, 토지 면적을 측정하는 자도 서로 달랐다.

세종과 신하들은 개혁의 필요성을 점차 강하게 느꼈다. 『농사직설』 편찬 등이 보여 주듯, 새로운 농법 도입으로 농업 생산이 크게 늘어난 것도 중요한 동기로 작용했다. 뛰어난 국왕과 신하들은 이전의 단점을 보완하고 농업 생산량을 정확히 세액에 반영하며 객관적 기준에 따라 과세하는 새로운 전세 제도를 도입하기로 결정했다. 그 결과가 바로 공법(貢法)이다.

공법의 핵심 목표는 모든 납세자에게 1결당 10두의 전세를 고르게 걷는 것이었다. 그래서 3등급이던 토지를 6등급으로 세분하고(전분육등법) 해마다 수확량에 따라 최고 20두에서 최하 4두까지 차등적으로 과세했다(연분구등법). 토지의 면적을 측정하는 자도 주척(周尺)이라는 표준 자를 썼다.

아무리 좋은 취지와 내용을 가졌더라도 모든 변화는 일단 불편하다. 제도의 규모와 중요성이 클수록 변화의 내용과 불편의 정도도 커지게 마련이다. 국가 경제의 줄기라는 측면에서 공법의 도입은 지대하고 지난한 문제였다. 이런 사정은 전근대 한국사에서 독특한 장면을 만들어 냈다. 그 전까지 한 번도 시행되지 않았다고 생각되는 대규모의 의견 조사가 실시된 것이다. 조정은 1430년 5개월 동안 전국 17만여 명에게 찬반 의견을 물었다. 그때의 교통·통신 같은 기술력과 행정력을 생각하면 인구 4분의 1을 대상으로 한 그야말로 방대하고 지난한 조사였다. 결과는 찬성 9만 8000여 명, 반대 7만 4000여 명으로 나타났다. 지역별로는 전라도와 경상도가 크게 찬성한 데 견주어 함길도와 평안도는 반대가 우세했다. 찬성이 더 많았지만 세종과 신하들은 공법을 서둘러 도입하지 않았다. 그들은 지루할 정도로 오래고 집요하게 제도의 장단점을 논의했다. 그런 과정을 거친 뒤에야 1441년 앞서 찬성이 우세했던 전라도와 경상도부터 시범적으로 시행하고 3년 뒤에 전국적으로 실시했다. 의견 조사부터 전국적 실시까지 15년이라는 '세월'이 걸린 것이다.

공법은 국가 경제를 튼튼하게 했다고 평가된다. 앞서 말한 대로 세종 때는 농업기술의 진보로 농업 생산도 크게 늘었다. 문화가 발전하려면 경제의 뒷받침이 있어야 한다. 세종 때의 눈부신 문화적 성취는 농업 발전과 공법 도입이 가져온 경제적 성장에서 힘찬 동력을 얻었을 것이다.

조선, 첫 국민투표 하던 날

1430년(세종 12),
조선에서는 이전에 상상조차 해 본 적 없는
놀라운 일이 벌어진다.
이른바 국민투표가 실시된 것이다.

세종은 경작하는 토지에 대한 새로운 세법인
공법[1] 제정을 두고 백성들에게 직접 찬반 의견을 듣고자 했다.

> 백성이 좋지 않다면 이를 행할 수 없다.
> 각 도의 보고가 모두 도착해 오거든
> 공법의 편의 여부와 답사해서 폐해를 구제하는 등의 일을
> 백관으로 하여금 숙의토록 하라.
> ─『세종실록』 12년 7월 5일

장장 5개월에 걸쳐(1430년 3월 5일~8월 10일) 실시된
전국 여론조사.
투표 인원은 총인구의 4분의 1에 달하는
17만여 명에 이르렀다.[2]

신분 고하에 관계없이 노비와 여자, 어린이를 제외한
모든 백성들이 참여 대상이었다.

조선 최초의 국민투표가 있던 그날,
세종이 백성과 더불어 꿈꾸고자 했던 것은 무엇이었을까?

한국사 최초의 국민투표

그날　이번에 찾아가 볼 그날은 '조선, 최초로 국민투표를 하던 날'입니다. 조선 시대의 왕은 절대 권력이라고 알고 있는데 국민투표를 했다고요?

김경수　요즘으로 친다면 전 국민 여론조사라고 할 수 있는데요. 총선 규모의 투표를 조선 시대에 한 거죠. 여기서 우리가 꼭 짚어 봐야 할 게 뭐냐면 백성과 소통하겠다는 세종의 강력한 신념입니다. 이건 국가의 모든 역량이 집결된 대규모 국가 프로젝트라 할 수 있습니다.

그날　좀 지나친 기대일지 모르겠는데 원래 '민주 선거의 4원칙'이라는 게 있잖아요. 보통·평등·직접·비밀 선거. 그렇죠? 지금 봐도 평등 선거만큼은 지켜지고 있는 거 아닌가요?

신병주　엄밀한 의미에서는 완전 평등은 아니죠. 왜냐하면 일단 여성과, 노비 즉 천민 신분이 제외됐기 때문인데요. 그래도 양인[3] 이상의 남성이면 누구나 한 표를 행사했다는 점에서 당시로선 획기적인 국민투표였죠.

어떤 방식으로 실시했나

그날　양반, 상민 할 거 없이 평등하게 한 표씩 투표권을 가졌다는 건 놀라운 일이긴 하죠. 그런데 방식이 궁금하네요. 당시엔 전화나 인터넷도 없었는데 어떻게 투표를 할 수 있었나요?

김경수　수령의 지휘에 따라 관원들이 직접 백성들을 찾아가서 찬반을 물었어요. 그러니까 요즘처럼 기표소에 들어가 투표용지에 도장을 찍는 비밀투표를 한 건 아니에요. 관원들이 붓과 종이를 가지고 다니면서 찬반 의견을 받아 적었죠.

그날　가가호호 다니면서요? 이장·반장님들이 많이 바쁘셨겠네요.

기존 세법의 문제

그날 그런데 기존 세법에 어떤 문제가 있었기에, 이렇게 직접 찬반까지 물어 가면서 새로운 세법을 제시했을까요?

신병주 기존 제도는 토지 등급을 보통 3등급 정도로 나누고 나서, 답험손실법[4]에 따라서 등급을 매겼습니다. 즉 관리가 직접 답사해서(답험), 농사가 잘 안됐는지(손) 평년작인지(실)를 확인해서 등급을 매기는 방식인데요. 그러다 보니까 관리 마음대로 하는 일들이 생깁니다. 어떤 토지가 1등급인지 2등급인지를 관리 마음대로 결정하는 거죠. 이런 문제들을 극복하기 위해 토지 1결(약 1만 제곱미터)[5] 당 10두(약 80킬로그램)[6]를 받는 것을 원칙으로 정했는데, 이것도 토지에 따라 소출이 다르니까 토지를 6등급으로 나누고[7], 또 해마다 풍년이 되는 해도 있고 흉년이 되는 해도 있으니까 그해의 작황을 상상년부터 하하년까지 9등급으로 나눕니다.[8]

당시 세금은 어느 정도의 부담이었나

그날 네. 그렇군요. 그런데 단위가 요즘이랑 달라서 좀 감이 안 오네요. 한 결당 10두의 세금이라면 대략 생산량의 몇 퍼센트 정도를 세금으로 내는 거라고 볼 수 있을까요?

신병주 10두면 약 80킬로그램 정도니까 당시 수확량의 10분의 1 정도를 받았다고 볼 수 있습니다.

그날 쉽게 얘기하면, 억울하게 세금을 더 내는 백성들 없도록 좀 더 공정한 세법을 만들었다, 이렇게 볼 수 있는 거군요.

신병주 그렇죠. 토지 품질에 따라 6등급, 풍흉에 따라 9등급으로 나누면 아무래도 기준이 세분화되니까 이전보다 공평하게 조세를 부과하게 될 가능성이 많다는 거죠.

1430년도 전국 투표의 결과는?

그날   네. 그럼 조선 땅을 술렁이게 했던 첫 국민투표 결과, 궁금하지 않으신가요? 상당히 놀라운 결과들이 나왔다고 합니다.

먼저 투표 인원은 총 17만 2806명으로 당시 총인구의 4분의 1이 참여했습니다. 이 전국적인 투표 결과, 찬성이 9만 8657명(57.1퍼센트), 반대가 7만 4149명(42.9퍼센트)으로 찬성이 반대보다 14.2퍼센트 더 많았습니다.

투표 결과를 세부적으로 보면 특이한 결과가 눈에 띄는데요. 예를 들어 진리도와 경상두는 100퍼센트에 가까운 찬성률을 보이는 반면, 함길도(함경도)와 평안도는 반대율이 90퍼센트가 훌쩍 넘습니다. 지역별로 의견 차가 심하다는 점이 주목할 만합니다. 계층별로 살펴보면, 지배층인 대신들의 반대 의견이 90.2퍼센트, 3품 이하의 관리들은 반대 의견이 60.3퍼센트입니다. 하지만 하급 관리인 품관 또는 촌민 층은 찬성이 57.1퍼센트, 반대가 42.9퍼센트로 전체 결과와 일치하는 것으로 나타났습니다. 이런 지역별 차이, 왜 나타나는 거죠?

지역별·계층별로 의견 차를 보인 이유

김경수   우리나라는 지역에 따라 자연환경이 다르니까 농업 생산량의 차이가 어마어마하게 납니다. 그러니까 척박한 땅과 비옥한 땅에 관계없이 공법에 따라 1결당 똑같이 10두를 받는다는 건 불만일 수밖에 없겠죠. 그래서 세종이 배려를 합니다. 반대가 많은 함길도나 평안도 같은 지역의 백성들에겐 1결당 10두가 아니고 7두로 낮춰서 투표를 하도록 합니다. 그럼에도 불구하고 척박한 지역이다보니까 그 지역 백성들은 그조차 부담으로 느낄 수밖에 없었던 거죠.

그날   계층별로도 차이가 뚜렷하게 드러나고 있네요. 재밌는 게, 고위

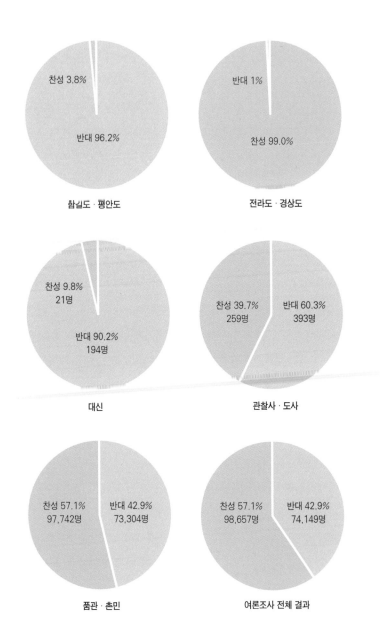

찬성 3.8%

반대 96.2%

함길도 · 평안도

반대 1%

찬성 99.0%

전라도 · 경상도

찬성 9.8%
21명

반대 90.2%
194명

대신

찬성 39.7%
259명

반대 60.3%
393명

관찰사 · 도사

찬성 57.1%
97,742명

반대 42.9%
73,304명

품관 · 촌민

찬성 57.1%
98,657명

반대 42.9%
74,149명

여론조사 전체 결과

1430년 전국 여론조사의 결과

관리직들의 반대가 특히 심했어요.

신병주 지금도 그렇지만 기득권을 가지고 있는 계층들은 제도가 새롭게 바뀌는 데 상당히 부담을 느끼죠. 그래서 반대하는 쪽에서는 선왕 때 만들어진 제도를 쉽게 폐하면 안 된다는 논리를 내세우죠.

류근 예나 지금이나 속내는 따로 있을 거예요, 분명히. 세법 바뀌면 재산 신고 다시 해야 할 것 아닙니까? 지금도 고위 공직자들 재산 신고하는 걸 보면 누락하는 분들도 있고 그런데, 당시에도 땅 좀 숨겨 놓은 사람들은 괴로웠을 것 같아요.

이해영 그 전까지 법이 약간 느슨했기 때문에 조세 가지고 장난치기 좋았는데, 이제 법이 정교해지면 자신에게 불리할 테니까 당연히 반대하는 거겠죠. 어떤 맥락인지 알 것 같네요.

신병주 실제 『실록』 기록을 보면 "간사한 아전들이 잔꾀를 써서 부유한 자를 편리하게 하고 빈곤한 자를 괴롭히고 있다"라는 기록이 있어요.[9] 이런 걸 보면 관리들이 중간에서 농간을 부렸던 거죠. 이것이 백성들을 힘들게 한 부분이었죠.

민감한 개혁안, 어떻게 동의를 이끌어 냈나

그날 백성들도 지역별로 의견 차이가 있고, 계층별로도 의견 차이가 있고. 어떻게 의견을 조율했을까요?

김경수 "백성들이 좋지 않다면 행할 수 없다."『세종실록』12년 7월 5일자 기사에 나오는 말인데, 이게 세종의 기본적인 정책 마인드인 것 같습니다. 뭐 근소한 차이로 찬성표가 많긴 했지만 공법을 곧바로 시행하진 않습니다. 관리들을 파견해서 공법의 문제점들을 확인하고, 보완할 점이나 개선할 점이 있는지 찾고, 또 그 결과를 가지고 다시 대신들하고 논의를 하는데 그 논의 기간만 장장 7년입니다.

그날 의논만 7년을 했단 말이죠.

신병주 찬성률이 높았던 경상도하고 전라도에서는 국민투표를 한 지 10년 만인 1440년에 처음 실시하고, 그로부터 다시 3년 뒤인 1444년에 전국적으로 실시합니다. 총 14년 걸렸죠.

그날 요즘은 국가정책을 너무 성급하게 결정해서 후유증을 앓기도 하잖아요. 이 투표 이야기는 세종의 황소걸음이랄까 뚝심 같은 걸 살펴볼 수 있는 한 예가 아닌가 싶어요. 또 세종이 생전에 워낙 많은 업적들을 이뤘기 때문에 모든 걸 신속하게 처리했을 것 같은데, 중요한 사안은 이렇게 긴 시간 공들였다는 점도 무척 인상적입니다.

김경수 이때 만들어진 공법이, 조선의 통치 모범을 다 모아 놓은 성종 때의 『경국대전』에 그대로 반영이 됩니다. 그리고 그 후 450년 동안 조선의 과세 기준 원칙으로 작용하죠. 그러니까 그것만으로도 이 공법이라는 게 큰 업적이었고, 부자 증세와 빈자 감세라는 측면 또한 높이 평가할 만한 점입니다.

신병주 기록을 찾아보니까 미국도 여론조사를 한 사례가 있어요. 1824년 대통령 선거 때 한 신문이 최초로 기자들을 내보내서 여론을 물었다고 하는데, 그러면 조선이 거의 400년 앞서죠. 이런 걸 보면 역시 시대를 앞서간 우리 선조들의 능력을 확인할 수 있습니다.

밥은 백성의 하늘이다

해동요순이라 불리며 태평성대를 구가했던 세종 시대.
그러나 태종 말기부터 극심한 가뭄과 흉작이 이어졌고
이는 세종의 가장 큰 근심거리였다.

즉위 후 10여 년간,
단 한 해도 가뭄이 들지 않은 해가 없었다.
백성들은 흙을 파내어 떡과 죽을 만들어 먹을 만큼 굶주렸고[10],
이는 심각한 국가적 위기였다.

세종은 열흘 밤을 지새울 정도로 깊은 고민에 빠졌다.[11]

백성들을 배불리 먹이기 위해
세종은 우리 실정에 맞는 농서를 편찬·보급해
농업 생산성을 높인다.

또한 농사는 무엇보다도
시간과 날씨를 정확히 예측해야 한다는 점에 주목해
시계, 천체 관측기구 등 다양한 과학 기구의 발명에 매진한다.

그리고 세종 14년,
세종은 신하들에게 비밀리에 독자적인
역법을 제작하라는 어명을 내린다.
세종은 왜 이 프로젝트를 은밀하게 추진한 것일까?

성군에게 닥친 시련, 가뭄

그날　세종 시대에 가뭄이 심각했다는 건 몰랐던 사실이네요. 그런데 아무리 성군이라고 해도 이런 천재지변까지 막아 낼 순 없는 거잖아요. 그런데 동서를 막론하고 저 때만 해도 천재지변이나 전염병이 돌면 제일 먼저 왕을 원망하던 그런 시대란 말이죠. 조선 같은 경우 특히 하늘의 뜻을 살피는 것이 왕의 본분으로 여겨졌으니까 세종 입장에서 또 얼마나 괴로웠겠어요.

신병주　『세종실록』을 보면 가뭄에 대한 기사가 아주 많이 나옵니다. 가뭄이 일어나지 않은 해가 거의 없을 정도예요.[12] 세종이 가뭄 때문에 너무 걱정이 심해서 열흘 동안 밤을 새웠다는 기록까지 나와요. 열흘간 밤을 새운다는 건 그만큼 백성을 걱정했다는 뜻이겠죠. 그런데 세종은 그런 걱정에만 그치지 않고 뭔가 새로운 조치를 취해야겠다는 생각을 했던 것 같아요.

역법 제작 비밀 프로젝트

그날　그런데 학자들에게 역법 제작을 비밀리에 지시했다는 건 또 뭔가요? 왜 비밀리에 해야 하죠?

신병주　역법[13]이라는 건 고대부터 정치적 권위를 상징하는 대표적인 산물이었어요. 농업을 근간으로 삼는 나라에서는 달력을 만드는 일을 천자의 권위로 인정했고, 당시엔 중국 황제만이 하늘의 뜻을 알고 실천할 수 있는 걸로 여겨졌죠. 그러니까 그때 조선은 명나라에 사신을 보내서 역법을 받아 오던 형편이었는데, 그러던 조선에서 독자적으로 달력을 만든다는 건 상당히 위험한 일이었죠.

그날　그럼 조선에서 역법을 만든다는 건, 중국 입장에서 보면 일종의 반역 행위로 보일 수도 있는 거네요.

김경수　그때 우리가 중국과 사대 관계를 맺고 있었으니까 집현전에 비

간의(簡儀) 오늘날의 각도기와 비슷한 구조를 가졌으며 혼천의를 간소화한 것. **혼천의(渾天儀)** 천체의 운행과 위치를 관측하던 장치로, 지평선을 나타내는 둥근 고리와 자오선을 나타내는 둥근 고리, 하늘의 적도와 위도 따위를 나타내는 눈금이 달린 원형 고리를 짜 맞추어 만든 것. **혼상(渾象)** 하늘의 별들을 보이는 위치 그대로 둥근 구면에 표시한 천문 기기.

밀리에 만들어 보라고 얘기할 수밖에 없었을 거예요. 아무튼 그렇게 해서 간의·혼천의·혼상 같은 것들이 만들어지는데 이것 역시 비밀에 부칩니다. 이런 걸 만든 건 천체의 운행이나 시간을 정확하게 파악하기 위해서였습니다.

그날　최신 슈퍼컴퓨터로 계산해서 일기예보를 해도 틀려서 욕먹고 그러는데, 당시 중국의 데이터를 기반으로 해서 농사를 지으라면, 이런 억지가 어디 있습니까.

신병주　사실 세종은 외교적인 측면에서는 중국과의 실용적인 사대 외교를 철저히 잘 지켜 나가려는 입장이었습니다. 그렇지만 우리에게 필요한 것은 독자적으로 만들어 내야 한다고도 생각했어요. 그래서 달력의 경우에도 우리에게 맞는 달력을 만들자 해서 결국 『칠정산내외편』[14]이라는 것을 만들게 되죠. 중국과 아랍권 다음으로는 처음으로 조선도 독자적인 달력을 가지게 된 겁니다.

『칠정산내외편』의 놀라운 정확성

그날　아, 그러면 당시 세계적인 첨단 기술을 보유한 셈인데요. 『칠정산내외편』의 계산은 정확했나요?

김경수　정확했죠. 1년을 365.2425일로 계산을 하고 한 달은 29.5903일로 계산하는데, 이게 지금과 거의 비슷합니다. 이걸 근거로 해서 한양의 위도도 확인하고, 일식과 월식을 예보하기도 하는데요. 실제로 세종 29년(1447)도에 있었던 일식예보는 지금의 계산 값과 비교해 봐도 1~3분 정도밖에 차이가 나지 않습니다. 거의 일치하는 거죠.

그날　대단하네요, 정말. 당시 중국과 사대 관계였음에도 불구하고 나름대로 자주적인 노선을 채택하고 걷기 시작했던 거군요. 우리에게도 맞는 건 들여오고, 맞지 않는 건 새롭게 독자적으로 개발하면서.

현장에서 얻은 지혜, 『농사직설』

그날　이렇게 눈부신 과학 발전을 근거로 해서 실제 농업 생산량이 좀 늘어났나요?

신병주　농업에서 가장 큰 변화 중 하나가 이앙법입니다. 그 전까지는 직파법(直播法)이라고 해서, 논에 바로 씨를 뿌렸습니다. 그러다가 세종 때 본격적으로 이앙법(移秧法), 즉 모내기 방식이 도입됩니다. 이게 일반화되는 건 조선 후기이지만 처음 시작된 것은 세종 때라는 게 『농사직설』¹⁵이라는 책에 기록되어 있습니다.

김경수　이 시기 농업에 대한 세종의 열정을 찾아볼 수 있는 대표적인 것이 『농사직설』입니다. 당시 조선에서 참고했던 농서는 중국에서 수입해 왔던 『농상집요』¹⁶인데요, 중국은 우리하고 땅도 다르고 풍토도 다르지 않습니까. 전혀 다른 조건인데 중국 농서를 가지고 와서 적용하려고 하니 생산량이 효과적으로 높아지지 않았지요. 이때 세종이 '우리 땅과 백성들에게 꼭 필요한 농사법을 마련해야겠다' 하는 생각을 갖고, 그런 민본주의 사상에서 펴낸 게 바로 『농사직설』입니다. 그래서 이 책은 조선의 관리들이 농촌 현장에 찾아가서 농부들의 경험담을 듣고 그걸 옮겨 놓은 게 특징입니다.

그날　아, 책상머리에서 나온 게 아니라 농사짓는 사람들을 일일이 찾아다녔다는 게 감동이네요.

김경수　심지어 세종은 실제로 경복궁 후원에 논 한 결을 만듭니다. 그러고서 직접 농사를 지어서 조 한 석을 수확하는데, 그게 이전에 보고되던 것보다 더 많았던 거죠. 자신이 직접 시험해 본 후 '아, 이 『농사직설』의 방법이 더 효과적이구나' 확인한 후 『농사직설』 보급에 더욱 적극적으로 나섭니다.

그날　아, 이거야말로 진짜 "내가 해 봐서 아는데" 이거네요. 그런데 이렇게 해서 조선 백성들이 좀 배불리 먹을 수 있게 됐나요?

김경수 고려 말기 기록에 의하면 당시 농지 면적이 70만 결 정도 됐는
데, 이 시기에 오면 약 170만 결이라고 나옵니다. 엄청나게 뛰는
거죠. 두 배가 넘을 정도로. 또 1결당 수확량도 평균 300말 정도
였던 것이 최대 1200말까지 늘어나게 됩니다. 그러니까 어마어
마한 농업 생산량 증진이 이루어진 것이고, 실제로 세종 20년 이
후에 백성이 굶주렸다는 기록은 찾아보기 어렵습니다.†

> † "백성은 나라의 근본이요, 밥은 백성의 하늘이다.
> 감사니 수령으로서 무릇 백성과 가까운 관원은 나의 지극한 뜻을 받아 밤낮으로 게
> 을리하지 말고, 궁벽한 촌락에까지도 친히 다니며 두루 살피어 힘껏 굶주리는 백성을
> 구제하도록 하라. 장차 다시 조정의 관원을 파견하여 그에 대한 행함 사정을 조사할
> 것이며, 만약 한 백성이라도 굶어 죽은 자가 있다면 감사나 수령이 모두 교서를 위반
> 한 것으로써 죄를 논할 것이라."
> ─ 『세종실록』 1년 2월 12일
>
> "백성을 다스리는 사람은 마음을 다하지 아니할 수 없다."
> ─ 『세종실록』 23년 12월 17일

세종대왕의 하루

그날 이렇게 백성을 가장 먼저 생각했던 세종대왕인데요. 세종대왕의
일과 궁금하지 않으세요? 도대체 어떻게 지내셨기에 이렇게 많은
것을 하셨는지 알아보기 위해 일과표를 준비했습니다.
자, 일일 생활표를 보시면 저렇게 빡빡합니다. 이게 한 달이 아니라
하루입니다. 새벽 다섯 시에 일어나서 아침 식사를 하고, 다섯 시
반에 근정전에서 조회를 주관하고, 그리고 업무 보고를 받는 데만
두 시간이 걸린다고 합니다. 그리고 왕실 어른들께 문안 인사를 드
리고 난 후에 사정전에서 열한 시까지 윤대를 합니다. 그런데 윤대
가 뭐죠?

신병주 네. 윤대(輪對)란 건 바퀴 륜(輪) 자에 대답할 대(對) 자. 그러니까
돌아가면서 왕과 대화를 나눈다는 뜻으로, 쉽게 말하면 업무 보

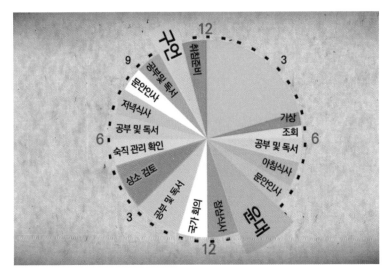

세종대왕의 일과표

고 같은 거예요. 예를 들어 군기감이라든자 내자시라든가 예문
관이라든가 돈녕부 등 각 관청에 속한 실무자들이 직접 왕에게
와서 업무 보고를 하면, 왕이 그걸 듣고 의견을 제시하고 철저하
게 확인을 하는 거죠.

그날　요즘도 큰 조직에서는 쉽지 않은 시스템이거든요. 어쨌든 현장
얘기를 실무자들한테 좀 더 생생히 듣긴 했을 것 같아요.

신병주　지금으로 치면 대기업 회장님한테 과장급 정도 되는 사람들이
직접 보고를 하는 거죠.

그날　네. 그럼 이제 윤대가 끝나고 점심 식사를 하고 나서 좀 쉬시나
했는데, 이게 계속 이어집니다. 쉴 틈이 없어요. 그리고 저녁 식
사 후에도 계속 공부, 독서, 구언 같은 게 죽 있습니다. 다음 날
다섯 시에 일어나야 하는데도 주무시기 전에 구언(求言)이라는
걸 또 합니다. 이건 또 뭔가요?

김경수　아까 윤대처럼 현장의 소리, 백성의 소리를 직접 듣기 위한 제도입

니다. 예를 들어 백성들에게 억울함이 있지 않겠습니까. 수령이나 아전들이 농간을 부린다든지, 세금을 부당하게 빼앗겼다든지 하는 일이 있으면 구언을 통해서 억울함을 호소하는 거죠. 요즘 말로 한다면 민원에 가까운 제도적 장치가 되겠습니다.

신병주　생생한 현장의 목소리를 직접 듣겠다는 거죠.

그날　결국 구언이라는 건, 규모가 좀 작긴 하지만 지금 다루고 있는 주제인 국민투표와 비슷한 성격의 여론 수렴 장치라고 볼 수 있겠네요.

김경수　네. 그렇습니다.

류근　그런데 정말 저 일과표를 보니까, 저는 돈을 준다고 해도 왕 노릇은 못 할 것 같네요.

파저강 토벌

1432년 12월, 파저강 유역의 여진족이
조선 최북방 진지였던 함경북도 여연을 침입,
조선인 53명을 죽이고 100여 명을 납치하는 사건이 발생한다.

당시 국경 지역의 여진족은
틈만 나면 조선을 침략하고 약탈을 일삼았다.
백성들의 피해가 끊이지 않자
세종은 여진족 토벌을 결심한다.

　　"조상이 물려준 영토는 절대로 축소시킬 수 없다."
　　　— 『세종실록』 9년 8월 10일

조상이 물려준 영토를 지키고자 했던 세종은
신하들을 설득, 북벌을 감행한다.

1433년 4월,
평안도 도절제사 최윤덕이 이끄는 1만 5000명의 군사가
파저강 일대 여진족을 상대로 승전보를 올린다.

　　여진족 포로 236명, 사살 183명, 아군 사상자 4명
　　　— 『세종실록』 15년 5월 7일

여진족 점거지였던 압록강 상류 지역에 4군을 개척하고
조선의 영토로 편입한 것이 바로 이때다.

이후 세종은 두만강 지역에 6진을 설치해
압록강과 두만강을 경계로 하는 현재의 국경선을 완성하고
백성들을 국경 지역으로 이주시키는 사민 정책을 실시한다.

백성들은 정든 고향을 떠나
낯설고 추운 땅에서 혹독한 고난을 견뎌 내야 했다.

나라를 다스리는 네 있어
늘 백성이 먼저였던 군주,
세종은 왜 사민 정책을 상행했던 것일까?

온성

종성 경원
회령 경흥

6진

여연
우예 무창 부령

자성 4군

세종의 북방 정책

그날　고향을 떠난다는 건 정말 괴로운 일이잖아요. 낯선 곳에 정착해
서 먹고살게 될 때까지의 고생도 이루 말할 수 없을 테고요. 백
성을 사랑하는 세종의 정책이라고는 믿을 수 없는 정도인데요.
왜 그랬을까요?

김경수　만약 이 지역까지 영토만 확장해 놓고 우리나라 백성들이 살지 않
으면 결국 우리 영토가 안 되겠지요. 그래서 우리 백성들이 옮겨
갈 수밖에 없는데, 누가 나서서 고향을 버리고 가겠습니까? 그래
서 강제로 이주를 시킵니다. 이걸 사민(徙民) 정책이라고 하죠.

신병주　세종은 장기적으로 볼 때 누군가는 가야 된다고 판단한 거고, 또
전체적으로 보면 처음엔 좀 어렵더라도 어느 정도 시간이 지나
면 훨씬 더 잘살 수 있겠다는 확신이 있었습니다. 그래서 힘든
결단을 내렸던 거죠.

그날　그럼 주로 어떤 사람들이 이주 대상자였나요?

신병주　이게 또 재밌는 게, 주로 삼남 지역의 백성들, 즉 전라도·경상
도·충청도에 살던 사람들이 많이 가요.

그날　왜 그쪽 사람들을 보냈을까요? 북방에서는 아주 멀잖아요. 가까
운 경기도 북부 사람들 보냈으면 쉬웠을 텐데 말이죠.

신병주　아무래도 농사를 지어 본 경험이 있는 사람들이 가야 정착하기
가 쉽다는 거죠.

그날　농사에 노하우가 있는 사람들을 보낸 거군요. 나름대로 배려하
고 고려한 거네요. 그런데 아무리 대의를 위해서 희생이 필요했
다고 하지만, 해당 백성들의 불만이 이만저만이 아니었을 것 같
은데요?

김경수　네. 그래서 다양한 혜택들을 줍니다. 양인의 경우에는 토관직[17]
이라는 관직을 주기도 하고, 노비나 천민 같은 경우에는 면천(免

賤, 천민 신분을 면하게 해 줌)을 해서 양인의 신분을 주기도 합니다. 그뿐만 아니라 노역도 빼 주고, 개간지의 경우엔 3년간 세금도 면제해 주고, 일정 기간 농경지를 주기도 합니다. 농사에 도움을 주기 위해서 『농사직설』을 주고 농기구도 줬고요. 이러저러한 다양한 혜택들 덕분에 힘들게나마 백성들이 거기에 정착을 하게 됐고, 그 결과 거기가 우리 땅이 돼서 오늘날의 국경선이 만들어진 거지요.

소외층 배려 정책

그날 네. 이 세 시간 이야기를 나눠 보니 세종은 그 누구보다도 백성들의 어려움을 모른 척하지 않았던 분인 걸 알 수 있어요. 그 밖에도 사회적 약자를 돕는 정책들이 있었나요?

신병주 대표적으로 노인에 대한 배려를 들 수 있죠. 세종 대에는 양로연이 많이 베풀어졌어요. 나이 많으신 노인들을 모시고 잔치를 베푸는 풍속인데, 여든 살 넘은 노인들에게 잔치를 베풀어 주는 건 물론이고 아흔이 넘은 노인들에겐 관직이나 작위 같은 것을 줬고, 그렇게 흔한 경우는 아니었지만 100세 이상인 경우 면천, 즉 노비 신분에서 해방시켜 주기도 했습니다.

그날 그건 좀 너무한 것 같은데요? 100세는 지금도 힘든데 말이죠. 그러면 그렇게 면천된 사례가 실제로 있나요?

신병주 네. 이때 승정원에서 100세 이상인 사람을 조사한 적이 있어요. 세종 때인데, 100세 이상이 몇 명 정도 됐을 것 같아요?

그날 열 손가락에 꼽을 정도?

신병주 맞습니다. 총 열 명, 남자 세 명, 여자 일곱 명. 옛날에도 여성이 좀 더 장수하셨던 것 같고, 최고령자가 104세였습니다.

이해영 그런데 "할아버지, 100세 생신 축하드려요. 오늘부터 노비 아니세요." 이게 무슨 의미가 있습니까?

김경수 100세 이상인 분이 면천됐다는 그 사실 자체가 상징성을 띠는 거죠.

이해영 아, 상징적인 의미지만 그게 곧 인권 의식을 보여 주는 거니까.

류근 요즘은 복지 하면 북유럽을 들잖아요. 근데 15세기만 해도 조선 따라올 만한 나라가 없었을 것 같아요.

신병주 세종은 이런 말씀도 하셨어요. "감옥은 죄 있는 자를 벌하기 위한 것이지 사람을 죽게 하자는 것이 아니다."† 감옥에서 질병이라든가 추위 등으로 사망하는 걸 미연에 방지하기 위해서 여름에는 꼭 냉수를 갖춰서 마실 수 있게 했고, 두 달에 한 번은 꼭 목욕을 시키라고도 지시했죠.

그날 두 달에 한 번이면 조선 시대에는 획기적이었을 거예요.

신병주 60~70년대만 해도 시골에서는 별로 목욕 안 하고 그러지 않았나요?

그날 명절 때나 하던 연례 행사였죠.

신병주 그 밖에도 10월부터 정월까지는 감옥 바닥에 짚을 두껍게 깔라고도 지시힙니다. 추위를 막기 위해서죠. 이렇게 세종은 세세한 원칙을 지시함으로써 감옥의 죄수들까지 배려했어요.

그날 그랬군요. 죄는 미워해도 사람은 미워하지 말라는 정신, 이걸 정말 실천하신 성군이세요.

김경수 네. 맞습니다. 앞엣것과 더불어 죄수들이 억울한 판결을 받지 않도록 하는 삼심제도를 만들어 내신 분도 세종입니다. 금부삼복법[18]이라고 해서, 잘못된 판결을 막기 위해 세 번에 걸쳐서 재판을 받게 해 주는 거죠. 이렇게 죄수까지 생각하는 세종의 섬세함·치밀함·꼼꼼함은 뭘 더 어떻게 얘기할 수 있을까 싶을 정도예요.

그날 뭐랄까요. 타임머신을 타고 현대에 와서 한 번 살다가 가신 분 같은 느낌이 들어요. 다들 애민(愛民)을 쉽게 이야기하지만, 세종대왕의 애민 정신이 이렇게 혁신적인 방식으로 실현되고 있었다는 걸 확인하니까 굉장히 인상적이고 뿌듯함까지 느껴지네요.

† 형조에 전지하기를,

"옥(獄)이란 것은 죄 있는 자를 징계하자는 것이요, 사람을 죽게 하자는 것이 아니거늘. 옥을 맡은 관원이 마음을 써서 살피지 아니하고 심한 추위와 찌는 더위에 사람을 가두어 두어 병에 걸리게 하고, 혹은 얼고 주려서 비명에 죽게 하는 일이 없지 아니하니, 진실로 가련하고 민망한 일이다. 중앙과 지방의 관리들은 나의 지극한 뜻을 받아 항상 몸소 상고하며 살피며 옥내를 수리하고 쓸어서 늘 정결하게 할 것이요, 질병 있는 죄수는 약을 주어 구호하고 치료할 것이며, 옥바라지할 사람이 없는 자에게는 관에서 옷과 먹을 것을 주어 구호하게 하라. 그중에 마음을 써서 거행하지 않는 자는 엄격히 규찰하여 다스리게 하라" 하였다.

— 『세종실록』 7년 5월 1일

노비와 남편에게도 출산휴가

신병주   세종이 관심을 기울인 건 죄인뿐만이 아닙니다. 노비에게도 출산휴가를 줬죠. 흔히 우리가 '노비'라 그럴 때 노(奴)는 남자 종, 비(婢)는 여자 종을 뜻하는데, 이 여자 종이 아이를 낳으면 100일간의 휴가를 줬습니다.

그날   100일이요? 요즘 얼마인 줄 아세요? 요즘은 90일이에요. 지금보다 열흘이 더 긴 거네요.

신병주   더 획기적인 것은 남편에게도 한 달간 휴가를 줬다는 거예요.

그날   배우자한테도요? 요즘도 배우자에게는 3일밖에 안 줘요. 유급은 3일이고, 무급으로는 2일 더 쓸 수 있는데, 그마저도 다들 못 써요.

신병주   세종 대에는 노비에게 100일, 남편에게 30일이었다가 나중에 『경국대전』에서 법전화될 때에는 출산 전 30일, 출산 후 50일 해서 80일간의 휴가를 주고, 남편에게는 15일 휴가를 주는 것으로 줄었습니다.

그런데 학교에서 강의할 때 노비에게 출산휴가를 줬다고 하면 왜 노비만 줬느냐고 질문하는 분들이 있어요. 왜 그랬을 것 같으요?

그날	다른 신분에게는 출산휴가가 필요 없는 거 아니에요?
신병주	그렇죠. 조선 시대에는 여성 공무원이 거의 없었기 때문이에요. 아마 여성 공무원들이 있었으면 세종대왕이 당연히 출산휴가를 줬겠죠. 실제로 출산휴가는 대개 사노비가 아니라 관노비가 갑니다. 관노비는 관청에 소속된 노비니까 오늘날로 치면 하위직 여성 공무원인데, 이런 사람들에게 휴가를 주고 재충전을 하게 했던 거죠.
그날	600년이 지난 지금보다 더 앞선 복지 정책들을 펼쳤다는 게 정말 믿어지지 않네요.
류근	세종께서 이런 말씀을 하셨다잖아요. "노비는 비록 천민이나 하늘이 낸 백성이다."[19] 이건 간디하고도 통해요. 간디가 불가족천민을 하리잔, 즉 신의 사람이라고 부르잖아요. 역시 위대한 영혼들은 사회적 약자에 대한 측은지심으로 통하는 것 같아요.

다산 왕 세종

그날	그런데 출산휴가에 대해서 굉장히 관대했던 게, 본인이 출산 경험이 많으셔서 그런 게 아닐까요?
김경수	일리 있는 말씀입니다. 세종 본인이 18남 4녀를 두니까요.
이해영	세종이 워낙 다산의 왕 이미지도 강하고 실제 자녀도 많은데, 정말 다른 왕하고 비교해 보면 어떨지 궁금하지 않으세요? 그래서 한번 준비해 봤습니다. '조선 왕 다산 Top 5.' 자, 5위를 보시면 아마 놀라실 겁니다. 세종대왕이 5위세요. 18남 4녀는 5위밖에 안 됩니다.
류근	아니, 18남 4녀가 5위면 저 위엔 더 많단 말이에요?
이해영	네. 아마 놀라실 겁니다. 공동 3위인데요. 선조 14남 11녀, 정종 17남 8녀에요. 25명씩 낳은 거죠. 2위는 성송입니다. 16남 12녀. 1위가 궁금하시죠? 1위는 태종이고요. 12남 17녀로 무려 스물아홉 명이나 낳으셨어요.

조선 왕 다산 순위

신병주 그렇지만 대신 세종은 아들 낳은 확률로는 1등이에요. 계산해 봤
는데 18남 4녀니까 아들 출산율이 82퍼센트입니다. 특히 주목되
는 것은 정비와의 사이에서 많은 자녀를 두었다는 거예요. 8남
2녀로, 정비였던 소헌왕후 심씨와의 사이에서 열 명이나 낳았어
요. 여기서도 아들 비율은 80퍼센트고요. 이런 것들을 보면 왕과
왕비의 금실은 상당히 좋았던 것 같습니다.

그날 그랬겠죠. 그래서 아이를 많이 낳으셨잖아요.

정소공주의 죽음

세종 재위 6년(1424) 2월,
세종은 열세 살 난 맏딸 정소공주를 병으로 잃는다.

소헌왕후와의 첫 아이이자 총명하고 사려 깊은 품성으로
세종의 각별한 사랑을 받았던 정소공주다.

세종은 딸의 시신을 차마 놓지 못한 채 슬퍼했고
정사를 돌보지 못할 정도로 비탄에 빠졌다.

딸을 잃은 아비의 슬픔은
세종이 직접 지은 제문에 절절히 남아 있다.

"너의 고운 목소리와 아름다운 모습은 눈에 완연하거늘
곱고 맑은 너의 넋은 어디로 갔단 말이냐.
가슴 치며 통곡하고 아무리 참고 참으려 해도
가슴 아픔을 참을 길이 없구나."

큰딸을 잃다

그날   딸에 대한 각별한 애정이 느껴집니다. 안타깝네요.

김경수   정소공주는 특별한 존재였을 수밖에 없지요. 왕으로 즉위하고 처음 낳은 아이인 데다가, 얼마나 예뻐했으면 세종이 그 바쁜 와중에 짬을 내서 직접 공부를 가르쳤다고 합니다.

그날   자식을 잃은 슬픔이야 어느 부모든 다 마찬가지일 텐데 첫딸이니까 슬픔이 얼마나 대단했겠어요. 제문 읽어 보니까 가슴이 아려 오네요.

신병주   당시 장례를 치러야 하니까 시신을 내줘야 하잖아요. 그런데 세종이 노서히 시신을 보낼 수 없다면서 안고 울부짖기도 했답니다.

그날   정소공주는 그 어린 나이에 왜 죽은 건가요?

김경수   당시 어린이들이 많이들 앓다 죽은 마마, 즉 천연두였습니다. 자신이 정말 예뻐하던 첫째 딸을 질병으로 잃고 난 뒤 세종은, 사람들이 어떻게 하면 이런 질병에 목숨을 빼앗기지 않을 수 있을까 생각하게 되고 결국 의학서를 만드는 데까지 나아가게 됩니다. 그래서 만들어진 게 『향약집성방』[20]인데 우리 땅에서 구할 수 있는 약재로 질병을 치료해 보자는 차원에서 전국의 향약(鄕藥, 우리나라에서 나는 약재) 처방전을 다 모은 거죠.

신병주   『향약집성방』은 모든 질병을 57개의 큰 항목으로 나누고, 다시 959개의 소항목으로 나누어서 요즘으로 치면 산부인과·내과·외과 등에 해당하는 분야들을 다루고, 심지어는 벌레 물린 데를 치료하는 법까지 제시하고 있어요. 국산 약재를 쓰게 되면서 치료의 효율이 더 높아지는 거죠.

류근   원래 부모 마음이라는 게 '나는 비록 어렵게 살았지만 너희들만큼은 어렵게 살지 마라' 이런 마음이잖아요. 세종도 자신의 삶에서 겪었던 아픔을 백성들은 겪지 않기를 바라는, 그런 어버이의 마음으로 나라를 다스린 게 아닌가 싶네요.

『향약집성방』으로 본 의학 상식

최원정 자, 여기서 우리가 참고하면 좋을 것 같은 처방을 찾아봤습니다. 『향약집성방』 제4분책에 있는 부인과입니다. 제가 알아야 할 부분이네요. 임신 중에 금기할 음식, 그리고 해산달에 미리 준비해야 할 약과 물품들이 책에 쫙 나와 있어요. 그 목록을 보면요, 약초를 비롯해서 화로·주전자·탯줄 가위 등 서른 가지가 넘는 준비물을 기재했다고 해요. 사실 당장 애를 가졌을 때 당황스러운 부분이 이런 거잖아요.

소아과도 있어요. 어린아이들이 천연두나 홍역을 앓았을 때 어떻게 하면 좋은가에 대한 것도 있네요. 천연두에 걸렸다가 나으면 마맛자국이 생기잖아요. 여기엔 앵두 씨를 가루로 내서 바르라고 쓰여 있다고 합니다.

자, 다음에 볼 제1분책과 제2분책은 이해영 감독님께 해당되는 내용 같아요. 혹시 감독님 뭔가 알고 싶은 거 없으세요?

이해영 굉장히 건강해 보이지 않습니까? 전혀 없습니다.

최원정 혹시…… 다이어트?

이해영 관심 없습니다. 전부 근육입니다.

최원정 네. 자, 심통문, 즉 가슴앓이에 대한 내용입니다. 심복통과 흉협통이 보이네요. 또 중풍으로 목이 쉬어 말을 못하는 것, 중풍으로 입과 얼굴이 삐뚤어진 것도 나와요. 이게 당시 말로는 가슴앓이라고 하지만 사실은 성인병을 묘사한 거라고 해요. 예를 들어 약간의 중풍이나 풍증을 앓고 있는 경우엔 물을 따끈하게 끓여서 손발을 담그면 좋다고 적혀 있습니다. 이렇게 해 보시길 바랍니다.

이해영 손발을 따뜻한 물에 담그면 중풍을 예방할 수 있다 이 말씀이시죠. 이게 말이 되는 것 같은 게, 반신욕처럼 혈액순환을 좋게 하는 것들이 성인병을 예방할 수 있다고 하잖아요.

최원정 이번에는 제3분책, 류근 시인님 관련 내용입니다. 술에 몹시 취하여 깨지 못하는 걸 예방하는 법이 나와 있네요. 이럴 땐, 술을 마시기 전에 칡뿌리 즙을 한잔 마시세요. 그러면 취하지 않는다고 합니다.

류근 앞으로 뒤풀이할 때엔 칡즙부터 먹어 보겠습니다.

만 원 지폐에 담긴 비밀

그날 이렇게 업적들을 친친히 밀필수록 세종은 신싸 내난아신 분이라는 생각이 드는데요. 신 교수님께서 세종대왕과 관련된 재밌는 이야기를 준비하셨다면서요.

신병주 만 원짜리 지폐에서 세종대왕을 만나 볼 수 있잖아요. 그런데 이 만 원짜리 지폐에 세종대왕의 시대정신을 상징하는 그림들이 많이 있다는 사실을 아시나요?

그날 아, 그런 게 있나요?

신병주 네. 먼저 지폐 뒷면을 보시면 구 모양으로 생긴 게 있습니다. 이게 앞서 말했던 혼천의입니다.

그날 아, 그게 만 원권에 그려져 있었군요. 매일 보면서도 몰랐습니다.

신병주 그리고 그 혼천의의 배경을 자세히 들여다보면 별자리 같은 게 있습니다. 이게 뭘까요?

그날 글쎄요.

신병주 「천상열차분야지도」[21]예요. 그리고 그 오른쪽에 있는 대포처럼 생긴 것은 보현산 천문대의 망원경입니다. 이게 다 세종 시대 과학기술의 우수성을 알려 주는 것들입니다. 그리고 앞면에 바로 한글이 있습니다.

만 원권 지폐의 앞면에 들어 있는 세종 시대의 유산들 훈민정음과 「일월오봉도」

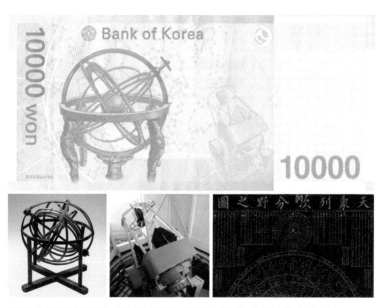

만 원권 지폐의 뒷면에 들어 있는 세종 시대의 유산들 혼천의와 보현산 천문대 망원경, 「천상열차분야지도」

그날 아, 여기 '뿌리 깊은 나무'가 있네요. 훈민정음이.

신병주 그렇죠. "불휘 기픈 남간 바라매 아니 뮐쎄." 「용비어천가」 2장의 한글을 구현해 놨어요. 세종 시대를 대표하는 훈민정음의 글귀가 있다는 건 꼭 기억해 주시길 바랍니다. 그리고 그 앞에 있는 「일월오봉도」 병풍은 왕이 있는 곳에 항상 두었던 병풍인데요, 해와 달이 뭘 상징하는지 아세요?

그날 글쎄요. 왕과 왕비?

신병주 맞습니다. 그리고 다섯 개의 봉우리는 나라를 대표하는 다섯 개의 산봉우리를 이야기하기도 하고, 또 목화토금수의 오행을 상징하기도 합니다.

세종대왕의 이름을 딴 국제적인 상이 있다?

그날 그러고 보면 세계적으로도 왕이 이렇게 직접 백성을 위해서 문자를 창제한 경우는 없는 것 같아요.

김경수 그렇죠. 혹시 그거 아십니까? 유네스코에서 시상하는 상 중에 세종대왕의 이름을 딴 상이 있어요. 정식 명칭은 세종대왕 문해상 (King Sejong Literacy Prize)입니다. 1989년에 제정되어 1990년부터 시상을 하기 시작했는데요. 개발도상국 중에 모국어를 개발하고 보급하는 데 기여한 개인이나 단체에게 주는 상입니다.

그날 사실 글이라는 게 역사 속에서 천천히 축적돼서 쌓이는 게 보통이고 다른 나라의 언어들은 모두 그런데, 우리는 왕이, 정말로 백성을 위하는 마음에서 만들어서 선포를 한 거잖아요.

신병주 네. 그렇죠. 훈민정음에 기본적으로 나타나 있는 정신이라면 역시 백성을 사랑하는 애민 정신, 그리고 우리들은 중국과 다르다는 자주정신, 그리고 사람들이 편하게 쓰도록 하겠다는 실용 정신 같은 걸 꼽을 수 있겠습니다.

이해영 지금까지 만약 한글 없이 한자 문화가 계속 유지되고 있었다고
생각해 보면, 말과 생각은 지금처럼 우리말로 하되, 쓸 때는 엉
뚱한 말인 한자로 쓴다는 거잖아요. 말하자면 제가 시나리오 쓸
때 머릿속으로는 우리말로 생각하는데 쓸 때는 외국어로 쓴다는
건데, 생각만 해도 골치 아프네요.

그날 네. 앞으로 만 원짜리 꺼낼 때마다 훈민정음의 뜻을 되새겨 봐야
겠네요.

신병주 네. 또 잘 모르시는 분이 많아서 말씀드리자면, 세종대왕이 출생
하신 날짜(음력)를 양력으로 환산하면 5월 15일이 됩니다. 그래서
1965년에 스승의 날을 정할 때에, 세종대왕이야말로 만백성의 어
버이이자 스승이다, 이런 취지로 세종대왕 탄신일을 스승의 날
로 정한 겁니다. 스승의 날은 사실은 세종대왕 탄신일입니다.

김경수 아마 이제까지 이야기한 것들을 다 모아서 세종이 이룬 업적을
한마디로 정리한다면, '15세기 조선의 르네상스를 만들어 냈다'
따위의 표현일 것 같습니다. 백성과 소통하겠다는 자세, 백성들을
정말로 아끼고 사랑하겠다는 섬김의 리더십이 있었기 때문에 15
세기 조선의 르네상스가 만들어진 게 아닌가 생각합니다.

샘이 깊은 물은 가뭄에도 그치지 아니하나니

그날 자, 조선 백성들이 첫 국민투표를 한 그날을 소재로, 백성을 사
랑하는 마음으로 정말 멋진 정치를 펼쳤던 세종대왕에 대한 얘
기를 나눠 보았습니다. 이번엔 주제가 주제인 만큼, 세종대왕에
대한 소회를 순우리말로 지어 주시면 어떨까요. 아무래도 이건
류근 시인 님 것이 기대돼요.

류근 음, '세종은 박이별이다.' 박이별이 뭐냐면 북극성의 우리말입니
다. 우리가 사막이나 바다를 항해할 때에 북극성을 기준으로 놓

고 길을 찾잖아요. 이 세종이라는 임금 역시 우리 민족과 역사에 정말 북극성 같은 길라잡이가 아니었을까, 이런 생각이 듭니다.

이해영 '세종대왕은 햇귀다.' 햇귀가 무슨 뜻이냐면 해돋이가 시작될 때 제일 처음 비치는 햇빛이래요. 처음으로 확 아침을 열어 주는 빛 같은 존재, 그런 맥락에서 햇귀라고 지어 봤습니다.

김경수 '세종대왕은 우리의 아토다.' 아토는 선물의 순우리말입니다.

그날 정말 순우리말은 발음하기도 좋고 예쁜 것 같아요.

신병주 '세종대왕은 519년간 흘러간 깊은 샘물을 판 나라님이셨다' 이렇게 해 봤습니다. 결국 그분이 판 샘의 물이 죽 흘러서 영조, 정조를 거쳐 우리한테까지 이르지 않습니까. 그런 점에서 가장 모범이 된 나라님이셨다고 봅니다.

그날 이번엔 애민 정신으로 백성을 위해 헌신하신, 정말 우리에게 아토 같은 성군 세종대왕의 이야기 나눠 봤습니다. 모두 감사합니다.

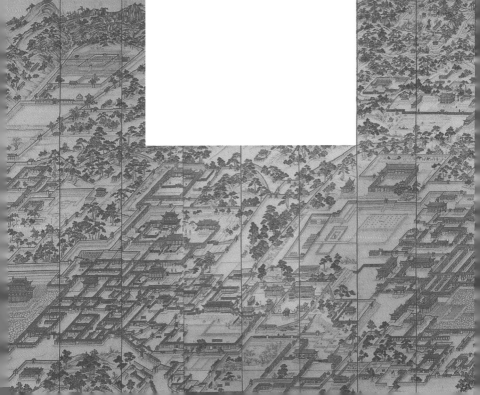

창덕궁
가는
날

피로 물든 경복궁을 피해 창덕궁을 세우다

조선의 개국과 함께 500년 수도 한양의 서막이 열리고
조선왕조 최초의 궁궐인 경복궁이 세워진다.

그러나 왕위 계승권을 둘러싼
이방원과 이복형제들 간의 싸움으로
경복궁은 피로 물들게 된다.

"아바마마, 소자 제법 군왕다워 보이지 않사옵니까?"
"어쩌다 이렇게 됐느냐?"
"이제는 소자의 세상이옵니다."

마침내 왕좌에 오른 태종 이방원은
경복궁을 두고 새 궁을 지을 것을 명한다.

태종은 새 궁궐을 거처로 삼은 뒤
이름을 창덕궁이라 지었다.

태종, 창덕궁을 짓다

그날 　자, 이번에 만날 그날은 '창덕궁 가는 날'입니다. 앞서 봤듯이 이방원이 태종이 되면서 경복궁을 놔 두고 창덕궁을 새로 짓습니다. 왜 그런 걸까요? 자기가 동생들을 죽인 곳이라서 뭔가 꺼림칙했던 걸까요?

진진석 　경복궁은 태종과 갈등을 빚었던 정도전이 디자인한 곳이기도 하죠.

김문식 　태종이 왕자 시절에 두 차례 왕자의 난을 겪죠. 그 살육전의 주 무대가 경복궁이거든요. 그래서 형인 정종이 왕이 되었을 때, 태종은 경복궁을 떠나 개성으로 돌아삽니다. 그러다가 재위하고 4년 만에 다시 서울로 옮길 생각을 하는데, 그때도 경복궁으로 오는 것이 아니라 창덕궁을 지어서 오지요. 아무래도 경복궁은 역사적으로 여러 한이 서린 무대이기 때문에 다른 장소를 원했던 것 같습니다.

그날 　그런데 그건 극히 개인적인 이유잖아요. 다시 궁궐을 짓는다고 했을 때, 신하들이 꽤 반발했을 것 같은데요?

신병주 　그렇죠. 태종이 이때 가장 큰 명분으로 든 것이 경복궁 자리가 풍수적으로 좋은 땅이 아니라는 겁니다. 태종 때 분위기 아시잖아요? 이 사람 말 잘못 거역했다가는 큰일 납니다. 그래서 신하들이 어쩔 수 없이 따른 거죠.

그날 　정도전이 한양을 수도로 정하고 경복궁을 지을 때 풍수를 따지지 않았을까요? 오히려 태종이 풍수를 역이용한 것 같은데요?

전진석 　저도 그렇게 생각합니다. 꿈자리가 사나우니 이사 가자고 할 수도 없는 거고요.

신병주 　또 흥미로운 것은 한양으로 재천도하는 문제에 대해 신하들의 반대가 거세니까 태종이 점을 치자고 합니다. 동전을 던져서 결

국 한양이 이길일흉(二吉—凶), 즉 '두 개가 길하고 하나가 흉하
다'는 점괘가 나왔다고 해요.† 사실 그때 점치는 걸 본 사람이 몇
명 안 돼요. 실제로 점괘가 어떻게 나왔을지 모르는 거죠.

그날　결과를 조작했을 수도 있었단 말씀인가요?

신병주　그렇죠. 당시 태종의 의지가 워낙 완강했으니까요.

> † 태종이 여러 신하를 거느리고 예배한 뒤에, 완산군 이천우, 좌정승 조준, 대사헌 김
> 희선, 지신사 박석명, 사간 조휴를 거느리고 종묘에 들어가, 향을 올리고 꿇어앉아, 이
> 천우에게 명하여 반중에 동전을 던져 점을 치게 하니, 새 수도는 둘이 길(吉)하고 하
> 나가 흉(凶)이었고, 송경과 무악은 모두 둘이 흉하고 하나가 길이었다. 임금이 나와 의
> 논이 이에 정해지니, 드디어 향교동 동쪽 가의 땅을 살펴 이궁을 짓도록 명하고, 어가
> 를 돌이켜 관나루에 머물러 호종하는 대신과 더불어 말하였다. "너는 무악에 도읍하
> 지 아니하였지만, 후세에 반드시 도읍하는 자가 있을 것이다."
> ── 『태종실록』 4년 10월 6일

창덕궁은 누가 지었나

그날　창덕궁을 지으라고 명한 사람은 태종이라는 걸 알겠는데, 실제
　　　로 이 건물을 설계하고 지은 사람은 누구일까요? 당시에 건설 회
　　　사가 따로 있었나요?

신병주　조선에도 궁궐 전문 건축가가 있었습니다. 박자청이 바로 그런
　　　인물인데, 이 사람은 신분이 높지도 않아요. 평민 출신이었는데,
　　　경복궁 조성 사업에도 참여하고 건축 부분에 워낙 자질이 뛰어
　　　나니까 나중에는 공조판서까지 올라요. 태종도 이 사람의 명성
　　　을 알고 창덕궁 건축을 맡긴 거죠. 결국 1418년에 창덕궁을 대표
　　　하는 건물인 인정전을 이 사람이 짓습니다.

그날　박자청이 창덕궁 말고 다른 건물도 지었나요?

김문식　네. 말씀하셨듯이 경복궁 공사에도 참여했고요. 성균관 문묘를
　　　만들었고, 청계천 공사도 했어요. 흔히 정도전을 두고 한양을 기

획한 설계자라고 표현하잖아요. 박자청은 그 설계를 실천에 옮긴 건축가라고 말씀드릴 수 있을 것 같습니다. 박자청이란 사람은 태종에게 워낙 신뢰받던 인물이라 나중에 태종이 돌아가셨을 때 헌릉 조성까지 담당해요. 태종에겐 굉장히 중요한 신하였어요.

그날 박자청, 처음 듣는 이름인데 앞으로 서울의 역사를 생각할 때 꼭 기억해야 할 분인 것 같아요.

건물 이름들의 유래

그날 경복궁은 문이나 전각 이름도 정도전이 짓잖아요. 그러면 창덕궁도 이름을 붙인 사람이 따로 있나요?

신병주 처음 창덕궁이 완성되었을 때는 아직 구체적인 이름이 없었어요. 그냥 침전이면 정침전이라고 불렀고요, 동쪽에 있는 행각이면 동행각, 서쪽에 있는 행각이면 서행각, 이런 식으로 방향이나 용도에 따라서 명칭을 붙였죠. 명칭이 구체화되는 게 세조 7년 (1461)이에요. 세조도 창덕궁에 관심이 많았거든요. 그래서 이때부터 전각에 이름이 붙여지는데, 선정전이나 양의전(대조전의 옛날 이름)도 이때 지어진 거죠. 또 성종 때『동문선』을 썼던 서거정을 시켜서 각 문마다 선인문·금호문·요금문·숙장문 등의 이름을 붙입니다. 그러니까 창덕궁의 건물 이름들은 단계별로 차근차근 완성되었다고 볼 수 있죠.

그날 서거정은 시인이잖아요. 시인이 지은 이름이라니 멋지네요.

성현희 많은 분들이 창덕궁에 있는 모든 건물에 전부 이름이 있을까 하고 의구심을 가져요. 그런데 이 이름들이 한 번에 생긴 게 아니에요. 실제로 왕이 정무를 보고 신하들을 만나는 장소 중에는 이름이 없는 곳도 많았어요. 일례로 정무를 보던 영조가 신하들에게 이렇게 물어요. "내가 여기서 매일 신하들을 만나는데, 항간에서는 이곳을 뭐라고 부르는고?" 그러자 주변에서 "별저상이라고도 하고……" 그러면서 우물쭈물한 거예요. 그래서 영조가 "이곳은 내가 여러 정무를 보는 장소인데, 좋은 이름 하나 지어 올려 보시오" 이랬다는 이야기도 있어요.†

신병주 네. 창덕궁 같은 경우는 19세기나 돼야 대부분의 건물이 이름을 갖게 되죠.

† 임금이 여러 신하들에게 말하기를, "근래 약방(藥房)에서 진찰받는 곳에 본래 당호(堂號)가 없다. 외간에서는 무엇이라고 부르고 있느냐?" 하니, 한림 이정보가 말하기를, "별저상(別儲廂)이라 부르고 있습니다" 하매, 임금이 말하기를, "이 당 아래에 낭사가 있는데, 환시배(宦侍輩)들이 부르기를, '고방(庫房)'이라고 한다. 과해 때의 제물을 저장하던 곳이었고, 별저상이 그 곁에 있으므로 이런 이름이 있게 된 것인데, 뜻도 없고 검토할 문서도 없다. 선조(先朝) 때부터 간혹 이곳에 임하기는 했지만, 지금은 내가 늘 거처하면서 공사(公事)에 응하고, 약방 진찰을 모두 이 방에서 하고 있으니, 곧 만기(萬機, 임금이 보는 여러 정무)를 재결하는 장소이다. 명칭이 몹시 아름답지 못하니, 옥당과 정원에서는 당호를 의논하여 써서 올리도록 하라" 하자, 이에 '극수재(克綏齋)'라고 이름을 정하였다.
— 『영조실록』 9년 12월 22일

왕들이 가장 사랑한 궁궐, 창덕궁

최원정 태종이 개인적인 이유로 경복궁을 꺼렸다는 건 이해가 되는데 그 후에도 조선의 수많은 왕들이 창덕궁을 거처로 삼았잖아요. 조선의 왕들이 가장 사랑했던 궁이 아닌가 싶은데, 왜 그런 건가요?

김문식 우선 살기가 편했을 거예요. 기본적으로 배산임수 지형이거든요. 산이 뒤에 있고, 금천이 앞으로 흐르죠. 구중궁궐이라고 해서 건물로 겹겹이 싸여 있는 거나 정문 뒤로 정전, 편전, 침전, 후원의 순서로 배열된 것은 다른 궁궐과 같아요. 하지만 창덕궁은 지형 자체가 응봉의 산자락에 위치하다 보니 앞뒤로 확 트인 게 아니라 동서로 길게 배치되어 있어요. 그게 굉장히 자연스럽죠.

창덕궁의 지형과 건물 배치

성현희 경복궁은 일직선상에 모든 전각들을 배치한 데 반해 창덕궁은
돈화문 뒤로 건물들이 계속 오른쪽으로 진행합니다. 이건 자연
산세의 흐름과 딱 맞춘 거라고 봐야죠. 맞춤형 궁궐인 거예요.

김문식 태종 이후에 조선 전기의 여러 왕들이 창덕궁에 머무는 경우가
많습니다. 창덕궁은 원래는 이궁(離宮)으로서 경복궁에 재난이
나 사건이 있을 때 피하는 궁이었는데, 임진왜란 때 특히 위상이
바뀝니다. 임진왜란 때 궁궐들이 전부 소실되는데, 경복궁이 아
니라 창덕궁을 먼저 재건하거든요. 이 공사가 선조 대에 시작해
서 인조 대까지 이어지는데, 실제로 조선 후기에 경복궁을 중건
할 때까지는 여기가 정궁이 되는 거예요. 그래서 조선을 대표하
는 정치 무대는 이곳 창덕궁이라고 할 수 있죠.

전진석 왜 창덕궁을 먼저 재건한 거죠? 보통 경복궁이 법궁이라고 해서
가장 중요한 궁궐이잖아요?

신병주 우선 경복궁은 규모가 커서 바로 중건하기 부담스러웠거든요.
또 조선 전기 왕들은 대부분 창덕궁에 더 많이 계셨어요. 왕실에
서 창덕궁을 선호했던 거죠. 옛 왕들이 활동을 더 많이 하셨던

곳을 먼저 복원하자는 생각이 있었을 겁니다.

왕의 즉위식이 인정문 앞에서 치러진 이유

그날   사극을 보면 왕의 즉위식은 궁궐의 중심인 정전에서 화려하고 웅장하게 거행되는데, 실제로는 인정전이 아니라 인정문 앞에서 치러졌다면서요? 화려해야 할 즉위식을 왜 문 앞에서 하나요?

신병주   이렇게 생각해 보세요. 조선 시대 왕의 즉위식은 언제 이뤄지죠?

그날   선왕이 승하하신 후에요. 아, 그러니까 장례식이랑 같이 치르는 군요.

신병주   선왕의 장례식이 우선석인 행사예요. 즉위식은 기본적으로 통곡과 슬픔 속에서 치르는 의식이기 때문에 왕이 화려한 복식이 아니라 상복을 입고, 어좌에도 흰 천을 덮어서 잠깐 앉는 정도로 즉위식을 치릅니다.

전진석   축하 행사가 아니네요.

신병주   인정문 앞에서 즉위식을 치렀다는 건 선왕이 창덕궁에서 돌아가셨다는 뜻이거든요. 연산군이 인정문에서 즉위식을 올린 최초의 왕이고, 창덕궁이 조선 후기 정궁이니까 조선 후기 왕들은 대부분 창덕궁에서 돌아가셨어요. 연산군부터 효종·현종·영조·순종·철종·고종, 총 여덟 분이 인정문 앞에서 즉위식을 올리셨죠.

류근   창덕궁에 오면 서둘러 후원에 가느라 정신이 없었어요. 그런데 오늘은 궁궐에 들어서자마자 건물 하나가 끊임없이 제게 말을 거는 겁니다. 청기와가 반짝거리면서 제 이름을 불러요.

성현희   선정전을 보셨군요. 선정전이 모든 궁궐을 통틀어서 딱 하나밖에 남지 않은 청기와 건물입니다.

그날   청기와가 있는 건물이 흔치 않잖아요. 왜 거기에 청기와를 얹게 된 건가요?

선정전

신병주 　광해군 때 창덕궁을 재건하면서 화려한 청기와를 얹으면 아무래
　　　　도 권위를 더 과시할 수 있다고 생각했던 것 같아요. 그래서 청
　　　　기와를 쓰려고 했는데 신하들의 반대가 심했습니다.

김문식 　결국 비용이 문제였죠. 청기와 제작에 들어가는 회회청이나 염
　　　　초 같은 재료는 전부 수입품이거든요. 이것들을 다 수입해서 만
　　　　들려니까 제작비가 많이 드는 거예요. 조선은 유교 국가라 왕실
　　　　에서부터 검소하고 소박한 것을 계속 강조하고 사치를 금했기
　　　　때문에 신하들이 반대할 수밖에 없죠.

전진석 　광해군은 알면서도 그런 걸까요?

김문식 　아무래도 정전 건물은 최대한 장엄하고 위엄 있게 꾸미려는 경
　　　　향이 있습니다. 실제로 연산군도 "사찰에서도 청기와를 쓰는데,
　　　　궁궐 편전에도 청기와를 올려야 하지 않겠냐"라고 주장했죠.[†]

류근 　　청기와를 얹는다고 없던 권위가 설까요? 선정전(宣政殿)이면 말
　　　　그대로 선정(善政)을 펼쳐야 할 공간 아닌가요? 왕이 먼저 모범
　　　　을 보여야 할 텐데 그러지 않고 사치라고 여겨질 수 있는 행동을

한단 말이죠. 이런 것도 결국 반정의 빌미로 이용된 게 아닐까 싶어요.

신병주 조선사에서 두 번의 반정이 일어나잖아요. 중종반정하고 인조반정. 이 두 번의 반정이 다 같은 곳에서 일어나는데, 그게 바로 창덕궁입니다. 결국 정전이었던 인정전과 왕의 집무실인 선정전이 쫓겨난 왕들의 마지막 집무처라고 볼 수 있죠. 또 연산군의 생모인 폐비 윤씨가 퇴출된 공간도 바로 선정전이었습니다.

류근 이름과는 완전히 다른 역사를 지닌 곳이네요.

† "인정전과 선정전은 모두 청기와로 이어야 한다. 사찰도 청기와를 이은 것이 많은데 하물며 왕의 섣서이랴. 그런데 청기와를 갑자기 마련하기 어려우니 금년부터 해마다 구워 만들어 정전만은 으레 청기와로 이도록 하라" 하였다.
— 『연산군일기』 11년 11월 6일

왕을 보좌하던 관청들,

궐내각사

왕이 신하들과 만나 국사를 논하던 선정전,
성종의 중전이었던 윤씨의 폐위도
이곳 선정전에서 결정됐다.

무수한 역사의 그날들은 사관에 의해
낱낱이 기록으로 남았는데,

사관이 모인 승정원을 비롯해 대청, 빈청 등
왕을 보좌하는 여러 관청들이 선정전 가까이에 모여 있었고,
이를 궐내각사라고 부른다.

하지만 아쉽게도 오늘날에는 소나무 숲만이
궐내각사 터를 지키고 있다.

인정전

내시들이 체력 훈련을 받았다?

성현희 창덕궁 방문하시면 지금 남아 있는 건물만 보고 가지 마시고, 건물이 사라진 공터를 눈여겨보면서 옛 궁궐의 위용을 상상해 보는 거두 좋을 것 간아요.

그날 관청들이 왕의 생활공간과 정말 가까웠군요. 갑자기 궁금한 게 있는데요. 왕을 보필하는 내시는 보통 몇 명 정도 됐을까요?

신병주 내반원이라고 왕을 모시는 내시들이 모여 근무하는 관청이 따로 있었어요. 왕을 직접 모시는 내시를 대전내시라고 하는데 이 대전내시가 약 40여 명, 그리고 전체적으로 상근하는 내시가 130여 명 정도 되고요. 상근하지 않고 출퇴근하는 내시도 있습니다. 이런 사람들까지 합하면 거의 300~400여 명 정도 궁궐에서 근무했던 거죠.

김문식 내시가 되면 계속 훈련을 받는데요. 그중에는 일종의 체육 훈련도 있었습니다. 예를 들어 내시 둘을 서로 묶어서 달리기하는 훈련도 시켰다고 해요.

그날　내시에게 왜 체력 훈련이 필요한가요?

김문식　비상사태가 생겼을 때 왕족을 업고 도망갈 수 있어야 하니까요.

그날　실제로 그랬던 적이 있어요?

김문식　인조반정이 일어났을 때 광해군이 도망간 경로를 추적해 보면, 우선 사다리를 타고 궁궐 담장을 넘어가는데요. 그 후로는 내시가 업고 달리죠. 앞에 다른 한 명이 길 안내를 하고요. 그렇게 해서 의관 집에 숨었다는 기록이 있어요.†

그날　전장을 누볐던 광해군이 내시 등에 업혀서 도망갔다니 놀랍네요.

신병주　비상사태니까 체면이고 뭐고 없는 거죠.

전진석　구급 상황 같은 것도 있지 않았을까요? 갑자기 쓰러진다거나 하는 상황 말이죠.

신병주　그렇죠. 어떤 면에서는 궁궐의 119 같은 역할을 수행한 거죠.

그날　어딜 가든 내시가 경호원 역할을 한 거네요.

전진석　보통 코미디 프로그램 보면 내시는 비실비실한 이미지로 나오잖아요. 그런데 그게 아니었나 봐요. 오히려 덩치도 크고 체력도 좋았겠어요.

그날　제가 본 기록에 의하면 내시들이 기골이 장대했다고 하더라고요.

> † 왕이 북쪽 후원의 소나무숲 속으로 나아가 사다리를 놓고 궁성을 넘어갔는데, 젊은 내시가 업고 가고 궁인 한 사람이 앞에서 인도하여 사복시 개천가에 있는 의관 안국신의 집에 숨었다.
> ─ 『광해군일기』 15년 3월 12일

궁중 암투의 대명사,
장희빈

빼어난 미모로 숙종의 눈에 든 궁녀 장옥정.

"불을 끄라 하였느니라."
"아뢰옵기 황공하오나, 소녀 전하의 마음을 원하옵니다."

숙종의 승은을 입고 후궁이 된 옥정은
왕사를 낳아 숙종의 기쁨이 된다.

이듬해 숙종은 후궁 옥정을
정1품 빈의 자리에 책봉하고,

중전이 된 희빈 장씨는 마침내
왕비의 처소, 대조전에 오른다.

크게 창조하는 곳, 대조전

그날　궁중 암투의 대명사 장희빈이네요. 창덕궁 대조전이 당시 중전이 머물렀던 곳인가요?

김문식　네. 그렇습니다. 중전을 중궁전이라고 표현하기도 하는데요. 중전이란 내명부에 소속된 모든 사람들을 거느리는 최고의 지위라는 의미가 있죠. 사실 장희빈은 좀 이례적인 경우인데요. 후궁으로 들어오기 전에 원래 궁녀였어요. 궁녀에서 후궁이 되었다가 마침내 왕비까지 된 입지전적인 인물이죠.

전신식　장희빈처럼 대조전에 살았던 후궁이 또 있나요?

김문식　조선 전기에는 여러 사례가 있습니다. 간택 후궁이라고 해서 정비 소생이 없을 경우, 후궁을 통해 왕자를 낳아야 되니까 사대부 가문에서 간택을 해서 후궁을 들였어요. 문종이나 예종의 왕비도 전 왕비가 돌아가면서 후궁이 왕비가 된 경우였죠. 그런데 장희빈은 그런 경우도 아니에요. 장희빈은 승은 후궁으로 임금과 잠자리해서 후궁이 된 경우거든요. 왕자를 낳고 왕비가 된 거죠. 처음에 궁녀로 들어와서 후궁이 되고, 왕자를 생산해서 왕비가 된 아주 드문 경우입니다.

그날　원래 후궁이라는 것은 궁 뒤에 있다고 해서 후궁이잖아요. 대조전에 오를 수가 없는 거 아닌가요?

김문식　그렇죠. 원칙적으로 후궁은 대조전에 오를 수 없죠. 숙종이 장희빈에게 사약을 내린 후로 후궁은 왕비가 될 수 없도록 법으로 금합니다.

신병주　숙종 본인이 선례를 만들어 놓고 결국 본인이 금지한 거죠.

성현희　연세가 지긋한 분들이 궁을 방문하시면, 임금님이 어디서 어느 후궁하고 데이트를 했느냐? 후궁 처소는 어디였느냐? 이런 질문을 많이 하세요.

그날 자칭 창덕궁 데이트의 일인자이신 류근 시인님께서는 어디서 데
이트하세요?

류근 데이트 하면 단연 후원이죠. 후원을 같이 걷는 것만으로도 작업
의 8할은 성공입니다. 후원 외에 대표적인 데이트 장소로 굳이
한 군데를 꼽자면 대조전 뒤뜰 꽃담을 추천하고 싶어요. 여기가
정말 아름답거든요. 굴뚝에도 무늬가 정교하게 새겨져 있어서
왕실의 아름다움을 제대로 느낄 수 있죠. 만약 왕이 후궁들과 데
이트를 즐겼다면 여기만 한 데가 없었을 것 같아요.

성현희 그러면 사달이 났을 거예요. 대조전은 왕비의 침소잖아요. 왕
비의 침소 뒤에서 후궁과 같이 거닐었다면 무슨 일이 벌어졌을
까요?

신병주 왕비로 사는 게 참 좋을 것 같지만 실제로는 궁궐 깊숙이 갇혀서
개인적인 삶을 즐길 만한 여유가 거의 없었습니다. 구중궁궐이
라는 표현에서도 그 답답함이 느껴지지 않습니까. 그래서 대조
전 뒤편에는 꽃 계단이나 작은 정원을 만들어 놓았어요. 여기에
는 마루가 좀 돌출되어 있는데요. 왕비가 마루에 나와 꽃을 감상
할 수 있도록 배려한 거죠.

그날 대조전에는 다른 전각과 달리 없는 것이 있다고 해요. 대조전에
없는 것, 무엇일까요?

신병주 앞서 말했듯이 왕과 왕비의 침전에는 용마루가 없죠. 대조전의
이름을 한번 보세요. 대조(大造), 크게 창조한다, 크게 만든다, 이
런 뜻이죠. 그럼 뭘 만들겠습니까? 그렇죠. 왕실의 큰 보물, 왕자
를 만드는 곳이라는 뜻입니다. 용이 왕을 상징하잖아요. 그러니
까 용을 만드는 곳에 또 용이 있으면 충돌할 수도 있다는 의미에
서 용마루를 만들지 않았습니다.

김문식 대조전은 원래 왕비의 침전이었어요. 국왕의 침전은 희정당이라

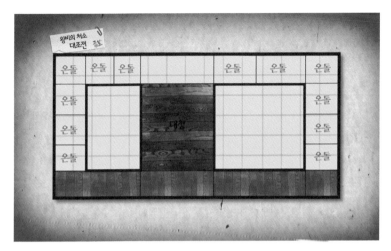

왕과 왕비 침전의 구조

고 별도로 있었죠. 하지만 후대에 오면 국왕과 왕비의 침전이 하나로 합쳐집니다. 가운데 마루가 있고, 양옆에 온돌방이 있어요. 마루를 기준으로 서쪽 방은 왕비 침실이고, 동쪽 방은 국왕의 침실이죠.

그날 부부인데 각방을 쓰시네요.

김문식 네, 기본적으로 각방이죠.

왕과 왕비의 동침은 어디서 이뤄지나?

그날 그러면 두 분은 어디서 동침을 하시나요?

김문식 국왕의 침소인 동쪽 방에서 이루어집니다. 여기는 가운데에 방이 있고, 외곽의 좁은 복도가 방을 둘러싼 형태로 되어 있어요. 왕비의 침소에는 여러 기물들이 있는 반면 왕의 침실은 텅 비어 있습니다. 어떤 물건이든 국왕에게 위해가 될 수 있기 때문이죠. 그래서 동쪽 방에는 이불이나 베개 정도밖에 없어요.

그날 영화나 드라마를 보면, 왕과 왕비가 동침할 때 나인들이 들어와 있잖아요. 그게 사실이에요?

김문식 들어와 있는 건 아니고, 문을 사이에 두고 밖에서 다 듣고 있죠.

신병주 조선 후기에 정비 소생 자식들이 별로 없는 게 바로 이것 때문일
수도 있다고 이야기합니다. 정비와의 관계는 전부 감시하니까
이게 부담스러워서 왕이 정비를 잘 찾지 않았다고요.

성현희 동침 자체가 공식적인 일이기도 하니까요

그날 정비에게도 큰 부담이었을 것 같아요.

왕의 화장실을 찾아서

신병주 제가 학생들과 창덕궁에 답사를 오면 꼭 강조하는 게 바로 화장
실 위치입니다. 입장하고 나면 화장실이 몇 개 없거든요. 그래서
화장실이 어디 있는지 꼭 알려 주고, 거기서 휴식 시간을 주죠.
기본적인 생리 현상은 해결해야 하니까요. 오히려 옛날에는 궁
궐 내에 화장실이 꽤 많았어요. 조선 시대 창덕궁과 창경궁의 모
습을 그려 놓은 「동궐도」라는 그림을 보면 좋 스물한 곳에 서른
여섯 칸의 화장실이 표시되어 있습니다. 꽤 많죠.

그날 왕이 신하들과 같은 화장실을 쓰지는 않았을 것 같은데, 어떤
가요?

신병주 그렇죠. 영화 「광해, 왕이 된 남자」를 자세히 보신 분은 왕이 이
동식 변기를 사용하는 장면을 기억하실 거예요. 매화틀이라고
하는 거요.

전진석 임금님이 쓰는 요강을 매화틀이라고 보면 되는 거죠? 근데 그게
왜 매화틀이죠?

신병주 임금의 용변을 매화나무 꽃에 비유해서 그런 이름이 붙은 거라는
견해가 많습니다. 더러운 것을 예쁘게 표현한 거죠. 궁중 용어로
매우라고도 해서 매화틀 또는 매우틀이라고 불렸다고 해요.

왕의 이동식 변기, 매화틀

그날   영화에서 봤던 것처럼 매화틀만 들고 다니는 담당 내시나 궁녀
       가 따로 있었나요?

신병주   네. 있습니다. 지밀나인이라고 매화틀을 대령하고 관리하는 나
       인이 있었어요. 그보다 좀 더 높은 상궁 중에는 특별한 임무를
       부여받아 왕의 뒤를 명주 수건으로 닦아 주는 분도 계셨죠.

전진석   아주 좋은 보직은 아니군요.

김문식   왕이 매화틀에 용변을 보면 바로 내의원으로 옮겨집니다. 내의
       원은 왕의 건강을 관리하는 기관이라 용변의 상태를 보고 건강
       을 체크하는 거죠. 왕의 건강이 안 좋거나 변이 좀 이상할 경우
       에는 의관이 맛을 보기도 했답니다.

전진석   갈수록 심각해지네요. 들고 다니고, 닦아 주고, 이제 맛보기까지.

류근   군주와 병자는 부끄러울 것이 없다는 말이 있어요.

정조의 꿈, 규장각

열한 살 어린 나이에
아버지 사도세자의 비참한 죽음을 지켜봐야 했던 정조.

힘겹게 왕위에 오른 그에게 무엇보다 필요한 건
강력한 왕권이었다.

이를 위해선 자신의 새로운 개혁 정치를 도울
인재가 필요했다.

정조는 즉위와 함께 창덕궁 후원 부용지에 규장각을 설치하고
젊은 인재들이 모여 학문을 연구하는 공간으로 만든다.

왕실의 휴식공간이었던 후원이
정조에 의해 개혁 정치의 중심으로 바뀐 것이다.

주합루

정조가 지은 규장각

그날　네. 드디어 정조의 규장각까지 왔습니다. 그러면 신병주 교수님
　　　도 거기서 근무하신 거예요?

신병주　창덕궁의 규장각에 있던 책들이 경성제국대학을 거쳐 서울대학
　　　교 규장각으로 옮겨졌죠. 저나 김문식 교수님은 서울대 규장각
　　　에서 공부한 거고요. 예전에는 규장각에 도서관이 있었는데 그
　　　곳에 보관된 여러 자료들을 연구했죠.

김문식　창덕궁의 규장각은 2층 건물인데요. 1층에는 숙종의 친필로 된
　　　규장각 현판을 걸었고, 2층에는 정조의 친필로 된 주합루라는 현
　　　판이 있어요. 1층은 도서관이라고 보시면 될 거 같아요. 규장¹이
　　　라는 게 원래 국왕이 지은 글이나 글씨, 또는 왕가의 족보 같은
　　　것들을 보관하는 건물이거든요. 2층은 정조 당대부터 정조의 어
　　　진을 보관하는 공간이었어요. 정기적으로 신하들이 참배하고 보
　　　살피는 건물이었죠. 국왕의 권위를 최대한 보여 주는 건물입니

다. 2층 건물로 되어 있어서 1층은 각(閣), 2층은 루(樓), 이런 형식이죠.

전진석 아, 용도가 다 달랐군요.

류근 1층은 각이라고 하고, 2층을 루라고 한다는 건 오늘 처음 듣네요.

그날 왜 동네 중국집 중에 중화각, 북경루, 이런 식으로 이름 지은 곳 많은데 그것도 층마다 다른 거군요.

김문식 1층으로 된 루는 없습니다.

그날 정조(正祖)가 즉위한 그해에 바로 규장각을 만들었다는데, 그렇게까지 서둘렀던 이유가 있나요?

시병수 정조는 사도세자가 죄인의 신분으로 돌아가셨기 때문에 즉위 후에도 여러 면에서 정치적 한계에 부딪혔어요. 그런 것들을 극복하기 위해서 창덕궁 후원의 중심인 이곳에 규장각을 세우고, 이곳에서 학자들을 키워서 개혁 정치를 하려 했던 것 같아요. 주합루로 올라가는 어수문(魚水門)을 자세히 보면 왕의 통로인 중앙 문이 신하들이 지나다니는 좌우의 문들에 비해 좀 높아요. 그래서 중앙 문으로는 허리를 숙이지 않고도 그대로 들어갈 수 있는데, 옆에 있는 문들은 굉장히 낮게 되어 있습니다. 허리를 굽혀야 돼요. 문을 설계하는 데 있어서도 왕의 위엄이나 존엄성을 강조한 거죠.

그날 정조가 신하들에게 전하고 싶었던 상징적인 메시지가 담긴 거 같아요.

왕이 직접 농사짓던 후원

성현희 정조에게는 엄격한 군주의 모습도 있었지만, 저처럼 해설가가 되어서 궁궐을 안내해 주는 자상한 면도 있었습니다. 실제로 정조의 안내를 받았던 강세황이 감격에 겨워 자자손손 길이길이 남기기 위해 썼다는 글도 있어요.

김문식 이 분이 남긴 글이 「호가유금원기」[2]인데, '임금의 수레를 따라 금원을 유람한 기록'이라는 뜻입니다. 규장각 옆에 희우정이라는 작은 정자가 있어요. 거기서부터 출발해서 규장각 앞을 지나 후원 일대를 왕이 직접 안내한 거예요. 아시다시피 강세황은 유명한 화가잖아요. 화가니까 눈이 얼마나 좋겠습니까. 글을 보면 굉장히 섬세한 필치로 창덕궁 후원을 세밀하게 묘사했어요.

성현희 후원을 오직 왕실 사람들의 사색이나 산책 용도로만 사용했을까요? 실제로는 그렇지 않습니다. 백성들의 일을 잘 알아야 그들의 마음을 헤아릴 수 있고, 그래야 성군이 될 수 있잖아요. 그래서 궁 안에 따로 왕이 농사짓는 논밭을 만들었어요.

그날 임금이 직접 모내기도 하고 이랬어요?

김문식 네, 시범을 보이고.

그날 피도 뽑고, 소도 몰고, 쟁기질도 하고요?

김문식 네. 내농포[3]라고 국왕이 직접 농사짓는 농장이 있었죠.

신병주 왕이 친히 농사짓는 걸 친경이라고 하고, 왕비가 누에 치는 것을 친잠[4]이라고 하는데, 궁궐 안에서 실제로 이런 행사들을 했습니다.

그날 그럼 창덕궁에도 뽕나무가 있었다는 뜻인가요?

신병주 그렇죠. 지금도 창덕궁에 뽕나무가 많습니다.

성현희 천연기념물로 지정된 뽕나무도 남아 있고요.

전진석 백성들에게 보여 주기 위한 전시 행정 같은 게 아니라 스스로 알기 위해서 그런 일을 했다는 게 감동적이네요.

과거 시험을 보던 춘당대

그날 영화당 앞에 있는 곳이 춘당대라고 과거 시험 보던 곳이라면서요?

김문식 네, 문과에는 세 번의 시험이 있는데, 마지막 3차 시험 보는 곳이 바로 춘당대예요. 『춘향전』에 이도령이 과거 시험 보는 장면이 나

오죠? 아마 여기서 봤을 겁니다. 그날 시제가 "춘당춘색 고금동(春
塘春色 古今同)"이었는데, 이게 혹시 무슨 뜻인지 아시겠어요?

류근　글쎄요. 이몽룡이라고 하니까 알 것도 같은데요. 대충 '춘향이의
　　　춘색은 예나 지금이나 같다' 이런 뜻 아니겠어요? 그런데 춘당
　　　은 무슨 뜻인지 잘 모르겠어요.

김문식　춘당은 봄 연못이라는 뜻인데요. 춘당대를 뜻하는 고유명사이기
　　　도 하죠. 즉 '춘당대의 봄기운이 예나 지금이나 똑같다' 그러니
　　　까 임금이 정치를 잘해서 태평성대가 되었다는 의미입니다.

류근　시제 자체가 시네요. 왕이 영화당에 앉아서 선비들이 과거 보는
　　　상변을 흐뭇하게 바라봤다는 거 아닙니까?

성현희　상림십경[5]이라는 게 있는데, 여기서 상림은 제왕의 정원, 즉 후원
　　　을 뜻하죠. 후원의 열 가지 경치인데, 그중 하나가 바로 영화시사
　　　예요. 선비들이 과거 보는 모습이 얼마나 아름다웠던지 10대 절
　　　경 중에 하나로 들어갔던 거죠.

그날　그럼 이몽룡이 장인급제하고 썼던 어사화는 어떤 건가요?

신병주　흔히 어사화라고 하면 대부분 이몽룡이 쓴 모자라고 생각해요.
　　　이몽룡이 암행어사니까 어사에게 씌워 준 모자구나, 그렇게 생
　　　각하기 쉬운데 사실은 그게 아니라 왕 어(御) 자, 하사할 사(賜)
　　　자, 꽃 화(花) 자를 써서 '왕이 하사하는 꽃'이라는 뜻입니다.

그날　사극에서 보면 종이로 되어 있어서 좀 조잡하던데요. 원래는 진
　　　짜 꽃이 달려 있던 거죠?

신병주　아니에요. 어사화는 모든 과거 합격자에게 내려 주는 거라 여러
　　　개가 필요했기 때문에 실제로 조화로 만들었어요.

김문식　그럼 여기서 돌발 퀴즈 하나 내겠습니다. 창덕궁에는 효명세자
　　　가 아버지 순조를 위해서 지은 사대부 집 형태의 건물이 있습니
　　　다. 이 건물의 이름은 무엇일까요?

류근   창덕궁 전문가로서 이건 틀릴 수 없습니다. 제가 잘 알고 또 좋아하는 공간이기도 해요.

그날   전진석 작가님은 좀 어려워하시는 것 같은데, 힌트를 좀 주세요.

신병주 일단 세 글자입니다. 아버지에게 항상 경사스러운 일이 연출되기를 바라는 심정을 담은 이름이죠.

류근   제가 정답을 맞힌 것 같아요. 연경당 아닙니까?

신병주 맞아요. 그런데 본래 과거에 합격하면 삼일유가(三日遊街)[6]라고 해서 3일 동안 시험관이나 가족, 동료 등을 방문해서 잔치를 벌입니다.

류근   그럼 오늘부터 3일간 뒤풀이를 하지요!

효명세자와 연경당

궁궐 안에 사대부 집을 모방해 지은 건물인 연경당.
단청을 칠하지 않은 소박한 이 건물은
효명세자가 아버지 순조를 위해 지은 곳이다.

열아홉, 순조를 대신해 대리청정을 하는 효명세자는
당시 외척 중심의 세도정치에 맞서고자
궁중연희를 자주 열었다.

순조와 순헌왕후를 위한 크고 작은 연희를
연경당에서 베풀었다.

왕실의 연희는 단순한 잔치가 아닌
왕실의 위상을 높이려는 효명세자의
정치적 의지가 담긴 것이었다.

조선을 다시 춤추게 하려 했던 효명세자는
그러나 안타깝게도 스물둘의 나이로 생을 마감하고 만다.

헌종의 사랑

헌종의 왕비, 효현왕후가
열여섯의 나이로 눈을 감고 만다.

이듬해 조정에서는 중전을 뽑기 위해 삼간택을 하고
헌종은 전례 없이 삼간택에 참여한다.

그때 김씨 처녀를 마음에 두는 헌종,
그러나 대왕대비는 효정왕후 홍씨를 선택하고
헌종은 어쩔 수 없이 효정왕후를 계비로 들인다.

하지만 김씨 처녀를 향한 마음을 지우지 못한 채
3년의 시간이 흐르고……

헌종은 후사가 없다는 이유를 들어
결국 김씨 처녀를 후궁으로 맞이한다.

헌종은 경빈 김씨를 위한 보금자리로
즐거움이 오래가라는 의미에서
즐거울 락(樂), 착할 선(善), 낙선재를 지어 준다.

로맨티시스트 헌종이 지어 준 석복헌

그날　낙선재는 헌종의 헌신적인 사랑이 깃든 곳이네요. 굉장히 로맨
　　　틱해요, 그렇죠?

전진석　순정만화 소재로도 좋은 이야기네요.

신병주　헌종이 경빈 김씨를 위해 궁궐 안에 독립된 건물을 지어 준 게
　　　바로 낙선재예요. 그런데 낙선재는 헌종의 사랑채에 해당하는
　　　거고, 실제로 경빈 김씨가 머물렀던 곳은 석복헌(錫福軒)이라는
　　　건물입니다. 여기에 할머니 순원왕후 김씨를 위해서 수강재(壽
　　　康齋)라는 건물을 또 지어 줬어요.

성현희　석복이라는 말 자체가 하늘에서 복을 내려 준다는 건데, 그때 가
　　　장 받고 싶었던 복은 물론 아들이었겠죠.

신병주　집복헌(集福軒)[7]은 훗날 왕위를 이을 아들을 낳는 후궁들이 살
　　　았던 곳으로 유명한데요. 영조의 후궁인 영빈 이씨가 사도세자
　　　를 낳은 곳도 여기고, 정조의 후궁 수빈 박씨가 순조를 낳은 곳
　　　도 바로 여기예요. 헌종이 이건 따라한 거고요. 경빈 김씨도 아들
　　　을 낳았으면 좋겠다는 의미를 담은 거예요. 그래서 똑같이 복 복
　　　(福) 자를 써요. 복이 있는 집이라는 뜻에서 석복헌을 지어 줬던
　　　거죠.

김문식　석복헌은 담장이나 문틀, 창틀 같은 부분이 굉장히 아름다워요.
　　　이건 당시 청나라의 영향을 받은 것이라고 생각되는데, 이곳에
　　　오실 때는 이런 것들을 유심히 보는 것도 좋을 것 같아요.

신병주　경빈 김씨에 대한 헌종의 사랑이 얼마나 지극했는지를 보여 주
　　　는 기록이 있는데요. 「순화궁첩초」[8]라고 경빈 김씨가 쓴 필첩이
　　　남아 있어요. 경빈 김씨의 궁호가 순화궁이거든요. 이게 결국 국
　　　가 기일에 입는 의복에 대한 기록인데, 경빈 김씨가 어떤 옷을
　　　입고, 어떤 장신구를 했는지, 이런 것까지 세심하게 기록할 정도

석복헌의 난간

　로 그녀를 거의 왕비로 대접했던 걸 확인할 수 있어요.

전진석　너무 낭만적이네요. 집도 지어 주고 옷까지.

신병수　만약에 경빈 김씨가 헌종이 기대대로 석복헌에서 복된 왕자를 낳았다면 조선의 역사가 달라졌을지도 몰라요. 하지만 안타깝게도 헌종이 경빈 김씨를 맞이한 지 2년 만에 돌아가시죠. 경빈 김씨도 왕이 돌아가시니까 결국 궁궐에서 나가 사가로 돌아가게 되고요. 근데 의외로 경빈 김씨는 오래 사셨어요. 77세까지.

류근　단종비도 그렇고, 왕이 일찍 승하하시고 나면 왕비나 후궁들은 장수한다는 공통점이 있어요.

근대 왕실사가 살아 숨 쉬는 낙선재

성현희　낙선재는 이야기가 굉장히 많은 장소예요. 짧은 관람 시간 안에는 그 이야기를 다 해드릴 수가 없을 정도예요. 낙선재 이야기는 한 편의 특집으로 만들어도 될 만큼 무궁무진합니다.

신병주 　헌종의 사랑채였던 낙선재는 조선의 마지막 황태자 영친왕과 그
　　　분의 아내 이방자 여사가 머물렀던 장소로도 유명해요. 실제로
　　　이방자 여사는 1989년에 이곳 낙선재에서 돌아가셨죠. 조선의
　　　마지막 왕비 순정효황후께서 돌아가신 곳은 경빈 김씨를 위해
　　　마련된 석복헌이고요. 헌종이 할머니 순원왕후를 위해 지은 수
　　　강재에는 고종의 막내딸 덕혜옹주가 고국으로 돌아온 1962년부
　　　터 생을 마감하신 1989년까지 머무르셨어요. 덕혜옹주의 인생이
　　　정말 한 편의 드라마죠. 정신적으로 많이 힘드셨죠.

전진석 　일본으로 시집가서 굉장히 힘들게 사셨다고 들었어요.

신병주 　맞아요. 이분이 낙선재에 대한 그리움을 쓴 글이 남아 있어요.
　　　"나는 낙선재에서 오래오래 살고 싶어요. 왕 전하, 비 전하 모두
　　　보고 싶습니다. 대한민국 우리나라." 이처럼 낙선재는 너무나 안
　　　타깝고 또 애틋한 역사가 살아 숨 쉬는 공간입니다.

창덕궁과 우리에게 남은 과제

김문식 　창덕궁이 이제 대한제국의 마지막 황제 순종황제가 사셨기 때문
　　　에 대한제국의 멸망과도 함께하는 역사적인 현장이 되죠. 대조전
　　　에 흥복헌(興福軒)[9]이라는 건물이 있는데 1910년에 이곳에서 마
　　　지막 어전 회의가 열려요. 바로 이곳에서 한일병합이 결정되죠.
　　　일제강점기가 시작되고 창덕궁에 고난이 찾아오는데, 1917년에
　　　대조전하고 희정당에 화재가 나서 전부 불타 버려요. 이걸 그대
　　　로 복원하지는 못하고 경복궁 교태전 건물을 옮겨 와서 대조전을
　　　만들고, 강녕전을 옮겨 와서 희정당을 만들죠. 그래서 희정당의
　　　양쪽 지붕 측면에는 '강(康)' 자와 '녕(寧)' 자가 쓰여 있어요.

그날 　창덕궁에 와서 느낀 건데 일본에 의해서 유린되고 파괴된 흔적
　　　들이 생각보다 많네요.

신병주　대표적으로 창덕궁 정문인 돈화문 앞에 지금은 율곡로가 뚫려 있는데, 원래는 창덕궁하고 종묘가 연결된 공간이에요. 그런데 일제가 도로를 여기에다 만든 거죠. 종묘는 조선의 왕과 왕비의 신주를 모신 곳이고, 창덕궁은 조선을 대표하는 궁궐이니까 맥을 끊겠다는 의도가 있었던 것 같아요. 사실 창덕궁의 건물들도 대부분 훼손되어서 선정전이나 인정전, 낙선재 등 몇 개의 건물만 남고 거의 헐리고 말았어요.

성현희　1800년대 초에 그려진 동궐도와 비교해 보면 건물이 거의 30~40퍼센트밖에 안 남아 있어요.

김문식　창덕궁은 1990년대 이후로 많이 복원됐습니다. 세계문화유산으로 등록된 뒤부터는 국내외의 관심도 커지고 있고요. 앞으로 창덕궁이 원형에 가까운 모습을 찾는 데 그런 과정들이 도움이 되지 않을까 생각합니다.

성현희　율곡로가 지하 터널로 바뀌고 위쪽을 복개한다고 해요. 다시 창덕궁과 종묘를 잇겠다는 거죠. 창덕궁과 창경궁 남쪽의 종묘까지 완벽하게 이어질 '그날'을 기다리고 있습니다.

1 정도전, 이성계를 만난 날

1 무신란(武臣亂): 1170년 정중부 등 무신들이 문신들을 제거하고 정권을 장악한 사건. 이후 100여 년간 무신들이 고려 사회를 지배했다.

2 이인임(?~1388): 고려의 문신. 공민왕 사후 우왕을 추대해 정권을 잡고 친원 정책을 취했다.

3 나하추(?~1388): 원(元) 및 명(明)나라의 무장(武將). 고려의 쌍성(함경남도 영흥)을 치려고 침입했다가 참패하고 달아났다. 전술이 뛰어나 이성계를 소경했다고 한다.

4 아지발도(?~1380): 아기발도라고도 하는데, 이 경우 우리말 '아기'와 몽골어 '바토르(용맹한 자)'의 한자 음차 표기인 '발도'를 합쳐서 '어린 영웅'이라는 뜻으로 고려 병사들이 부른 말이라는 설이 있다.

5 공병(公兵): 국가로부터 급여를 받고 복무하는 병사.

6 역성혁명의 근거를 제시했다고 평가되는 『맹자』 속 구절은 다음과 같다. "제나라 선왕이 '탕왕은 걸(桀)왕을 내쫓았고, 무왕은 주(紂)왕을 정벌했다고 하는데, 그런 사실이 있습니까?'라고 묻자, 맹자는 '전해 내려오는 기록에 그러한 사실이 있습니다'라고 대답했다. 양혜왕이 물었다. '신하가 임금을 시해해도 되는 것입니까?' 맹자가 대답했다. '인(仁)을 해치는 자를 가리켜 남을 해치는 사람이라 하고, 의(義)를 해치는 자를 가리켜 잔인한 사람이라고 합니다. 남을 해치고 잔인하게 구는 자는 한 사내일 뿐입니다. 저는 한 사내인 걸과 주를 처형했다는 말은 들었어도 군주를 시해했다는 말은 듣지 못했습니다.'"(『맹자』 「양혜왕 하」 8)

7 범중엄(989~1052): 중국 북송의 정치가이자 학자. 검소하고 강건한 성품과 깊은 학식으로 유명해, 성리학을 집대성한 주희도 극찬했던 인물이다. 어려서 무척 가난해 죽 한 그릇을 끓여 넷으로 나누어 두고 이틀에 걸쳐 먹어 가며 공부했던 일화로도 유명하다. 세상 사람들에 대한 책임 의식을 담고 있는 위 명언의 원문은 "先天下之憂而憂, 後天下之樂而樂"으로, 그의 문집인 『악양루기(岳陽樓記)』에 실려 있다.

8 1375~1377년에 전라남도 나주의 속현인 회진현 거평부곡(현재의 나주시 다시면 운봉리)에서 유배 생활을 한다.

9 남은(1354~1398): 고려 말·조선 초의 문신. 고려 권문세족의 부패에 염증을 느껴 정도전·이성계의 신흥사대부 세력의 중심인물이 된다. 위화도에서 이성계에게 회군을 진언하고, 이후 이성계를 왕으로 추대해 개국공신이 된다. 제1차 왕자의 난 때 정도전과 함께 이방원(후일의 태종)에게 살해되었다.

10 조준(1346~1405): 고려 말·조선 초의 문신. 고려 말 전제(田制) 개혁을 단행하여 조선 개국의 경제적 기초를 마련하고, 이성계를 추대하여 개국공신이 되었다. 이방원을 세자로 책봉해야 한다고 주장하여 마침내 태종을 옹립하였고, 나중에 둘은 사돈지간이 된다.

11 우왕(1365~1389)과 창왕(1380~1389): 고려 말기의 왕들. 우왕은 공민왕의 서자이자 외아들로, 공민왕이 시해되자 이인임 일파의 도움으로 열 살에 왕위에 오른다. 공식적으로는 궁녀 한씨의 소생이었으나, 실은 신돈의 여종인 반야의 소생으로 신돈이 생부라는 주장이 불거졌다. 이성계는 위화도 회군 후 우왕을 폐하고 그 아들인 창왕을 세우지만 그가 아버지 우왕과 내통하는 일이 발각된다. 이후 이성계 일파는 우왕과 창왕이 고려의 왕족인 왕씨가 아니라 신돈의 자손인

신씨라는 주장을 들어 둘을 폐위하고 공양
왕을 세운다.

12 신돈(?~1371): 고려 말기의 승려이자 정치
가. 공민왕의 신임을 받아 정치계에 입문한
후 부패한 사회제도를 개혁하려 했다. 권문
세족의 반발과 공민왕의 변심에 의해 역모
사건에 휘말려 처형된다.

13 공전(公田): 세금을 거둘 수 있는 권리가 국
가에 있었던 토지.

14 경자유전(耕者有田): 농사를 짓는 사람이 땅
을 소유함.

15 수조권(收租權): 세금을 거둘 수 있는 권리.

16 대간(臺諫): 대관(戴冠)과 간관(諫官)을 합친
말로, 사간원과 사헌부에 속하여 임금의 잘
못을 간(諫)하고 백관(百官)의 비행을 규탄
하던 벼슬아치.

17 「하여가(何如歌)」와 「단심가(丹心歌)」는 실
제 『태조실록』에는 기록되어 있지 않다. 위의
한글 시조는 『청구영언』에 실린 것을 현대어
로 번역한 것이고, 『해동악부』에 한역(漢譯)
되어 전하는 것은 내용이 약간 다르다. "이
런들 어떠하리, 저런들 어떠하리. / 성황당
뒷담이 다 무너진들 어떠하리. / 우리도 이
같이 하여 아니 죽으면 또 어떠리.(此亦何如
彼亦何如. 城隍堂後垣 頹落亦何如. 我輩若
此爲 不死亦何如)"

18 한(漢)나라의 고조 유방(劉邦)과 그의 참모
인 장량(張良)을 빗대어 한 말. 나라를 개국
한 창업자보다 오히려 그들 도운 참모가 더
중요함을 뜻하는 말로, 조선 개국을 이뤄 낸
정도전의 자부심을 엿볼 수 있다.

19 『경국대전(經國大典)』: 1471년 성종 때 완성
된 조선 시대의 기본 법전. 정도전이 만든

『조선경국전(朝鮮經國典)』에 그 뿌리를 두고
있다.

2 이성계, 500년 왕조의 서막을 열던 날

1 배극렴(1325~1392): 고려 말·조선 초의 문
신. 고려 때 진주·상주의 목사, 합포진 첨사
등을 지냈다. 이성계 휘하에 들어가 위화도
회군을 단행하였고, 공양왕을 폐하고 이성
계를 추대하여 조선 개국공신 1등에 책록되
었다.

2 기자조선: 중국 은나라 말기의 현인 기자(箕
子)가 조선에 와서 단군소신에 이어 건국했
다고 전해지는 나라.

3 "백성들이 소생되지 못하였고 나라의 터전
이 아직 굳지 못하였으니 적당한 때를 기
다려 도읍 터를 정해야 합니다."(『태조실록』
1394년 8월 12일)

4 1012년 풍수지리가 이의신의 상소로 제기되
어 광해군이 관심을 가졌으나 신하들의 반
대로 실현되지는 못했다.

5 정조가 아버지 사도세자의 묘소를 수원으로
이장한 후 화성(華城)을 건립하여 장용영 외
영을 주둔케 하는 등의 조치를 했던 것으로
미루어 볼 때, 천도까지는 아니더라도 수원
을 제2의 수도처럼 만들려고 한 것으로 추
측하는 의견들이 있다.

6 "정북은 숙청문(肅淸門), 동북은 홍화문(弘
化門)이니 속칭 동소문(東小門)이라 하고,
정동은 흥인문(興仁門)이니 속칭 동대문이
라 하고, 동남은 광희문(光熙門)이니 속칭
수구문(水口門)이라 하고, 정남은 숭례문(崇
禮門)이니 속칭 남대문이라 하고, 소북(小
北)은 소덕문(昭德門)이니, 속칭 서소문(西
小門)이라 하고, 정서는 돈의문(敦義門)이며,

서북은 창의문(彰義門)이라 하였다."(『태조실록』 5년 9월 24일)

7 근정전에선 왕의 즉위식이나 대례(大禮) 등을 거행했다.

8 사정전은 왕이 평소에 정사를 보던 곳이다.

9 강녕전은 왕이 일상을 보내는 침전으로 사용되었다.

10 경연(經筵): 고려·조선 시대에, 임금이 학문이나 기술을 강론·연마하고 신하들과 함께 국정을 협의하던 일.

11 만춘전(萬春殿)과 천추전(千秋殿)은 사정전과 달리 온돌이 깔려 있어서 추운 날에도 정무를 볼 수 있었다. 만춘전은 주로 봄에, 천추전은 주로 가을과 겨울에 사용되었다고 한다.

12 용마루: 지붕 가운데 부분에 있는 가장 높은 수평 마루.

13 박석(薄石): 얇고 넓적한 돌.

14 잡상(雜像): 궁전이나 전각의 지붕 위 네 귀에 여러 가지 신상(神像)을 새겨 얹는 장식기와.

15 여기서 1칸은 4개의 기둥 사이를 가리킨다.

16 "궁원(宮苑)의 제도는 사치하면 반드시 백성을 수고롭게 하고 재정을 손상시키는 지경에 이르게 될 것이고, 누추하면 조정에 대한 존엄을 보여 줄 수가 없게 될 것이다. 검소하면서도 누추한 지경에 이르지 않고, 화려하면서도 사치스러운 지경에 이르지 않도록 하는 이것이 아름다운 게 되는 것이다."(『조선경국전』 「공전(工典)」 '궁원(宮苑)' 조)

17 김처선(?~1505): 조선 전기의 환관. 세종부

터 연산군에 이르기까지 일곱 명의 왕을 시종했다. 연산군이 스스로 창안한 처용희를 벌여 그 음란함이 극에 달하자, 직언을 하다가 죽임을 당했다.

3 왕권인가 신권인가, 왕자의 난

1 "봉화백 정도전, 의성군 남은과 부성군 심효생 등이 여러 왕자들을 해치려 꾀하다가 성공하지 못하고 형벌에 복종하여 참형을 당하였다."(『태조실록』 7년 8월 26일)

2 "정도전과 남은 등이 어린 서자(庶子)를 세자로 꼭 세우려고 하여 나의 동모(同母) 형제들을 제거하고자 하므로, 내가 이로써 약자(弱者)가 선수(先手)를 쓴 것이다."(『태조실록』 7년 8월 26일)

3 "정도전과 남은 등은 권세를 마음대로 부리고자 하여 어린 서자(庶子)를 꼭 세자로 세우려고 하였다. 심효생은 외롭고 한미(寒微)하면 제어하기가 쉽다고 생각하여, 그 딸을 부덕(婦德)이 있다고 칭찬하여 세자 방석의 빈(嬪)으로 만들게 하고, 세자의 동모형(同母兄)인 방번과 자부(姉夫)인 흥안군 이제 등과 모의하여 자기편 당을 많이 만들고는, 장차 여러 왕자들을 제거하고자 몰래 환관 김사행을 사주하여 비밀히 중국의 여러 황자(皇子)들을 왕으로 봉한 예에 의거하여 여러 왕자를 각 도에 나누어 보내기를 계청(啓請)하였으나, 임금이 대답하지 아니하였다."(『태조실록』 7년 8월 26일)

4 『태조실록』 7년 8월 26일.

5 재미있는 것은, 이때 이방원 역시 정도전이 임금의 병환을 계기로 거사를 일으킬 것으로 보았다는 점이다. 당시 이방원은 이렇게 말했다. "간악한 무리들은 평상시에는 진실로 의심이 없지마는, 임금이 병환이 나심을

기다려 반드시 변고를 낼 것이다."(『태조실록』 7년 8월 26일)

6 문화재청 조선왕릉관리소에서는 매년 한식을 맞아 건원릉의 억새를 자르는 의식인 '청완예초의(靑薍刈草儀)'를 행한다. 1년에 여러 차례 풀을 자르는 다른 왕릉과는 달리 건원릉은 1년에 단 한 차례만 억새를 베고 제사를 지낸다.

4 세자 양녕, 폐위된 날

1 살리카 법전(Lex Salica): 게르만 족 가운데 프랑크 부족에 속하는 살리 지족의 법전. 게르만 부족법 가운데 가장 대표적이다.

2 회강(會講): 한 달에 두 번씩 세자가 스승과 여러 관원들 앞에서 그동안 배운 것을 평가받던 일.

3 "대간에서 세자에게 강의를 듣도록 두 번 세 번 청하였으나 병을 핑계로 거절하였다. 강의를 듣는 날이 항상 적었다."(『태종실록』 14년 9월 7일)

4 졸(卒)하다: 사람이 죽었음을 완곡하게 이르는 말.

5 조선, 왜구와의 전쟁을 선포하다: 대마도 정벌

1 대마도에서 500명, 일기도에서 50명, 교토에서 77명, 유구국에서 40명을 구한다.

2 『세종실록』 8년 2월 12일.

3 계해약조(癸亥約條): 1443년 조선이 대마도주와 세견선 등 무역에 대해 맺은 조약. 이 조약을 통해 조선에 내왕하는 왜인들의 수와 체류지, 무역량 등을 규제할 수 있었다.

4 "주공이 호랑이와 표범과 코뿔소와 코끼리를 몰아 멀리 쫓아 버리자, 천하가 크게 기뻐하였다."(『맹자』 「등문공 하」)

5 신숙주(1417~1475): 조선 초기의 문신. 각종 벼슬과 집현전을 거쳐 세종의 신임 아래 훈민정음 창제에 기여했다. 계유정난 당시 수양대군 편에 섰다가, 이후 세조와 성종 대에 주요 직책을 맡아 정치의 중심에 섰다. 외교와 국방에서도 업적을 남겼고, 『세조실록』과 『예종실록』, 『동국통감』 편찬을 총괄했다.

6 세종, 집현전을 열던 날

1 식년시(式年試): 3년마다 시행된 조선 시대 과거 시험. 전국에서 총 33명의 합격자를 뽑았다.

2 임금이 경연관에게 말씀하셨다. "집현전을 설치한 것은 오로지 문필에 관한 일을 다스리기 위한 것이다. 지난 정미년에 집현전 관원을 친히 시험하바, 많이 합격하여 은근히 기뻐하였는데, 근자에 들으니 집현전 관원들이 모두 이를 싫어하고, 대간(臺諫)과 정조(政曹)로 전출을 희망하는 자가 자못 많다는 것이다. 나는 집현전을 극히 중한 선발로 알고 특별한 예를 갖춰 대접해 대간과 다를 것이 없는데도, 일을 싫어하고 전직을 희망함이 이와 같다면, 하물며 다른 신하들은 말해 무엇하겠는가. 그대들은 태만한 마음을 두지 말고 학술을 전업으로 하여, 종신토록 이에 종사할 것을 스스로 기약하라."(『세종실록』 1434년 3월 20일)

3 사가독서(賜暇讀書): 집현전 문신들에게 휴가를 줘서 학문에 선념하게 하는 제도.

4 동호독서당(東湖讀書堂): 한강의 동호 서쪽(현재의 옥수동)에 완공한 독서당. 이황·이

이·유성룡 등이 이곳에서 사가독서를 했다.

5 사육신(死六臣): 1456년 단종 복위에 목숨을 바친 인물 중 성삼문·박팽년·하위지·이개·유성원·유응부 6명을 가리키는 말. 이 중 유응부를 제외한 5명이 모두 집현전 출신이다.

6 생육신(生六臣): 사육신처럼 목숨을 잃진 않았지만 단종을 기리며 평생 초야에 묻혀 살았던 김시습·원호·이맹전·조려·성담수·남효온 6명을 가리키는 말.

7 심온(1375?~1418): 고려 말·조선 초의 문신. 세종의 장인이다. 고려 말 문과에 급제하고, 조선이 개국한 뒤 병조·공조의 의랑을 지내고, 대사헌, 형조·호조 판서, 한성부판윤, 이조판서를 지냈다. 나중에 역모 죄는 무고한 것으로 밝혀져 관작이 복구되고 시호가 내려졌다.

8 박은(1370~1422): 고려 말·조선 초의 문신. 조선 개국 후 왕자의 난 때 공을 세워 좌명공신에 책록되었다. 우의정, 좌의정 등을 지냈다.

9 의정부(議政府): 조선 시대 행정부의 최고 기관. 정종 2년(1400년)에 둔 것으로, 영의정·좌의정·우의정의 합의에 따라 국가 정책을 결정하였으며, 아래에 육조를 두어 국가 행정을 집행하도록 했다.

10 육조(六曹): 고려·조선 시대에, 국가의 정무(政務)를 나누어 맡아보던 여섯 관부(官府). 이조·호조·예조·병조·형조·공조.

11 경연(經筵): 임금이 신하들과 학문, 기술을 토론하고 국정을 협의하던 일.

12 『세종실록』 12년 윤12월 19일.

13 『세종실록』 13년 2월 26일.

14 수령육기법(守令六期法): 조선 시대 수령의 임기를 3~6년으로 연장한 법.

15 MBTI(The Myers-Briggs Type Indicator): 성격 유형 검사의 일종. 외향-내향, 감각-직관, 사고-감정, 판단-인식의 4가지 선호 경향을 통해 인간을 16개의 성격 유형으로 구분함.

16 『직지심체요절(直指心體要節)』: 고려 공민왕 21년(1372)에 백운 화상이 석가모니의 직지인심견성불심 뜻을 넓고한 내복반 뽑아 해설한 책. 우왕 3년(1377)에 인쇄되었다. 1972년 유네스코 주최의 '세계 도서의 해'에 출품되어 세계 최초의 금속 활자본으로 공인되었으며, 현재 프랑스 국립 도서관에 소장되어 있다. 2001년에 유네스코 세계기록 유산으로 지정되었다.

17 계미자(癸未字): 태종 3년(1403) 계미년에 만든 구리 활자.

18 갑인자(甲寅字): 세종 16년(1434) 갑인년에 만든 구리 활자.

7 1430년 조선, 첫 국민투표 하던 날

1 공법(貢法): 1결당 일정하게 10두(斗)의 세금을 매기는 정액 세법.

2 정확하게는 17만 2806명.

3 양인(良人): 양반과 천민의 중간 신분으로 천역(賤役)에 종사하지 않던 백성.

4 답험손실법(踏驗損實法): 관리가 한 해 농사의 소출 결과를 직접 조사해 세금을 매기는

과세법.

5 결(結): 세금을 계산할 때 쓰는 논밭의 넓이. 지금처럼 면적을 기준으로 한 단위가 아니라 소출을 기준으로 하기 때문에 넓이가 상황에 따라 제각각이나, 대략 현재의 1만 제곱미터 정도이다.

6 두(斗): 곡식, 액체, 가루 따위의 부피를 잴 때 쓰는 단위. '말'이라고도 한다. 1두는 약 18리터에 해당하는데, 부피의 단위이기 때문에 담는 내용물에 따라 무게는 달라진다. 여기에신 쌀 1두가 약 8킬로그램의 무게를 가진다고 보았다.

7 토지를 질에 따라 여섯 등급으로 나누는 이 제도를 전분육등법(田分六等法)이라고 한다.

8 그해 농작의 풍흉을 아홉 등급으로 나누어 조세의 기준으로 삼는 이 제도를 연분구등법(年分九等法)이라고 한다.

9 『세종실록』 12년 7월 5일.

10 함길도의 화주(和州)에 흙이 있는데, 빛깔과 성질이 밀(蠟)과 같았다. 굶주린 백성들이 이 흙을 파서 떡과 죽을 만들어 먹으매 굶주림을 면하게 되었는데, 그 맛은 메밀 음식과 비슷하였다.(『세종실록』 5년 3월 13일)

11 의정부와 육조에서 대궐에 나아가 문안하였다. 임금이 가뭄을 걱정하여 18일부터 앉아서 날 새기를 기다렸다. 이 때문에 병이 났으나 바깥사람에게 알리지 못하게 하였는데, 이때에 와서 여러 대신이 알고 고기반찬 드시기를 청하였다.(『세종실록』 7년 7월 28일)

12 총 323건이 나온다.

13 역법(曆法): 천체의 주기적 현상으로부터 시간의 흐름을 측정하는 방법.

14 『칠정산내외편』: 『칠정산내편(七政算內篇)』 세 권과 『칠정산외편(七政算外篇)』 두 권을 함께 아우르는 말. 한양의 위도를 기준으로 천체 운행을 계산한 우리나라 최초의 역법서.

15 『농사직설(農事直說)』: 조선 세종 11년(1429)에 정초 등이 지은 농서. 각 도의 관찰사가 경험 많은 농부들에게서 들은 농사에 관한 지식을 모아 엮었다. 오늘날 전하는 가장 오래된 농서이며, 우리말로 된 곡식 이름을 향찰과 이두로 적었다.

16 『농상집요(農桑輯要)』: 고려 시대에 이암이 들여온 중국 원나라의 농서. 고려·조선 시대의 농업, 특히 목화 재배와 양잠에 많은 영향을 끼쳤다.

17 토관직(土官職): 고려·조선 시대에, 평안도와 함경도 지방 사람들에게 특별히 베푼 벼슬. 지방 토호들을 회유하기 위하여 관찰사나 절도사가 그 지방에서 유력한 사람을 선발하여 임명하였다.

18 금부삼복법(禁府三覆法): 사형죄의 경우 재판의 신중을 위하여 세 번 심리하도록 한 제도.

19 『세종실록』 26년 윤7월 24일.

20 『향약집성방(鄕藥集成方)』: 세종 15년(1433)에 여러 의서를 참고하여 펴낸 책. 기존의 『향약제생집성방』을 증보하고, 여기에 침구법 1476조, 향약 초본, 포제법 등을 보충하여 간행했다. 85권 30책.

21 『천상열차분야지도(天象列次分野之圖)』: 1395년(태조 4)에 만든, 현존하는 우리나라 최고(最古)의 석각 천문도.

1 규장(奎章): 임금의 글과 글씨, 족보를 가리
키는 것.

2 「호가유금원기(扈駕遊禁苑記)」: 정조 5년에
임금의 가마를 따라 금원(후원)을 유람한
기록.

3 내농포(內農圃): 창덕궁 내 왕이 직접 농사
를 짓던 곳.

4 친잠(親蠶): 후원에 뽕나무를 심어 왕비가
직접 양잠 시범을 보여 백성들에게 장려하
는 것.

5 상림십경(上林十景): 후원의 열 가지 아름다
운 경치를 말한다. 관풍춘경(觀豊春景, 관풍
각에서 임금이 봄에 밭갈이하는 광경), 망춘
문앵(望春聞鶯, 망춘정에서 꾀꼬리 소리를
듣는 것), 천향춘만(天香春晚, 천향각의 늦
은 봄 경치), 어수범주(魚水泛舟, 어수문 앞
부용지의 뱃놀이), 소요유상(逍遙流觴, ㅅㅇ
정이 ㄱㅓ에 술산 돌리기), 희우상련(喜雨賞
蓮, 희우정의 연꽃 구경), 청심제월(淸心霽
月, 비 갠 밤 청심정에서 바라보는 맑은 달),
관덕풍림(觀德風林, 관덕정의 단풍구경), 영
화시사(暎花詩士, 영화당에서 과거를 치르
는 광경), 능허모설(凌虛暮雪, 능허정에서 바
라보는 저녁 설경)이 여기에 포함된다.

6 삼일유가(三日遊街): 사흘 동안 거리를 돌아
다니며 채점관과 선배, 친족을 방문하는 축
하 행사.

7 집복헌(集福軒): 복을 모으는 집이라는 뜻.
후궁들의 거처로 사용되었으며 순조가 이곳
에서 태어났다.

8 「순화궁첩초」: 헌종의 후궁인 경빈 김씨가
쓴 필첩으로 국가 기일에 입는 의복에 대한
기록.

9 흥복헌(興福軒): '기쁘고 복이 들어오는 집'
이라는 뜻. 1910년 조선왕조의 마지막 어전
회의가 열린 장소.

를 역임했고, 현재 한겨레교육문화센터에서 스토리텔링 전문 강사를 맡고 있다. 저서로 『천일야화』, 『춘앵전』, 『복사골여고 연극부』, 『꿈, 날개를 달다』, 『리얼터』 등이 있다.

정철상 부산외대 취업전담교수 및 인재개발연구소 대표. 전국 대학, 기업, 기관 등을 대상으로 활발한 강연 활동을 펼치고 있으며, 다양한 방송 활동 및 매체 기고 활동을 병행하고 있다. 1,000만 네티즌이 방문한 '커리어노트(www.careernote.co.kr)' 블로그의 운영자이기도 하다. 저서로 『심리학이 청춘에게 묻다』, 『가슴 뛰는 비전』, 『청춘의 진로 나침반』 등이 있다.

역사저널

그날

1권

태조에서 세종까지

1판 1쇄 펴냄   2015년 2월 23일

1판 18쇄 펴냄   2022년 4월 8일

지은이   KBS 역사저널 그날 제작팀

발행인   박근섭, 박상준

펴낸곳   (주)민음사

출판등록   1966. 5. 19. (제16-490호)

주소   서울특별시 강남구 도산대로1길 62(신사동)

강남출판문화센터 5층 (우편번호 06027)

대표전화   02-515-2000 ｜ 팩시밀리 02-515-2007

홈페이지   www.minumsa.com

ISBN 978-89-374-1701-6 (04910)

978-89-374-1700-9 (세트)